COORDENADORES
Marcelo Manhães *de* **Almeida**
Wilson Levy

CORONAVÍRUS: IMPACTOS NO DIREITO IMOBILIÁRIO, URBANÍSTICO E NA ARQUITETURA DO ESPAÇO URBANO

2021 © Editora Foco

Coordenadores: Marcelo Manhães de Almeida e Wilson Levy

Autores: Adriano F. Macorin, André Czitrom, Elisabete França, Carlos Augusto Mattei Faggin, Claudio Bernardes, Daniel Cardoso Gomes, Danilo de Barros Camargo, Domingos Pires de Oliveira Dias Neto, Estela L. Monteiro Soares de Camargo, Fernanda Costa Neves do Amaral, Flavio F. de Figueiredo, Henrique Rodrigues Anders, Isabella Müller Lins de Albuquerque Jordan, Ivandro Ristum Trevelim, Jaques Bushatsky, José Antonio Apparecido Junior, José Fernando Brega, Luís Fernando Massonetto, Marc Stalder, Marcelo Barbaresco, Marcelo Manhães de Almeida, Marcia Cristina Rezeke Bernardi, Marcio Bueno, Maria Cecília Guimarães Isoldi, Marília Formoso Camargo, Olivar Vitale, Pedro Ricardo e Serpa, Raimundo Dantas, Ricardo Pereira Leite, Rodrigo Antonio Dias, Rodrigo Pacheco Fernandes, Rubens Carmo Elias Filho, Thalita Duarte Henriques Pinto e Wilson Levy

Diretor Acadêmico: Leonardo Pereira

Editor: Roberta Densa

Assistente Editorial: Paula Morishita

Revisora Sênior: Georgia Renata Dias

Capa Criação: Leonardo Hermano

Diagramação: Ladislau Lima e Aparecida Lima

Impressão miolo e capa: FORMA CERTA

Dados Internacionais de Catalogação na Publicação (CIP) (Câmara Brasileira do Livro, SP, Brasil)

C822   Coronavírus: impactos no direito imobiliário, urbanístico e na arquitetura do espaço urbano / Adriano F. Macorin ... [et al.] ; coordenado por Marcelo Manhães de Almeida, Wilson Levy. - Indaiatuba, SP : Editora Foco, 2021.
232 p. ; 17cm x 24cm.

Inclui índice e bibliografia.

ISBN: 978-65-5515-164-0

1. Direito. 2. Direito imobiliário. 3. Coronavírus. 4. Direito urbanístico. I. Macorin, Adriano F. II. Czitrom, André. III. França, Elisabete. IV. Faggin, Carlos Augusto Mattei. V. Bernardes, Claudio. VI. Gomes, Daniel Cardoso. VII. Camargo, Danilo de Barros. VIII. Dias Neto, Domingos Pires de Oliveira. IX. Camargo, Estela L. Monteiro Soares de. X. Amaral, Fernanda Costa Neves do. XI. Figueiredo, Flavio F. de. XII. Anders, Henrique Rodrigues. XIII. Jordan, Isabella Müller Lins de Albuquerque. XIV. Trevelim, Ivandro Ristum. XV. Bushatsky, Jaques. XVI. Apparecido Junior, José Antonio. XVII. Brega, José Fernando. XVIII. Massonetto, Luís Fernando. XIX. Stalder, Marc. XX. Barbaresco, Marcelo. XXI. Almeida, Marcelo Manhães de. XXII. Bernardi, Marcia Cristina Rezeke. XXIII. Bueno, Marcio. XXIV. Isoldi, Maria Cecília Guimarães. XXV. Camargo, Marília Formoso. XXVI. Vitale, Olivar. XXVII. Serpa, Pedro Ricardo e. XXVIII. Dantas, Raimundo. XXIX. Leite, Ricardo Pereira. XXX. Dias, Rodrigo Antonio. XXXI. Fernandes, Rodrigo Pacheco. XXXII. Elias Filho, Rubens Carmo. XXXIII. Pinto, Thalita Duarte Henriques. XXXIV. Levy, Wilson. XXXV. Título.

2020-2824   CDD 341.2739   CDU 347.23

Elaborado por Vagner Rodolfo da Silva - CRB-8/9410

Índices para Catálogo Sistemático:

1. Direito imobiliário 341.2739   2. Direito imobiliário 347.23

DIREITOS AUTORAIS: É proibida a reprodução parcial ou total desta publicação, por qualquer forma ou meio, sem a prévia autorização da Editora FOCO, com exceção do teor das questões de concursos públicos que, por serem atos oficiais, não são protegidas como Direitos Autorais, na forma do Artigo 8º, IV, da Lei 9.610/1998. Referida vedação se estende às características gráficas da obra e sua editoração. A punição para a violação dos Direitos Autorais é crime previsto no Artigo 184 do Código Penal e as sanções civis às violações dos Direitos Autorais estão previstas nos Artigos 101 a 110 da Lei 9.610/1998. Os comentários das questões são de responsabilidade dos autores.

NOTAS DA EDITORA:

Atualizações e erratas: A presente obra é vendida como está, atualizada até a data do seu fechamento, informação que consta na página II do livro. Havendo a publicação de legislação de suma relevância, a editora, de forma discricionária, se empenhará em disponibilizar atualização futura.

Erratas: A Editora se compromete a disponibilizar no site www.editorafoco.com.br, na seção Atualizações, eventuais erratas por razões de erros técnicos ou de conteúdo. Solicitamos, outrossim, que o leitor faça a gentileza de colaborar com a perfeição da obra, comunicando eventual erro encontrado por meio de mensagem para contato@editorafoco.com.br. O acesso será disponibilizado durante a vigência da edição da obra.

Impresso no Brasil (12.2020) – Data de Fechamento (10.2020)

2021

Todos os direitos reservados à
Editora Foco Jurídico Ltda.

Rua Nove de Julho, 1779 – Vila Areal
CEP 13333-070 – Indaiatuba – SP

E-mail: contato@editorafoco.com.br
www.editorafoco.com.br

APRESENTAÇÃO

A experiência pela qual estamos passando com a pandemia da COVID-19 provocou mudanças significativas na nossa rotina, seja por adquirimos novos hábitos, seja pelas restrições que nos foram impostas ou, ainda, pela inclusão acelerada e compulsória no mundo digital.

Nessa conjuntura, cujas repercussões ainda não podemos considerar como concluídas, os Coordenadores dessa coletânea, Marcelo Manhães de Almeida e Wilson Levy selecionaram interessantes temas que tratam dos impactos que essa pandemia vem provocando no Direito Imobiliário, no Direito Urbanístico e na arquitetura do espaço urbano.

Não bastasse o primor da seleção dos temas, a relação que guardam entre si produz uma agradável leitura que se torna ainda mais estimulante pela qualidade dos artigos produzidos por expoentes do Direito e do Urbanismo.

Como advogados militantes e estudiosos do Direito Imobiliário e Urbanismo, os Coordenadores Marcelo Manhães e Wilson Levy conseguiram congregar grandes nomes do mercado e que nos brindam com tantos e profundos ensinamentos.

A proposta de trazer os temas do Direito Imobiliário e do Direito Urbanístico juntamente com a visão dos arquitetos urbanistas sobre o espaço urbano pós pandemia mostrou-se inovadora e absolutamente interessante, pois revela o aspecto positivo dessa aproximação de visões entre urbanistas e operadores do Direito.

Essa obra auxiliará o leitor na compreensão de várias questões que se apresentaram no período da pandemia e servirá como base para fixação de diretrizes para o enfrentamento de situações que dela ainda decorram.

Com meus respeitos e admiração aos amigos Coordenadores, Marcelo Manhães e Wilson Levy, parabenizo também os ilustres autores e desejo a todos uma ótima leitura.

Gilberto Kassab

Engenheiro civil. Foi Prefeito de São Paulo (2006 a 2011), Ministro das Cidades (2015/2016), e Ministro da Ciência, Tecnologia, Inovações e Comunicações (2017/2018).

PREFÁCIO

A pandemia do novo coronavírus (COVID-19) modificou diversos aspectos da vida que conhecíamos até o início de 2020.

Na trilha das mudanças provocadas por este cenário tectônico, o Direito, disciplina do saber humano que se debruça sobre um amplo leque de temas que vão do sentido último da Justiça e de sua distribuição à funcionalização e operacionalização do Direito positivo, passando, por óbvio, pelos fins do Estado, não transitou incólume. Tribunais, no Brasil e no mundo passaram a cumprir remotamente o mister que lhes atribuíram os textos constitucionais nacionais e toda uma ordem de novas disciplinas normativas passou a ser exigida para regular situações que inexistiam preteritamente.

O "novo normal", denominação que o senso comum incorporou para resumir a vida na (e pós) pandemia é, cada dia mais, o normal com o qual as pessoas devem se acostumar. E ele tem peculiar incidência também nas cidades, essas formidáveis criações do intelecto humano que hoje são a morada de mais de 80% dos brasileiros. Dinâmicas laborais foram modificadas e diversos edifícios comerciais se tornaram parte de um cenário de obsolescência frente às vantagens do teletrabalho. A virtualização da vida alcançou a Educação, servindo, até o presente momento, de alternativa à escolarização de crianças e jovens na Educação Básica e de adultos na Educação Superior. Mesmo a Medicina se viu afetada, com o aumento da procura, pelos pacientes, de atendimento em ambiente virtual.

A proliferação de *lives*, *shows* e o crescimento das plataformas de conteúdo por *streaming* mudou a economia criativa e a agenda cultural. Televisores assumiram o lugar de teatros, casas de espetáculo e cinemas. A casa e sua arquitetura tiveram de se adaptar, com "cômodos de descompressão" e espaços mais nobres para o "home-office".

Mudou também o deslocamento pela cidade. Quem pode evita o transporte coletivo, frente ao risco de contaminação pela concentração de pessoas. Parques fecharam. Passeios sumiram e o contato entre as pessoas têm sido ressignificado pelas novas tecnologias de informação e comunicação (TICs).

O que não mudou – e, inclusive, se aprofundou – foi o caráter estruturalmente desigual do território urbanizado no nosso país, cujas manifestações eram, até então, naturalizadas ou tidas por invisíveis pela cidadania pátria. Sintomática a insensatez de uma nação que perde, insistentemente, as oportunidades que a Providência lhe dá, de tempos em tempos, de progredir. Oportunidades, aliás, que outros países, acometidos por guerras e desastres naturais, não tiveram e que, nada obstante, avançaram de maneira firme em direção à edificação de pátrias justas, fraternas e solidárias.

Tudo a provocar as mentes interessadas em Arquitetura, Urbanismo, Direito Imobiliário e Direito Urbanístico a buscar novos paradigmas, novas paragens, novas referências e novas formas de pavimentar o caminho para cidades capazes de maximizar os benefícios da urbanização – o viver junto, o cooperar, o evoluir coletivamente. Este livro, coordenado pelos amigos Marcelo Manhães de Almeida e Wilson Levy, busca enfrentar todos esses desafios sem olvidar dos entraves que as peculiaridades que marcam a urbanização brasileira, cuja história contém mais capítulos tristes do que virtuosos. Todavia, se o cenário é nebuloso, ele é igualmente alvissareiro diante da incrível resiliência de nosso povo, alheio às vicissitudes que os frágeis arranjos democráticos brasileiros apresentam.

Estudar, em tempos tão obscuros, é um gesto de ousadia. E é também um gesto de esperança, tema, aliás, que nosso Sumo Pontífice, o Papa Francisco, tão bem erigiu à condição de farol e bússola na recente encíclica *Fratelli Tutti*. Com ele:

> Deus continua a espalhar sementes de bem na humanidade. A recente pandemia permitiu-nos recuperar e valorizar tantos companheiros e companheiras de viagem que, no medo, reagiram dando a própria vida. Fomos capazes de reconhecer como as nossas vidas são tecidas e sustentadas por pessoas comuns que, sem dúvida, escreveram os acontecimentos decisivos da nossa história compartilhada: médicos, enfermeiros e enfermeiras, farmacêuticos, empregados dos supermercados, pessoal de limpeza, cuidadores, transportadores, homens e mulheres que trabalham para fornecer serviços essenciais e de segurança, voluntários, sacerdotes, religiosas... compreenderam que ninguém se salva sozinho.

> Convido à esperança que "nos fala duma realidade que está enraizada no mais fundo do ser humano, independentemente das circunstâncias concretas e dos condicionamentos históricos em que vive. Fala-nos duma sede, duma aspiração, dum anseio de plenitude, de vida bem-sucedida, de querer agarrar o que é grande, o que enche o coração e eleva o espírito para coisas grandes, como a verdade, a bondade e a beleza, a justiça e o amor. (...) A esperança é ousada, sabe olhar para além das comodidades pessoais, das pequenas seguranças e compensações que reduzem o horizonte, para se abrir aos grandes ideais que tornam a vida mais bela e digna". Caminhemos na esperança!

Desejo a todos os leitores um percurso esperançoso, porque não há futuro possível, nas cidades, nos países e no mundo, fora da esperança.

São Paulo, primavera de 2020.

José Renato Nalini

Presidente da Academia Paulista de Letras, advogado, desembargador aposentado, foi presidente do Tribunal de Justiça do Estado de São Paulo (2014-15), corregedor geral de Justiça (2012-13) e secretário de Estado da Educação (2016-18). É reitor da UniRegistral e professor do programa de pós-graduação em Direito da UNINOVE. E-mail: jose-nalini@uol.com.br.

SUMÁRIO

APRESENTAÇÃO III

PREFÁCIO V

PLANOS DIRETORES INTELIGENTES
   José Antonio Apparecido Junior e Marília Formoso Camargo 1

BASE SUBJETIVA E OBJETIVA DA LOCAÇÃO EM REGIME DE *SHOPPING CENTER*: A SEGURANÇA EM CENÁRIO INSEGURO
   Marcelo Barbaresco 11

A CIDADE E O NOSSO NOVO NORMAL: DIREITO URBANÍSTICO, IMOBILIÁRIO E O URBANISMO NO ESPAÇO URBANO PÓS-COVID
   Elisabete França... 19

CRISES GLOBAIS, PLANEJAMENTO URBANO E RACIONALIDADE REGULATÓRIA: CONTINGÊNCIA E OPORTUNIDADE
   José Fernando Brega e Luís Fernando Massonetto 29

O USO DA MÁSCARA DE PROTEÇÃO FACIAL E AS ÁREAS COMUNS CONDOMINIAIS
   Maria Cecília Guimarães Isoldi 37

O FUNCIONAMENTO DAS CIDADES NA ERA DAS PANDEMIAS
   Claudio Bernardes.. 43

A PANDEMIA COMO GATILHO PARA ENFRENTAR O DÉFICIT HABITACIONAL DA NOSSA CIDADE
   André Czitrom.. 53

COVID-19 E A APLICAÇÃO DA TEORIA DA IMPREVISÃO NOS CONTRATOS EMPRESARIAIS
   Daniel Cardoso Gomes e Pedro Ricardo e Serpa 61

O *HOME OFFICE* E A UBERIZAÇÃO DO TRABALHO. NOVOS RUMOS DAS RELAÇÕES DE TRABALHO DESPERTADOS PELA PANDEMIA DO CORONAVIRUS

Raimundo Dantas.. 77

DIREITO À CIDADE E DIREITO À INTERNET: UMA APROXIMAÇÃO

Wilson Levy 85

IMPACTOS DA COVID-19 NA REDAÇÃO DOS FUTUROS CONTRATOS

Estela L. Monteiro Soares de Camargo e Thalita Duarte Henriques Pinto 93

O MAL AGORA ESTÁ NA SUPERFÍCIE

Carlos Augusto Mattei Faggin 101

DELIBERAÇÕES DOS COTISTAS EM FUNDOS DE INVESTIMENTO IMOBILIÁRIO PÓS-PANDEMIA DA COVID-19

Fernanda Costa Neves do Amaral 107

CONSIDERAÇÕES SOBRE O MERCADO IMOBILIÁRIO PÓS-PANDEMIA

Flavio F. de Figueiredo e Adriano F. Macorin 113

COVID-19 E SEUS IMPACTOS NOS COMPROMISSOS DE VENDA E COMPRA DE IMÓVEIS NO BRASIL

Henrique Rodrigues Anders... 121

O PÓS-COVID-19 E A POSSE: O NOVO USO DAS ÁREAS PRIVATIVAS – O ESPAÇO RAREFEITO

Ivandro Ristum Trevelim 131

ACOLHIMENTO DO *HOME OFFICE* NO CONDOMÍNIO EDILÍCIO

Jaques Bushatsky 141

ALGUMAS ESPECULAÇÕES SOBRE O PERÍODO SEGUINTE À PANDEMIA

Marcelo Manhães de Almeida 151

A MANIFESTAÇÃO DE VONTADE DURANTE E APÓS A PANDEMIA E OS REGISTROS DE IMÓVEIS

Marc Stalder.. 159

A BUSCA DO EQUILÍBRIO ENTRE DIREITOS INDIVUAIS E DIREITOS COLETI-VOS NAS RELAÇÕES CONDOMINIAIS

Marcia Cristina Rezeke Bernardi 167

REGISTROS DE IMÓVEIS ELETRÔNICOS PÓS-PANDEMIA

Marcio Bueno e Rodrigo Pacheco Fernandes 177

COVID-19 E O PODER JUDICIÁRIO: LOCAÇÃO, CONDOMÍNIO E INCORPO-RAÇÃO

Olivar Vitale 185

O ENDEREÇO DA COVID

Domingos Pires de Oliveira Dias Neto e Ricardo Pereira Leite 195

MEDIDAS DE RESTRIÇÃO EDITADAS PELO PODER PÚBLICO, USO DO IMÓ-VEL E IPTU

Rodrigo Antonio Dias e Isabella Müller Lins de Albuquerque Jordan 205

CONTRATOS DE LOCAÇÃO – A SUPREMACIA DA NEGOCIAÇÃO SOBRE A AL-TERNATIVA DA JUDICIALIZAÇÃO

Danilo de Barros Camargo e Rubens Carmo Elias Filho 215

PLANOS DIRETORES INTELIGENTES

José Antonio Apparecido Junior

Doutor em Direito do Estado pela USP. Membro da Comissão de Direito Urbanístico do Ibradim. Procurador do Município de São Paulo. Atual Chefe da Assessoria Jurídica da Secretaria Municipal de Desenvolvimento Urbano. Autor dos livros "Propriedade Urbanística e Edificabilidade" e "Direito Urbanístico Aplicado", além de diversos artigos e capítulos de livros em obras de direito público. Sócio do escritório Viana, Castro, Apparecido e Carvalho Pinto.

Marília Formoso Camargo

Graduanda em administração pública, selecionada para o programa de duplo-diploma em direito e administração pública da Fundação Getulio Vargas (FGV/SP). Advogada com experiência em direito urbanístico.

Sumário: 1. Os Planos Diretores enquanto instrumentos para a efetivação de cidades inteligentes. 2. A avaliação e produção da política de desenvolvimento urbano em tempo real como método para o novo normal. 2.1 O papel dos Planos Diretores na construção das cidades inteligentes. 2.2 Caminhos possíveis via *big data*. 3. Considerações finais. 4. Referências.

1. OS PLANOS DIRETORES ENQUANTO INSTRUMENTOS PARA A EFETIVAÇÃO DE CIDADES INTELIGENTES

A Constituição Federal de 1988 foi a primeira a tratar, de maneira expressa, o direito urbanístico. É certo que já havia regulação de caráter urbanístico desde muito antes do texto constitucional vigente – neste sentido, o diploma mais conhecido, em nosso país, é a Lei Federal 6.766/1979, que dispõe sobre o parcelamento do solo urbano. A grande novidade do texto constitucional, mais que citar expressamente este ramo do direito, foi possibilitar a criação de um verdadeiro subsistema jurídico, no qual se destaca um documento de regulação específico: o plano diretor.

Com efeito, o art. 182 da Carta Magna determina ao município a elaboração de uma determinada política de desenvolvimento urbano, sendo o plano diretor o documento que proporciona sua estabilização e a determinação de seu conteúdo geral. É a partir do plano diretor que será possível avaliar os caminhos do desenvolvimento urbano de cada município, bem como a sua efetividade.

Como qualquer política pública, tema tratado mais detalhadamente adiante, a política de desenvolvimento urbano se apresenta perante o contexto social com a pretensão de transformar a realidade, aprimorando os aspectos positivos e corrigindo os aspectos negativos dos processos de urbanização e reurbanificação. A ótima convivência no espaço urbano, proporcionando à população a plena fruição das funções sociais da cidade (respeitadas as características do sítio urbano planejado), desta forma, é a meta abstrata desta política pública, que é revista e recalibrada em universos temporais de até 10 anos, nos termos previstos no Estatuto da Cidade (Lei Federal 10.257/2001).

Consideradas "cidades inteligentes" aquelas que conseguem produzir, capturar e transformar dados em informação útil à vida das pessoas, isto é, aquela que usam a informação e conhecimento para transformar positivamente os padrões de organização, aprendizagem, gerenciamento da infraestrutura e prestação de serviços públicos, promovendo práticas de gestão urbana mais eficientes em benefício da população visando a melhoria da qualidade de vida nas cidades, é possível vislumbrar que a estruturação de cidades inteligentes guarda importante relação com os processos de formulação e implantação da política pública de desenvolvimento urbano.

De fato, a aferição dos resultados obtidos a partir das estipulações fundamentais desta política, veiculadas pelo plano diretor, integra o necessário processo permanente de planejamento urbano. A avaliação do êxito das iniciativas previstas naquele diploma, em outras palavras, não pode ser realizada exclusivamente em um único e específico processo formal – o de sua revisão. Ao contrário, deve ser promovida a todo o tempo, preferencialmente de modo a permitir que sejam realizadas adaptações, correções ou aprimoramentos em seu conteúdo. Ocorre que, em função dos inúmeros fatores de ordem social, econômica, ambiental etc. que incidem na produção da cidade, e na dificuldade de obtenção de dados úteis referentes a tais processos, esta pretensão do ordenamento jurídico (e do próprio urbanismo) jamais foi adequadamente tratada. As *smart cities* podem vir a mudar este panorama, e a estipulação de dispositivos nos planos diretores que reconheçam esta nova realidade é fundamental: tanto o plano deve possibilitar que a cidade se transforme em uma "*smart city*", regulando aspectos referentes à estruturação de uma rede de informação e comunicação útil aos processos de desenvolvimento urbano e à vida na cidade, como pode e deve se aproveitar das informações produzidas a partir dos dados coletados na cidade para aprimorar a política de desenvolvimento urbano.

2. A AVALIAÇÃO E PRODUÇÃO DA POLÍTICA DE DESENVOLVIMENTO URBANO EM TEMPO REAL COMO MÉTODO PARA O NOVO NORMAL

2.1 O papel dos Planos Diretores na construção das cidades inteligentes

Como visto, os planos diretores se apresentam como instrumentos protagonistas da política pública de desenvolvimento urbano, sendo o repositório natural da regulação estabelecida nos municípios para desencadear os processos de conformação das cidades inteligentes no Brasil. Para esclarecer este aspecto, é necessário primeiramente relacionar os planos diretores ao denominado "ciclo de políticas públicas", instrumental teórico que sistematiza as principais etapas pelas quais um problema, passível de atuação público-estatal, deverá perpassar a fim de que seja estruturado enquanto política pública.

O ciclo de política públicas, em apertada síntese, pode ser configurado a partir de cinco principais etapas: (i) identificação do problema e formação da agenda; (ii) formulação das alternativas capazes de solucionar o problema identificado; (iii) processo de tomada de decisão a partir da estruturação de um modelo de atuação; (iv) implementação da política em si; (v) avaliação e monitoramento da política[1]. Observando-se tais etapas, os planos diretores podem ser compreendidos como os principais produtos tanto da formulação quanto dos resultados esperados com a implementação da política pública de desenvolvimento urbano, cabendo-lhes, por tal razão, prever mecanismos internos associados às etapas de avaliação e monitoramento desta mesma política. Ademais, tendo em vista a própria Constituição Federal de 1.988 definiu o plano diretor, nos termos do artigo, 182, § 1º, como *"instrumento básico da política de desenvolvimento e de expansão de urbana"*, tal se apresenta como o regramento de referência para a formulação, implementação e desencadeamento dos planos setoriais e projetos urbanísticos tendentes consolidar o desenvolvimento urbano municipal.

Desse modo, haja vista as características e competências dos planos diretores, faz-se necessário compreender que a efetivação de cidades do tipo "inteligentes" dependerá igualmente da associação destes planos às soluções e mecanismos atrelados ao conceito *"smart"*. A inclusão de soluções tecnológicas no âmbito do sistema de implementação e avaliação da política urbana, inscrita no plano diretor, tende a desencadear a implementação de um modelo de cidade propício à gestão e à oferta de redes e serviços urbanos de forma mais interativa e responsiva[2]. Tal associação – de planos diretores e mecanismos de implementação e avaliação *"smart"* – se apresenta de maneira urgente especialmente diante de cenários de crise, como o vivenciado pela Pandemia do Covid-19, nos quais é exigido que as soluções de eficiência tecnológica para a gestão das cidades correspondam eficazmente para a superação dos problemas vivenciados em tempo real.

Nesta linha de ideias, a adaptação e resiliência das cidades brasileiras em momentos de graves crises sociais, econômicas e ambientais, deve passar pela verificação e atualização do modelo de avaliação operado pelo principal instrumento de implantação da política de desenvolvimento urbano. Com relação a tal avaliação, parece ser necessário que os planos diretores, dado o papel protagonista que possuem, prevejam mecanismos de monitoramento *"smart"*, capazes de prover soluções de adaptação e aprimoramento de sua política pública em tempo real e subsidiadas pela tecnologia para, assim, corresponder às necessidades da sociedade. Trata-se, de sobremaneira, de reestruturar a sua forma de implementação considerando, especialmente, os *inputs* necessários à avaliação da política urbana a partir de mecanismos e soluções atreladas ao conceito de cidades inteligentes.

Sob este aspecto, ao revisitar o ciclo da política pública de desenvolvimento urbano, já sob a ótica da necessidade de inclusão de mecanismos inteligentes para a sua gestão e tomada de decisões em tempo real, observa-se que a etapa de implementação desta política pode ser potencializada por instrumentos de avaliação e monitoramento transversais e constantes. Neste sentido a inserção da tecnologia e outras soluções *"smart"* nos processos de monitoramento de implantação dos planos diretores pode acarretar a reformulação da etapa de avaliação e monitoramento da política de desenvolvimento urbano em si,

---

1. SECCHI, L. *Políticas públicas*: conceitos, esquemas de análise, casos práticos. São Paulo: CENGAGE Learning, 2010.
2. EUROPEAN COMMISSION. *What are smart cities?* Disponível em:https://ec.europa.eu/info/eu-regional-and-urban-development/topics/cities-and-urban-development/city-initiatives/smart-cities_en. Acesso em: 12 jul. 2020.

sendo certo que o primeiro passo para tal reformulação depende da descaracterização da avaliação e monitoramento da política urbana enquanto uma etapa estanque e realizada ao final da implementação. Ao invés, a instituição de mecanismos atrelados ao conceito de cidades inteligentes nos planos diretores, resultante da alta conectividade dos serviços públicos, permitirá a consolidação de um modelo de avaliação contínuo, abrindo espaço para a tomada de decisão de aprimoramento ou correção desta política pública em tempo real. Nas palavras de Höchtl, Parycek e Schöllhammer, a inserção da tecnologia, especialmente na expansão da variedade de dados úteis ao desenvolvimento urbano, permite que a etapa de avaliação do ciclo de políticas públicas não ocorra somente ao final do processo, *"mas continuamente, abrindo possibilidades permanentes de reiteração, reavaliação e consideração"*[3].

O estabelecimento de cidades inteligentes por intermédio dos planos diretores, portanto, depende da possibilidade de reformulação dos mecanismos de avaliação e monitoramento, de maneira a franquear o surgimento das denominadas "cidades em tempo real". Para isso, antes de tudo, a implementação da política urbana deve permitir e fomentar a abertura e coleta exaustiva de dados, inclusive por meio das bases de dados oriundas da prestação e utilização dos serviços públicos por parte dos cidadãos. Rob Kitchin sinaliza que um dos caminhos possíveis é a instituição de uma rede de sensores na cidade, os quais se destinam a captar as informações dos serviços públicos prestados a fim de fornecer, além de um grande volume de dados, as bases necessárias para a organização de informações úteis à avaliação da política de desenvolvimento urbano e à tomada de decisão em tempo real[4]. A título de exemplo, o autor cita o estabelecimento do Centro de Operações da Prefeitura do Rio de Janeiro, idealizado pela International Business Machines Corporation – IBM em conjunto com o poder público local, no qual são congregados dados oriundos de 30 órgãos municipais e de sensores estrategicamente posicionados em todo o território municipal visando *"monitorar a operação da cidade e minimizar seus impactos na rotina do cidadão"*[5].

No Brasil, tal abertura de dados e instituição de sensores e de dispositivos tecnológicos deve ser entusiasmada pela regulação jurídico-urbanística inscrita nos planos diretores. Caberá aos tais diplomas, em primeira mão, induzir a implementação de melhorias tecnológicas que permitam o recolhimento de dados e, consecutivamente, a organização das informações necessárias ao processo de avaliação constante da política de desenvolvimento urbano neles circunscrita. Devidamente estabelecida esta rotina, fica aberta a possibilidade de serem construídos "gatilhos" legislativos que permitam reorientar a implementação da política pública trazida nos planos diretores em tempo real, diminuindo a dependência da sua correção ou de sua inovação ao término do ciclo formal de aprovação de um novo marco legal. Com efeito, a partir de instrumentos tipicamente associados às cidades inteligentes, parece ser não só possível mas necessário que as etapas de construção e avaliação da política de desenvolvimento urbano sejam

---

3. HÖCHTL, J.; PARYCEK, P; SCHÖLLHAMMER, R. *Big data in the policy cycle*: Policy decision making in the digital era. *Journal of Organizational Computing and Electronic Commerce*, 2016, v. 16, n. 1-2, p. 147-169. p. 163.
4. KITCHIN, R. *The real time city?* Big data and smart urbanism. *Geo Journal*, 2014, v. 79, n. 1, p. 1-14. p. 5.
5. CENTRO DE OPERAÇÕES DA PREFEITURA DO RIO DE JANEIRO. *Institucional*: alta tecnologia a serviço da cidade. Disponível em: http://cor.rio/institucional/. Acesso em: 12 jul. 2020.

retroalimentadas por informações originadas do próprio ambiente urbano a que se destinam, correspondendo de maneira mais eficaz e coerente às necessidades surgidas ao longo da vigência dos planos diretores. Neste sentido, a utilização de informações úteis ao planejamento urbano, em conjunto com gatilhos legislativos previstos no plano diretor, poderá desencadear, à título exemplificativo, a ampliação ou redução de incentivos urbanísticos, a alteração de parâmetros de uso e ocupação ou outras medidas que, mediante justificativa técnica e de maneira transparente, se façam necessárias à implementação das metas da política de desenvolvimento urbano: tendo em vista objetivos específicos e preordenados no plano diretor, a evolução do desenvolvimento urbano promove a adaptação da regulação urbanística.

Tais possibilidades, aponte-se, devem ser incorporadas à regulação de modo a potencializar a estrutura de governança e tomada de decisão já existente na legislação urbanística, e típica deste subsistema jurídico. Dessa maneira, instrumentos voltados à gestão participativa, bem como àqueles que permitem o desencadeamento de soluções técnico-urbanísticas previamente estabelecidas devem ser subsidiados por mecanismos atrelados à tecnologia, garantindo-se eficiência e resiliência à política de desenvolvimento urbano, cada vez mais atrelada ao processo de surgimento de cidades inteligentes.

2.2 Caminhos possíveis via *big data*

A introdução de uma nova agenda *smart* ao processo de construção, implementação e avaliação da política pública de desenvolvimento urbano depende da associação do modelo usual de regulação urbanística – notadamente no âmbito dos planos diretores – a instrumentos que permitam e garantam qualidade à tomada de decisão em tempo real. O campo do conhecimento que alimenta estes mecanismos é a ciência de dados, principalmente quando usados a partir da coleta de um grande volume informação, usualmente conhecido como "Big Data". Com efeito, após o surgimento e aprimoramento da computação eletrônica, a possibilidade de capturar, gerenciar e utilizar dados ordenados para a tomada de decisão abriu espaço para melhorias na estrutura de governança territorial das cidades, desencadeando processos que questionam os conceitos usuais de avaliação e estruturação da política de desenvolvimento urbano, e aprimorando as práticas governamentais internas ao processo de produção desta política pública[6].

No tocante ao denominado "Big Data", faz-se necessário compreender a abrangência de seu conceito para, assim, associá-lo de maneira mais perfeita ao paradigma de cidades inteligentes. Nesta linha, o Big Data deve ser entendido para além da literalidade de sua tradução para a língua portuguesa, exercício este que aproximaria o termo tão somente à existência de um grande volume de dados. Ao invés, o Big Data também é caracterizado pela variedade de dados, pela velocidade em que são gerados e pela veracidade, ou qualidade, dos dados obtidos, que são digitalmente mantidos por empresas, governos e outras grandes organizações – tais são os chamados 4V's do Big Data (volume, variedade,

---

6. RAMOS, José Augusto Sapienza; UGEDA, Luiz Antonio. Governança territorial com infraestrutura de dados espaciais no Brasil: O problema da não oficialidade dos dados geográficos. *Revista de Administração Municipal*, 2019, n. 298. p. 18-19.

velocidade e veracidade). Ainda que os 4V's do Big Data não representem absoluto consenso na literatura com relação ao encerramento do seu conceito[7] – há quem diga que existam sete ou dez características predominantes no conceito do Big Data[8] –, o fato é que a captação de um grande volume de dados abre margem para inferências estatísticas não amostrais, baseadas em um contexto que, dada a variedade, quantidade e velocidade em que são geradas, está cada vez mais próximo da realidade, permitindo análises com maior qualidade e confiabilidade.

O *Big Data*, assim, deve ser compreendido enquanto um novo paradigma de utilização dos dados, capaz de gerar valor econômico e qualificar a tomada de decisão, sendo medida necessária a tal condição que a coleta e armazenamento de um grande volume de dados variados, em alta velocidade e com qualidade, seja em seguida submetida a um processo de mineração, classificação e análise, a fim de produzir informações úteis. Assim, tão importante quanto produzir e captar dados massivamente, é a possibilidade de analisar tais dados, o que se convencionou chamar de *"Big Data Analytics"*, infraestrutura computacional pela qual os dados serão analisados e validados, permitindo sua compreensão e geração de valor[9], de maneira aplicada às necessidades de instituições públicas e privadas.

No campo das políticas públicas, o paradigma trazido pelo Big Data e as análises dele decorrentes significam uma verdadeira revolução para os instrumentos tradicionais de tomada de decisão e, principalmente, de avaliação e monitoramento da efetividade das soluções público-estatais. Desse modo, mais que um conjunto exaustivo de dados que permite revelar a realidade em que as políticas públicas operam, o Big Data deve ser considerado uma inovação metodológica que possibilita a realização de suposições confiáveis, habilitando o Poder Público a prever, de forma segura, o efeito de determinada política pública em um curto espaço de tempo. Nesta linha, como indicado acima, o avanço proporcionado pela análise de dados compreendidos como Big Data abre espaço para a revisão do modelo tradicional do ciclo de políticas públicas especialmente quanto à avaliação, de maneira que seja possível remover a avaliação enquanto uma etapa estanque e torná-la parte integrante das demais etapas. De acordo com Höchtl, Parycek e Schöllhammer, por meio da mineração e análise de Big Data será possível tomar decisões em tempo real, sendo oportuno questionar o modelo tradicional de concepção de políticas públicas, *verbis*[10]:

> Existem várias maneiras pelas quais o Big Data pode apoiar o ciclo de políticas, mas, considerando especificamente metodologicamente, o Big-Data permite, com resultados quase que instantâneos, questionar o ciclo de políticas enquanto um conceito interativo (...) na era do Big Data, faz pouco sentido delegar a avaliação para uma etapa isolada no final do ciclo. Em vez disso, a avaliação contínua

---

7. ABRUSIO, Juliana. *Big Data*, internet das coisas e cidades inteligentes. Cidades Inteligentes, Humanas e Sustentáveis: *II Encontro Internacional de Direito Administrativo Contemporâneo e os Desafios da Sustentabilidade*. Belo Horizonte: Arraes Editores, 2020. p. 7.

8. HÖCHTL, J.; PARYCEK, P; SCHÖLLHAMMER, R. Big data in the policy cycle: Policy decision making in the digital era. *Journal of Organizational Computing and Electronic Commerce*, 2016, v. 16, n. 1-2, p. 147-169.

9. EUROPEAN COMISSION. *Opinion 03/2013 on purpose limitation*. Disponível em: https://ec.europa.eu/justice/article-29/documentation/opinion-recommendation/files/2013/wp203_en.pdf. Acesso em: 18 jul. 2020. p. 45.

10. HÖCHTL, J.; PARYCEK, P; SCHÖLLHAMMER, R. Big data in the policy cycle: Policy decision making in the digital era. *Journal of Organizational Computing and Electronic Commerce*, 2016, v. 16, n. 1-2, p. 147-169. p. 164.

das alternativas em cada etapa do ciclo de políticas públicas reduzirá as ineficiências na formulação de políticas por permitir a busca de alternativas identificadas em cenários do Big Data, ou mesmo saídas antecipadas das políticas planejadas.

No caso específico da política de desenvolvimento urbano, no que tange ao seu processo de transformação dos atuais sítios urbanos em cidades inteligentes, é imprescindível viabilizar institucionalmente a massiva coleta e análise dos dados para que, em seguida, seja acionada a instrumentação jurídica estabelecida para a revisão preordenada e constante das metas e parâmetros de transformação urbanística. Assim, é essencial, para que haja a evolução dos instrumentos de avaliação, medida imprescindível para a política de desenvolvimento urbano de cidades inteligentes, que seja primeiramente implantada uma infraestrutura capaz de gerar, armazenar e permitir a análise de um conjunto exaustivo dados, obtidos mediante processos tecnológicos. Tais dados, associados aos que já são produzidos ordinariamente pelos mecanismos tradicionais de monitoramento da política de desenvolvimento urbano, devem ser ordenados para, mediante mineração, classificação e análises, produzirem informações úteis à avaliação desta política pública. A melhoria na governança territorial exige, portanto, políticas específicas, previstas no plano diretor, voltadas à governança da informação, gerando uma verdadeira infraestrutura de dados à serviço das cidades inteligentes[11]. Em outras palavras, a melhoria na eficiência e qualidade dos serviços públicos e das políticas públicas a tais vinculadas em si terá resultados mais satisfatórios quando, a partir de uma perspectiva *smart*, o paradigma trazido pelo Big Data for incorporado.

Além da infraestrutura e governança de dados, a regulação jurídico-urbanística deve conter dispositivos normativos que tenham a eficácia desencadeada a partir das informações coletadas e transformadas, bem como permitam maior eficiência na avaliação e tomada de decisão ao longo da vigência do plano. Em outras palavras, no âmbito da política de desenvolvimento urbano inaugurada com a Constituição de 1.988, cujo modelo de implantação está diretamente associado à formulação, vigência e revisão dos planos diretores, as informações produzidas a partir da infraestrutura de Big Data devem repercutir no processo de estipulação e avaliação da normatização urbanística. Considerando o princípio de gestão democrática das cidades, os planos diretores devem incorporar em sua discussão a proposição de instrumentos normativos que somente gerem efeitos a partir da constatação de determinadas realidades urbanísticas em si planejadas, atuando como verdadeiros gatilhos para a avaliação e atualização do plano diretor em tempo real, resultando em instrumentos de política urbana desenhados para as cidades inteligentes e compatíveis com as suas possibilidades e pretensões.

3. CONSIDERAÇÕES FINAIS

O estabelecimento de planos diretores inteligentes terá um efeito imediato na calibragem das políticas públicas sob responsabilidade do Município, determinando a maior

---

11. RAMOS, José Augusto Sapienza; UGEDA, Luiz Antonio. Governança Territorial com Infraestrutura de Dados Espaciais no Brasil: O problema da não oficialidade dos dados geográficos. *Revista de Administração Municipal*, 2019, n. 298. p. 19-20.

eficiência dos gastos públicos e resultados mais adequados em termos de orientação do desenvolvimento urbano.

O desafio, do ponto de vista normativo, é o aprimoramento da técnica legislativa, de modo a permitir que os dados recolhidos e tratados pelo Poder Público acionem dispositivos legais preestabelecidos, que terão o condão de alterar condicionantes de parcelamento, uso e ocupação do solo a partir da realidade das cidades. Esta verdadeira escala móvel de conformação da propriedade urbanística pode, ainda, vir associada a previsão de instalação ou desmobilização de infraestruturas urbanas (aqui tratadas em sentido amplo, incluindo-se instalações de prestação de serviços públicos), de modo a proporcionar também a melhor utilização de próprios municipais e de alocação de equipes de servidores públicos.

É certo que o estabelecimento deste tipo de regramento poderá vir acompanhado de questionamentos acerca da legitimidade da implantação de novas regras (ainda que preestabelecidas em lei) em função de compilação de dados pela Administração Pública. Para que sejam afastadas estas dúvidas, é essencial que haja ampla transparência nos processos de colheita de dados pelo Poder Público, e que as rotinas de seu processamento sejam conhecidas, assim como os critérios utilizados a tanto.

O que se pretende afirmar é que a informação assim produzida deve integrar o conteúdo e significado da norma jurídico-urbanística, trazendo à lume o tão conhecido Princípio da Coesão Dinâmica das Normas de Direito Urbanístico. Com a mudança das condições de ocupação da cidade, deve mudar o regramento jurídico-urbanístico do plano diretor e da legislação dele decorrente, de modo a proporcionar de forma eficiente e equilibrada a consecução da política de desenvolvimento urbano do município. O que o plano diretor inteligente é capaz de proporcionar, nesta linha de ideias, é que o controle da intensidade e das consequências desta mudança esteja previsto e orientado por decisões preestabelecidas, fazendo com que, finalmente, a pretensão do constituinte originário de ordenar o pleno desenvolvimento das funções sociais da cidade e garantir o bem-estar de seus habitantes tenha condições de se efetivar.

4. REFERÊNCIAS

ABRUSIO, Juliana. Big Data, internet das coisas e cidades inteligentes. Cidades Inteligentes, Humanas e Sustentáveis: *II Encontro Internacional de Direito Administrativo Contemporâneo e os Desafios da Sustentabilidade*. Belo Horizonte: Arraes Editores, 2020.

CENTRO DE OPERAÇÕES DA PREFEITURA DO RIO DE JANEIRO. *Institucional*: alta tecnologia a serviço da cidade. Disponível em: http://cor.rio/institucional/. Acesso em: 12 jul. 2020.

EUROPEAN COMISSION. Opinion 03/2013 on purpose limitation. Disponível em: https://ec.europa.eu/justice/article-29/documentation/opinion-recommendation/files/2013/wp203_en.pdf]. Acesso em: 18 jul. 2020.

EUROPEAN COMMISSION. *What are smart cities?* Disponível em: https://ec.europa.eu/info/eu-regional-and-urban-development/topics/cities-and-urban-development/city-initiatives/smart-cities_en. Acesso em: 12 jul. 2020.

HÖCHTL, J.; PARYCEK, P; SCHÖLLHAMMER, R. Big data in the policy cycle: Policy decision making in the digital era. *Journal of Organizational Computing and Electronic Commerce*, 2016, v. 16, n. 1-2, p. 147-169.

KITCHIN, R. The real time city? Big data and smart urbanism. *Geo Journal,* 2014, v. 79, n. 1, p. 1-14.

RAMOS, José Augusto Sapienza; UGEDA, Luiz Antonio. Governança territorial com infraestrutura de dados espaciais no Brasil: O problema da não oficialidade dos dados geográficos. *Revista de Administração Municipal*, n. 298. p. 17-35. 2019.

SECCHI, L. *Políticas públicas*: conceitos, esquemas de análise, casos práticos. São Paulo: CENGAGE Learning, 2010.

BASE SUBJETIVA E OBJETIVA DA LOCAÇÃO EM REGIME DE *SHOPPING CENTER*: A SEGURANÇA EM CENÁRIO INSEGURO

Marcelo Barbaresco

Doutorando em Direito Comercial pela Pontifícia Universidade Católica de São Paulo. Mestre em Direito Político e Econômico. Pós-graduado em direito empresarial, em direito do mercado financeiro e de capitais, em direito processual civil, em direito do consumidor e em direito imobiliário, com capacitação para Mediador. Professor na FGV Direito SP – FGV Law, no INSPER, na FAAP, assim como em outras instituições de ensino. Fundador do IBRADIM – Instituto Brasileiro de Direito Imobiliário, ocupando uma de suas Vice-presidências. Advogado.

Sumário: 1. Introdução. 2. Bases do negócio jurídico em regime de *shopping center*. 2.1 Base subjetiva. 2.2 Base objetiva. 3. Conclusão. 4. Referências.

1. INTRODUÇÃO

Tempos de profundas reflexões acerca das consequências decorrentes de fato que de alguma maneira paralisou ou, então, se fez repensar acerca do regular prosseguimento de negócios jurídicos imobiliários, especialmente, os Shopping Centers.

Assim se afirma por conta da determinação que, embora necessária quando observada em certos termos e adotando-se como válidas certas premissas científicas, se caracterizou como sendo algo inesperado, imprevisto, impensado pelo mais diligente administrador de empresas, tudo no sentido dos Governos de Estado determinar a obrigatória cessação ou restrição, mesmo que temporária, das atividades econômicas consideradas como não essenciais, por conta da pandemia causada pela Covid-19.

E dentre elas, aquelas desenvolvidas pelo estabelecimento em regime de Shopping Center que, não obstante congregar diversas partes e cada qual com suas específicas atividades econômicas, em sua maioria se viu compelida a suspender o regular funcionamento de suas atividades de empresa. E isso tudo por conta da observância de um comando superior emanado pelos respectivos Governos sob o fundamento da proteção à saúde.

Por conta, assim, deste cenário inesperado, diversas foram as situações a serem enfrentadas sejam pelos titulares da destinação e exploração da coisa imóvel, sejam por aqueles que se encontravam instalados nos estabelecimentos em regime de Shopping Center, dentre as quais, algumas, tais como: seria possível suspender, também, o pagamento dos alugueres e até mesmo resolver o contrato sem penalidade? Seria factível requerer a redução do valor mensal pago pela utilização do espaço? E quanto ao pagamento das despesas relacionadas à manutenção e segurança da coisa, poderiam não ser pagas ou, então, pagas de maneira reduzida? E quanto aos recursos destinados à publicidade e promoção do estabelecimento em Shopping Center? E quando o valor que se pagava periodicamente e por conta da utilização da coisa se tratava de uma única rubrica – a exemplo das contribuições mínimas ou percentuais[1] – seria a hipótese de pagar parte e outra não?

Enfim, muitas questões se afloraram por conta de um único fato e com efeitos nos negócios jurídicos estabelecidos entre os agentes econômicos e neste específico regime jurídico.

Em face deste cenário, a finalidade deste ensaio é avaliar alguns elementos relacionados às razões pelas quais esta espécie de negócio jurídico é conformada e contratada pelos agentes econômicos que dele participam. E, assim procedendo, de forma a identificar, não exaustivamente, que base teórica poderia ser aplicável de maneira a buscar identificar um início comum de resposta às indagações formuladas alhures tudo de maneira a projetar um olhar para o futuro das relações contratuais como forma de conferir segurança em um cenário presumivelmente imprevisível. Como diz o dito popular "tempos extraordinários, exigem respostas extraordinárias" ou, ao menos então, novos elementos de reflexão.

2. BASES DO NEGÓCIO JURÍDICO EM REGIME DE *SHOPPING CENTER*

2.1 Base subjetiva

De alguma forma buscar identificar as bases[2] de um determinado negócio jurídico demanda de seu pesquisador um mergulhar nas profundezas das intenções que os participantes possuíam em mente e assim exteriorizaram e consubstanciaram, de alguma forma, em estipulações contratuais. Ao se realizar este recorte, se identificaria a base subjetiva, isto é, a causa do contrato.

Hernandez (2008, p. 31)[3] informa que a causa seria a razão concreta do contrato e a de estabelecer aquele negócio jurídico, tendo em vista o interesse concretamente perseguido. Neste sentido, por base do contrato devem ser compreendidas todas as circunstâncias que, de fato ou de direito, os contratantes consideraram ao celebrá-lo e

---

1. Por questões negociais, ora relacionadas à essência do estabelecimento em regime de Shopping Center, outrora por interesses dos contratantes e sem relação direta com a preservação do interesse da coletividade, são estabelecidas disposições contratuais através das quais o valor que se paga periodicamente compreende e, através de uma única rubrica, o quanto destinado ao aluguel, às despesas rateáveis relacionadas à manutenção e segurança da coisa e às despesas relacionadas à publicidade e promoção do estabelecimento em *Shopping Center*.
2. Coloca Fonseca (1943, p. 115) que: "Por base do negócio entendem-se as representações dos interessados, ao tempo da conclusão do contrato, sobre a existência de certas circunstâncias básicas para sua decisão, no caso de serem estas representações encaradas por ambas as partes como base do acordo contratual (Geschäftsgrundlage), incluindo-se, assim, em princípio, entre elas, v. g., a equivalência de valor entre a prestação e a contraprestação, considerada tacitamente querida; a permanência aproximada do preço convencionado etc. Quando, em consequência de fatos sobrevindos depois da conclusão do contrato, a base do negócio desaparece, perturbando-se o equilíbrio inicial, o contrato não corresponderia mais à vontade das partes e o juiz deveria, por sua intervenção, readaptá-lo a essa vontade, fosse resilindo-o, fosse modificando-o, para que ele correspondesse ao que as partes teriam querido, se previssem os acontecimentos".
3. HERNANDEZ, Tania Lehman. *Teoria da imprevisão e da base objetiva do negócio jurídico*. Dissertação (mestrado em direito). Pontifícia Universidade Católica de São Paulo, 2008.

que podem ser consideradas em seu caráter subjetivo – e objetivo – parafraseando Nery Junior (2006, p. 340)[4].

Especificamente, a respeito da base subjetiva, em algumas circunstâncias, estas estipulações não conseguem representar, adequadamente e, até mesmo quando expressadas sob a forma escrita, o conteúdo absoluto de todas as discussões havidas durante as tratativas contratuais que foram se estabelecendo e amalgamando, pouco a pouco, a escultura que se transforma em arte quando de sua finalização.

Ainda mais se acentua esta circunstância quando se trata – como é o caso e a hipótese – de um contrato de trato sucessivo ou de execução continuada cujos efeitos, portanto, se prolongam no tempo e, especialmente, por conta desta extensão, se encontram sujeitos a variadas instabilidades, isto é, a situações de volatilidade impensadas ou irrefletidas quando de sua finalização escultural.

Há, portanto, constantemente, uma espécie de tensão entre a desejada estabilidade e a alteração; entre a segurança e a inovação, entre a permanência e a ruptura, parafraseando Martins-Costa (2007, p. XVIII-XIX)[5].

Neste sentido e, de maneira geral, a contratualidade neste negócio jurídico não envolve apenas e tão somente a cessão para o uso de determinada coisa imóvel, mas, sim, compreende e de lado a lado, um conjunto de obrigações de dar, de fazer e de não fazer, constituintes de sua essência e, porquanto, causas do contrato.

Acerca da essência coloquei em Barbaresco (2019, p. 90)[6] que "o empresário em Shopping Center deve se assenhorar que ele não é apenas em si mesmo, mas, inclusive, um Ser nos outros que com ele se relaciona." E, em continuação, ainda coloco e neste ensaio repiso ao dizer que "por conta deste elemento que o distingue dos demais [...] emerge aquilo que, em essência, constitui sua substância [...] o da inafastável primazia da administração única e centralizada, sem a qual não se consubstanciará um Shopping Center."

Há, assim, interesses supra individuais próprios e que devem ser harmonizados pela essência tudo em linha com os recíprocos deveres de cooperação. E relevante é a compreensão desta peculiar circunstância engajadora e formadora do negócio jurídico em regime de Shopping Center de forma a identificar respostas às questões colocadas, pois como coloca Comparato (1995, p. 76)[7] "não há inteligência exata das regras jurídicas empresariais sem a compreensão dos interesses econômicos em causa."

Desta forma, em faltando a essência com seus deveres poderá esta ausência resultar em fundamento para a rescisão do contrato, isto é, seu motivado desfazimento por aquele que demonstrar o incumprimento motivado.

---

4. NERY JUNIOR, Nelson. Contratos no código civil. In: FRANCIULI NETO, Domingos; MENDES, Gilmar Ferreira; MARTINS FILHO, Ives Gandra (Coord.). *O novo código civil*. 2. ed. São Paulo: LTR, 2006.
5. MARTINS-COSTA; Judith. In: FRANTZ, Laura Coradini. Prefácio. *Revisão dos contratos*. Saraiva: 2007.
6. BARBARESCO, Marcelo. Intenções e reflexos na interpretação dos contratos de locação em *shopping center* inclusive nas atividades de *e-commerce*. In: LEVY, Wilson; ALMEIDA, Marcelo Manhães de. (Coord.). *Direito imobiliário e urbanístico*: temas atuais. São Paulo: Foco, 2019.
7. COMPARATO, Fabio Konder. Alienação controle de companhia aberta. *Direito Empresarial*. São Paulo: Saraiva, 1995.

Em face deste cenário, a essência deste negócio jurídico, atuando de forma colaborativa com as demais partes e que integram este negócio jurídico formatado pelo conjunto e sempre com finalidade lucrativa[8] – por se tratar de um contrato de organização[9] – deve manter e ao longo de toda a existência da contratualidade comportamento leal e pautado pela boa fé objetiva de forma a fazer prevalecer as intenções vincadas e, portanto, estabelecidas quando do início da relação jurídica.

Não apenas nesta circunstância, mas, especialmente, e por tratar-se de negócio jurídico cujos efeitos são prolongados e continuados no tempo, durante e permanentemente, em toda sua fase de execução e, especialmente, quando fato que extrapola os limites do conhecimento presumível perturbam as relações.

Desta forma, cabe à essência e em circunstâncias como as presenciadas por conta do fato decorrente da pandemia decorrente da Covid-19, adotar as providências razoáveis e necessárias de forma a fazer cumprir, realizar e manter incólume o estabelecimento físico e através do qual eram exercidas as atividades de empresa que consubstanciam o conjunto que, por sua vez, conforma a atividade em Shopping Center naquela localidade, antes da determinação de sua paralisação.

Por conta deste dever comportamental que decorre da natureza do negócio jurídico em Shopping Center resulta a obrigatoriedade da continuidade de todos os que integram o estabelecimento, insculpido por seu conjunto, continuarem a contribuir com o pagamento das despesas rateáveis e daquelas relacionadas à sua publicidade e promoção, conquanto necessária à manutenção do estabelecimento formado e de interesse da totalidade do conjunto.

Compreendido o dever de prestar relacionado à essência, importa observar, a seguir, os elementos caracterizadores da base objetiva que, como será demonstrado impactam no que se refere aos efeitos avaliados e relacionados à base subjetiva acaso o credor do dever, isto é, o ocupante do espaço em Shopping Center desejar invocar direito decorrente da irrealizabilidade do objeto.

2.2 Base objetiva

Poder-se-ia ter optado por iniciar este ensaio pela avaliação da base objetiva do negócio jurídico em regime de Shopping Center, mas, se assim se realizasse, talvez, o interesse pela discussão precedente restaria de certa forma comprometido.

---

8. Importa a este respeito esclarecer que a finalidade lucrativa não está a significar que todo e qualquer negócio jurídico somente possa ser estabelecido se houver lucro, isto, pois, há situações que por questões de conveniência negocial e relacionada às atividades de determinada sociedade ou empresa, que ele venha a ser convencionado e, desde seu início, com prejuízo, visando um futuro negócio ou, então, uma exposição convenientemente pensada.

9. Acrescente-se a esta circunstância e, como coloca Forgioni (2016, p. 38-9) que "o diferenciador marcante dos contratos comerciais reside no escopo de lucro de todas as partes envolvidas, que condiciona seu comportamento, sua "vontade comum" e, portanto, a função econômica do negócio, imprimindo-lhe dinâmica diversa e peculiar. [...] Dizemos que a "natureza e o espírito do contrato" comercial são condicionados pela "vontade comum" das partes, direcionada que é pelo escopo de lucro que grava cada uma delas."

Assim, para que se possa compreender do que se trata a base objetiva, se transcreve o que Simão (2020, p. 6)[10] coloca:

Eduardo VII, filho da Rainha Vitória (que faleceu em janeiro de 1901), marcou sua coroação para 26 de junho de 1902. Os ingleses esperavam, eufóricos, sua coroação, pois a maioria deles não tinha visto uma cerimônia como aquela (o reinado longevo de Vitória – 1834 a 1901 – que só foi suplantado por Elizabeth II – 1952 até o momento). Assim, divulgado o percurso do cortejo real, foram firmados contratos de locação de sacadas (balconies) para que as pessoas pudessem ter uma visão privilegiada do monarca. Ocorre que, por um problema de saúde do Rei, a coroação foi adiada e só ocorreu em 9 de agosto de 1902. A questão jurídica suscitada era a seguinte: a mudança de data da coroação tornou a locação impossível com perda de seu objeto? A resposta é negativa, pois as sacadas poderiam ser usadas normalmente. Se as sacadas tivessem desabado por força de uma calamidade, aí teríamos a impossibilidade do objeto. Contudo, uma sacada para ser usada sem que haja o cortejo atende às bases do negócio?

Oertman (1933, p. 305)[11] define a base de um negócio jurídico como "sendo a representação mental de uma das partes no momento da conclusão do negócio jurídico, conhecida em sua totalidade e não recusada pela outra parte, ou a comum representação das diversas partes sobre a existência ou aparecimento de certas circunstâncias em que se baseia a vontade negocial".

Por sua vez e, tendo por base mencionada teoria e, parafraseando Karl Larenz (1956, p. 41; 170)[12] é edificada a existência de dois planos a serem observados, quais sejam: "a base subjetiva que consiste na representação mental que orientou os agentes na fixação do conteúdo do contrato" e, de outro lado, sua base objetiva, isto é, "as circunstâncias e o estado geral das coisas cuja existência ou subsistência é objetivamente necessária para que o contrato subsista, segundo o significado das intenções de ambas as partes, como regulação dotada de sentido".

Importa esclarecer e, conforme afirma Leão (2010, p. 80)[13] que a teoria da base objetiva dos negócios "não se confunde com a teoria da imprevisão. Na lição de Luis Renato Ferreira da Silva, a primeira dispensa a imprevisibilidade das circunstâncias supervenientes, bem como o elemento causador do desequilíbrio é mais específico e não genérico."[14]

Em face deste cenário dogmático, importa explorar o que a indisponibilidade, total ou parcial, definitiva ou temporária da coisa, isto é, do bem imóvel e sobre o qual se

---

10. SIMÃO, José Fernando. *O contrato nos tempos da Covid-19*. Esqueçam a força maior e pensem na base do negócio. Disponível em: https://www.migalhas.com.br/arquivos/2020/4/8CF00E104BC035_covid.pdf. Acesso em: 23 jul. 2020.
11. OERTMANN, Paul. *Introducción al derecho civil*. Barcelona: Labor, 1933.
12. LARENZ, Karl. *Base del negócio jurídico cumplimiento de los contratos*. Madrid: Revista de Derecho Provado, 1956.
13. LEÃO, Luis Gustavo de Paiva. *A quebra da base objetiva dos contratos*. Dissertação (mestrado em direito). Pontifícia Universidade Católica de São Paulo, 2010. Disponível em: https://tede2.pucsp.br/handle/handle/5474. Acesso em: 27 jul. 2020.
14. A este respeito coloca FRANTZ (2007, p. 51), conforme mencionado por Leão (2010, p. 81) que: "comparando os requisitos exigidos para a aplicação da teoria da base do negócio e os exigidos pela teoria da imprevisão, denota-se que a primeira requer condições mais flexíveis, não exigindo a imprevisibilidade dos acontecimentos que desestabilizam a economia contratual a requisito essencial. Dessa forma, a teoria da quebra da base objetiva facilita a revisão dos contratos por alteração das circunstâncias, visto que a imprevisibilidade do evento causador do desequilíbrio, elemento nem sempre de fácil constatação na prática, não é exigido com toda a veemência como na teoria da imprevisão."

desenvolve a essência do Shopping Center e, por conta de ato de terceiro – o Estado que determina ou, então, recomenda seu temporário fechamento – acarretaria para o negócio jurídico em regime de Shopping Center e sob a ótica dos direitos dos agentes contratantes.

Certamente e inquestionável que o dever do titular da coisa e que sobre a qual se empreende a empresa em Shopping Center é o de mantê-la em condições de pleno funcionamento tudo de maneira que os direitos e as obrigações ajustados através do contrato que disciplina o uso da coisa atinja os seus objetivos, isto é, sua finalidade e, por conta deste fato, se tenha por satisfeita sua base objetiva. Mas este dever e, em face das atuais circunstâncias pandêmicas e, portanto, sem culpa do titular da coisa, não tem como ser adimplido em sua integralidade, isto é, para a totalidade dos ocupantes de suas respectivas áreas tendo em vista as restrições legais[15].

De outro lado e, não obstante esta impossibilidade, a circunstância do ocupante do espaço e, também e exclusivamente por conta da mesma pandemia, estar com dificuldade em realizar o pagamento do preço decorrente da disponibilização da coisa, estaria na mesma situação jurídica em que se encontra aquele que cedeu seu uso ou em situação diversa? Dificuldade seria diverso de impossibilidade.

A impossibilidade é absoluta, plena para um dos lados e, por conta de fato de terceiro, o "fato do príncipe" ter impedido e, para o outro, se trata de uma dificuldade por conta das circunstâncias e, portanto, demandando tratamento distinto. Houve, para este, portanto, não uma impossibilidade, mas, sim, uma onerosidade excessiva por conta da alteração das circunstâncias, isto é, dos fatos.

Mas, a coisa, continua disponível para o uso? Ou a base objetiva do negócio jurídico deixou de existir e, portanto, autorizando medidas a serem adotadas pelo ocupante?

Observando-se os fatos, a coisa que funda, que sustenta a base do negócio jurídico se tornou indisponível e, por conta deste fator, deixando de estar à disposição temporariamente ou, ao menos, estar disponível para parte de seus ocupantes e, conforme estipulações contratuais, por período de tempo não determinável.

Desta feita, ao causar excessiva onerosidade, autoriza medida de forma a fazer cessar a situação que as circunstâncias do mundo da vida se impuseram à vontade estabelecida pelos agentes contratantes quando do estabelecimento do sinalagma contratual.

Assim sendo e, desde que o tenha feito logo, haverá a possibilidade de desfazimento do contrato, sem penalidade, pois como coloca Dantas (1978, p. 91) para estas hipóteses "a prestação que [ele] devia tornou-se impossível; [ele] não contribuiu de modo algum para esta impossibilidade – resultado: exonera-se da obrigação tal como tivesse pago", em conformidade com a normativa estabelecida pelo Código Civil.[16]

---

15. Isto, pois, apenas as assim denominadas atividades essenciais poderiam continuar a operar e, mesmo assim, com restrições.

16. O artigo 478 do Código Civil estabelece: "Artigo 478. Nos contratos de execução continuada ou diferida, se a prestação de uma das partes se tornar excessivamente onerosa, com extrema vantagem para a outra, em virtude de acontecimentos extraordinários e imprevisíveis, poderá o devedor pedir a resolução do contrato. Os efeitos da sentença que a decretar retroagirão à data da citação." Importa apenas vincar que a única parte do dispositivo que não se aplica às circunstâncias presentes é a extrema vantagem para o cedente do espaço mas que, este fato e, por si só, não desautoriza a alocação do comando deste dispositivo para o equacionamento do tema.

Acaso não tenha sido logo, as obrigações decorrentes do contrato permanecerão e, em alguma medida a ser estudada, deverão ser "proporcionalizadas" em face da impossibilidade, quando o caso, temporária da fruição da coisa cedida ao uso. Com relação aos encargos decorrentes da locação em regime de Shopping Center, deverão ser reequilibrados na exata medida da necessidade relacionada à preservação da coisa enquanto negócio jurídico em regime de Shopping Center e, por conta desta especialidade, com o tratamento adequado à preservação da arte decorrente de seu escultor.

3. CONCLUSÃO

Percorrer caminhos tendo por base o regime jurídico do Shopping Center demanda de seu atleta um continuo refletir acerca da essência deste negócio jurídico que faz a todos os seus agentes encantar com a arte decorrente dos traços que compõem a escultura.

Ainda mais quando se busca avaliar a essência tendo em vista os impactos havidos em suas bases objetiva e subjetiva de formação de maneira a buscar identificar soluções possíveis em face deste especialíssimo regime jurídico.

Menos do que conclusões, este ensaio tem por finalidade iluminar a dogmática existente no entorno da base de um negócio jurídico e através dela sugerir soluções para o equacionamento das situações decorrentes da atualidade e que se relacionam com a pandemia decorrente da Covid-19. E assim se faz e se pretende de maneira a conferir segurança jurídica mesmo que em situação de insegurança conjectural.

4. REFERÊNCIAS

BARBARESCO, Marcelo. Intenções e reflexos na interpretação dos contratos de locação em shopping center inclusive nas atividades de *e-commerce*. In: LEVY, Wilson; ALMEIDA, Marcelo Manhães de. (Coord.). *Direito imobiliário e urbanístico*: temas atuais. São Paulo: Foco, 2019.

BARBARESCO, Marcelo. *Shopping Center*: critica da essência e a liberdade de contratar enquanto concretação do princípio constitucional da livre-iniciativa. *Revista de Direito Imobiliário (RDI)*. Publ. IRIB – Instituto de Registro Imobiliário do Brasil. Ano 41, n. 85, jul.- dez. 2018. São Paulo: Ed. RT, 2018.

BARBARESCO, Marcelo. *Compropriedade e sociedade*: estrutura, segurança e limites da autonomia privada. São Paulo: Almedina, 2017.

COMPARATO, Fabio Konder. Alienação controle de companhia aberta. *Direito Empresarial*. São Paulo: Saraiva, 1995.

DANTAS, Santiago. Programa de direito civil II. Aulas proferidas na Faculdade Nacional de Direito fim de 1943 -1945. *Os Contratos*. Rio de Janeiro: Rio, 1978.

FONSECA, Arnoldo Medeiros. *Caso fortuito e teoria da imprevisão*. Rio de Janeiro: Forense, 1943.

FORGIONI, Paula A. *Contratos empresariais*. Teoria geral e aplicação. 3. ed. rev., atual. e ampl. São Paulo: Ed. RT, 2019.

FRANTZ, Laura Coradini. *Revisão dos contratos*. São Paulo: Saraiva, 2007.

HERNANDEZ, Tania Lehman. *Teoria da imprevisão e da base objetiva do negócio jurídico*. Dissertação (mestrado em direito). Pontifícia Universidade Católica de São Paulo, 2008.

LARENZ, Karl. *Base del negócio jurídico cumplimento de los contratos*. Madrid: Revista de Derecho Provado, 1956.

LEÃO, Luis Gustavo de Paiva. A *quebra da base objetiva dos contratos*. Dissertação (mestrado em direito). Pontifícia Universidade Católica de São Paulo, 2010. Disponível em: https://tede2.pucsp.br/handle/handle/5474. Acesso em: 27 jul. 2020.

MARTINS-COSTA; Judith. In: FRANTZ, Laura Coradini. *Revisão dos Contratos*. Saraiva: 2007.

NERY JUNIOR, Nelson. *Contratos no código civil*. In: FRANCIULI NETO, Domingos; MENDES, Gilmar Ferreira; MARTINS FILHO, Ives Gandra (Coord.). *O novo código civil*. 2. ed. São Paulo: LTR, 2006.

OERTMANN, Paul. *Introducción al derecho civil*. Barcelona: Labor, 1933.

SIMÃO, José Fernando. *O contrato nos tempos da Covid-19*. Esqueçam a força maior e pensem na base do negócio. Disponível em: https://www.migalhas.com.br/arquivos/2020/4/8CF00E104BC035_covid.pdf. Acesso em: 23 jul. 2020.

A CIDADE E O NOSSO NOVO NORMAL: DIREITO URBANÍSTICO, IMOBILIÁRIO E O URBANISMO NO ESPAÇO URBANO PÓS-COVID

Elisabete França

Doutora em Arquitetura e Urbanismo pela Universidade Presbiteriana Mackenzie. Arquiteta (FAU-UFPR). Mestre em Estruturas Ambientais Urbanas pela Universidade de São Paulo. Graduada em Arquitetura (FAU-UFPR). Foi diretora de Planejamento e Projetos da Companhia de Desenvolvimento Habitacional e Urbano do Estado de São Paulo (CDHU). Secretária municipal de Mobilidade e Transporte de São Paulo. Foi coordenadora de projetos vinculados a financiamentos do Banco Mundial, Banco Interamericano de Desenvolvimento e UN-Habitat em vários países, com destaque para o México, El Salvador, Honduras e Timor Leste. Coordenou, ainda, o Programa de Recuperação Urbana e Ambiental da bacia do Guarapiranga, primeiro programa de urbanização de favelas implantado em larga escala, na cidade de São Paulo.

Sumário: 1. A mobilidade urbana pós-pandemia: a mudança cultural necessária. 2. O pedestre no pós-pandemia. 3. A bicicleta no pós-pandemia. 4. O transporte público – ônibus, metrô e trens – no pós-pandemia. 5. O transporte público privado – táxis e aplicativos – no pós-pandemia. 6. O carro individual no pós-pandemia. 7. Modos que se misturam no período da pandemia e no pós-pandemia. 8. Mobilidade urbana – o desafio no pós-pandemia. 9. E, o que é possível ser implementado nesse longo período de pós-pandemia.

1. A MOBILIDADE URBANA PÓS-PANDEMIA: A MUDANÇA CULTURAL NECESSÁRIA

Nos anos 1950, descobrimos as maravilhosas máquinas voadoras e, com elas, a liberdade que o carro individual oferecia para os moradores das cidades e metrópoles que se espraiavam. Ao desvincular-se da necessidade de atendimento pelo transporte público coletivo, terrenos mais distantes e mais baratos tornavam-se viáveis para o desenvolvimento urbano monofuncional. O sonho de ter um carro, embora mais distante da realidade econômica no contexto brasileiro de acesso a bens de consumo duráveis, completava o quarteto carro-geladeira-aspirador-lavadora, e aliado ao da casa própria, era a imagem do sucesso da família brasileira.

A garagem passou a ser um item obrigatório em lançamentos imobiliários: uma, duas e quantas mais vagas melhor. Os formuladores das leis de uso e ocupação do solo se dedicavam à elaboração das equações visando sempre a um lugar privilegiado e não computável para guardar o principal item de consumo de uma família: o automóvel.

E assim, as cidades foram se expandindo, tendo seus espaços livres ocupados por avenidas projetadas para altas velocidades, pontes, túneis e viadutos, criando barreiras e cortando a paisagem com vistas a evitar os dissabores de uma parada no semáforo ou congestionamento. As calçadas – quando existentes – foram diminuindo e áreas verdes desaparecendo. Acompanhando essa cidade que se dobrava às necessidades das máquinas voadoras, parte considerável dos orçamentos públicos eram e continuam sendo distribuídos para as melhorias no sistema viário – mais especificamente na pista – que suporta o ir e vir dos veículos automotores.

Apenas recentemente nossa sociedade descobriu que a mobilidade urbana vai além das necessidades do transporte individual. A última Pesquisa Origem e Destino realizada pelo Metrô de São Paulo em 2017, informa mais uma vez que o maior número de viagens na cidade de São Paulo é realizado pelo modo a pé. Na Região Metropolitana de São Paulo, são 13 milhões de viagens diárias a pé seguidas por 377 mil de bicicleta, 4,6 milhões de viagens de metrô e trens urbanos, 8,5 milhões de viagens de ônibus e 12,8 milhões de viagens individuais, em automóveis, motos e táxis.

Mais uma vez, a Pesquisa OD nos mostrou que, objetivamente, o pedestre é o rei da cidade e para ele devem ser dirigidas as políticas públicas de mobilidade. Quando não utiliza o modo a pé exclusivamente, o pedestre pode utilizar vários modais durante suas viagens de consumo obrigatório, para estudo ou trabalho: um trecho a pé até o transporte público coletivo em suas várias modalidades; e outro trecho a pé até seu destino final.

Ou seja, este usuário prioritário implica em políticas públicas que tenham como objetivo central a sua proteção durante todas essas locomoções e a facilidade de acesso a todos os modais. Isso significa melhoria das calçadas e demais espaços destinados aos pedestres, dos acessos aos modais de transportes públicos, de facilitação do uso de modos de mobilidade ativa (bicicletas, patinetes e outros). Embora esta prioridade tenha amparo legal instituído pela legislação – Código Brasileiro de Trânsito[1], Política Nacional de Mobilidade Urbana[2], Plano Municipal de Mobilidade Urbana de São Paulo – PlanMob/SP[3], Estatuto do Pedestre[4] e diversos outros regramentos – sabe-se bem que a efetivação deste direito ainda está longe de ser garantida na prática.

E ao chegarmos ao momento atual, quando uma pandemia nos obriga a reflexões sobre o estado de políticas públicas estabelecido à luz das realidades das nossas cidades. A sociedade tem vivenciado de forma ampla e irrestrita os passivos dessa política setorial: muitas de nossas antigas necessidades tornaram-se ainda mais urgentes por causa das restrições impostas pelo risco de contágio, afetando ainda mais as classes sociais menos favorecidas – como de costume.

É importante reforçar que as regiões onde as pessoas mais dependem do transporte público também enfrentam problemas relacionados à vulnerabilidade social. Nessas áreas, onde se concentram assentamentos precários, questões como congestionamento de domicílios, insalubridade das edificações e falta de saneamento básico se sobrepõem. Além disso, o maior percentual de trabalhadores informais – e, portanto, sem renda ga-

---

1. Lei Federal 9.503/1997.
2. Lei Federal 12.587/2010.
3. Decreto Municipal 56.834/2016.
4. Lei Municipal 16.673/2017.

rantida – e de famílias chefiadas por mulheres também impõe a essa parcela da população condições econômicas mais instáveis e dificuldade de se isolar.

Também é a população deste mesmo perfil de renda a mais acometida por doenças crônicas não transmissíveis como hipertensão e diabetes, associadas à idade avançada e ao estilo de vida, e responsáveis por cerca de 70% das mortes no país. Sabe-se também que, frequentemente, é muito comum que esses indivíduos sejam diagnosticados com mais de uma dessas doenças – a chamada comorbidade. Dessa forma, o levantamento de hipóteses e a análise da forma de contágio e desenvolvimento da forma grave da doença resultam-se complexos e multifatoriais, sendo necessária cautela no estabelecimento de correlações causais que possam ser comprovadas.

É importante, entretanto, contextualizar cada análise, tendo em vista que as dimensões das cidades, densidade demográfica e construtiva, malha de transporte coletivo existente, topografia, distribuição moradia-emprego, perfil de renda e muitos outros aspectos têm impacto direto na escolha do modal por cada cidadão, em cada momento de seus deslocamentos.

Além do número de viagens realizados por dia em uma cidade, muitos atributos caracterizam essa qualidade: o conforto, o custo, o tempo e/ou a distância das viagens, a divisão modal. Devem também ser avaliadas as externalidades como os acidentes, as emissões e seus efeitos sobre a saúde, o tempo desperdiçado no congestionamento e outros.

A mobilidade urbana no pós-pandemia ou "novo normal" se vê frente a várias questões: como priorizar e sustentar o sistema de transporte público que vê diminuir o número de passageiros a cada dia, porém continua cumprindo sua função essencial de capilaridade da locomoção nos mais distantes bairros da cidade, sem penalizar os mais vulneráveis? Como tornar os espaços viários acessíveis para todos os modos de locomoção? Como estimular e intensificar a utilização de modos ativos, em especial a bicicleta? Como tornar nossos espaços públicos mais amigáveis, acessíveis e seguros para o caminhar, mas também para o estar na cidade?

As questões que os gestores públicos enfrentam são desafiadoras: o sistema de transporte público centrado na equação de sustentabilidade financeira por meio do pagamento da tarifa de viagens individuais sofre queda de passageiros que chega a mais de 55% de viagens. Apenas para ilustrar, o sistema de transporte público da cidade de São Paulo, no modal ônibus, funcionava com 3 milhões de passageiros/dia e hoje, desde o início da pandemia, recebe em média 1,4 milhão de passageiros/dia.

A queda no número de usuários não implica na redução da frota de ônibus em circulação, posto que os protocolos de distanciamento social obrigam que tenhamos mais carros e menos passageiros. Como resultado, ocorre um grande desequilíbrio no financiamento da concessão e o sistema de transporte público exige ainda mais subsídios.

Conexões entre os modais como metrô, trens urbanos, ônibus pressupõem um olhar detalhado para paradas acessíveis, estacionamentos e acessos de bicicletas, sempre com o foco na atratividade que deve ser oferecida ao usuário do sistema de transporte coletivo.

ELISABETE FRANÇA

O pós-pandemia também impõe novos desafios, o principal deles relacionado ao pedestre, ou às 13 milhões de viagens diárias apontadas pela ú Pesquisa OD 2017. Como os pedestres se relacionarão com as cidades no pós-pandemia?

2. O PEDESTRE NO PÓS-PANDEMIA

Frente às obrigações dos protocolos elaborados cuidadosamente e que nos impõem o distanciamento social, o pedestre poderia vir a migrar para modais que lhe pareçam mais seguros do ponto de vista do contágio. Os curtos trajetos a pé podem vir a ser substituídos por bicicletas, táxi ou transporte por aplicativos, motocicletas ou carros individuais, quando este é acessível, observado o nível de renda de cada indivíduo.

Nesse cenário, as calçadas ficariam com uma ocupação menor do que vemos hoje. Particularmente, não acreditamos que isso venha a ocorrer porque além da função de deslocamento, esses espaços públicos são os locais de encontro e de realização da sociabilidade entre os que optam pela vida urbana.

Mesmo com as mudanças trazidas pela pandemia, em especial o teletrabalho, as pessoas não abandonaram o hábito do encontro, da conversa no bar da esquina, da ida à feira, das compras, das atividades de lazer e sociais. E essa certeza nos vem das primeiras cidades que relaxaram as proibições de saída. Londres e seus pubs cheios, Paris e seus cafés, Barcelona e seu flanar nas *ramblas* e, mesmo localmente, as ruas ocupadas com a abertura dos bares no Rio de Janeiro.

Ilustrações poucas, mas representativas da vontade das pessoas de se encontrarem e confraternizarem. Estarem juntas. Comemorar a vida. Manterem o mínimo de seus hábitos e que implicam em menor esforço mental para se realizarem.

Assim, no pós-pandemia, as políticas públicas devem estar voltadas para facilitar a circulação do pedestre, tanto para os deslocamentos cotidianos, como para aqueles dos momentos de lazer. Isso implica em calçadas cuidadas, melhor desenhadas, que sigam padrões de segurança e conforto. A Prefeitura de São Paulo, inspirada em várias experiências internacionais, elaborou o Manual de Desenho Urbano e Obras Viárias, recentemente publicado em modo digital, visando estabelecer esses padrões de qualidade exigidos prioritariamente pelo nosso rei da cidade – o pedestre.

Elaborado por um grupo técnico que incluiu representantes de diversas secretarias municipais, foi colocado para consulta pública para receber críticas e sugestões. É o primeiro passo para a implantação ou requalificação de espaços viários cujos projetos sejam elaborados de forma interdisciplinar para que garantam o fluir do pedestre com segurança. O Manual contém parâmetros de projeto para o dimensionamento de todos os lugares do espaço viário, bem como detalha suas tipologias, elementos urbanos que nele se posicionam e contribuem para sua ambiência e os dispositivos relativos à infraestrutura verde-azul.

Da mesma forma, visando melhorar a circulação de pedestres, a cidade de São Paulo está implantando o Plano Emergencial de Calçadas – o PEC – buscando requalificar mais de um milhão de metros quadrados de passeios públicos, de modo a transformar a atual realidade das nossas calçadas. O PEC tem como propósito transformar as calçadas atuais, em superfície contínua, antiderrapantes e acessíveis, de modo a facilitar a circulação daquele que é principal usuário do espaço público.

3. A BICICLETA NO PÓS-PANDEMIA

Um dos modos mais antigos de locomoção, a bicicleta entrou na pauta da cidade de São Paulo com mais intensidade em meados dos anos 2000. A primeira ciclovia foi implantada em 1976 – embora tenha sido completamente removida em 1987 e o processo de implantação retomado apenas em 1990 – e depois veio uma novidade importante para disseminar o uso da bicicleta – a ciclofaixa de lazer – que conectou vários parques da cidade e funciona aos domingos e feriados em um circuito de 117 quilômetros.

Com a lei federal que instituiu a Política Nacional de Mobilidade Urbana e obrigou os municípios acima de 20.000 habitantes a elaborarem e executarem seus planos de mobilidade, a rede cicloviária ganhou importância nas cidade brasileiras e em São Paulo a rede foi ampliada para 503 km, e chegará ao final de 2020 a mais de 670 km, uma das maiores do Brasil[5].

No pós-pandemia, as ciclovias e ciclofaixas ganham importância, pois são um método individual seguro de deslocamento e, como consequência, é possível vislumbrar que ocorra uma migração de alguns modais para esse. Viagens de transporte público coletivo podem vir a ser substituídas por viagens de bicicleta para trajetos não tão longos. Por outro lado, é importante que as políticas públicas garantam a segurança viária do usuário melhorando a qualidade da rede, ampliando-a e, mais importante, conectando-a com terminais de transporte público – metrô, trem e ônibus.

Também será uma demanda dos usuários de bicicleta que a infraestrutura de apoio seja ampliada e qualificada. Bicicletários seguros são importantes assim como ciclovias iluminadas para garantir o uso em todos os horários do dia.

O Plano Cicloviário do Município de São Paulo busca atender todas as demandas que foram apresentadas durante o processo da sua elaboração, que contou com ampla participação da sociedade civil, das associações comerciais e da Câmara dos Vereadores. E agora, durante sua implantação e sob as exigências decorrentes do período pós-pandemia, é demandatório que a sociedade continue participando de todo o processo, acompanhando a qualidade da rede implantada, fazendo sugestões que ofereçam mais segurança ao usuário e os protocolos estabelecidos pela ciência.

4. O TRANSPORTE PÚBLICO – ÔNIBUS, METRÔ E TRENS – NO PÓS-PANDEMIA

Também denominado transporte de massa, é o modo mais importante e mais acessível para o deslocamento de milhões de usuários que se locomovem diariamente de casa para o trabalho ou estudo. Um sistema complexo que busca otimizar a difícil circulação

---

5. Levantamento realizado em 2018 traz: Brasília – 467 km; Rio de Janeiro – 458 km; Salvador – 213 km; Bogotá – 560 km; Buenos Aires – 250 km; Cidade do México – 264 km; Copenhague – 400 km; e Paris – 700 km.

nas cidades brasileiras, que optou por seguir padrões do urbanismo moderno, mesmo que a forma da importação de parâmetros tenha ocorrido sem adaptação à realidade local. Adotamos de modo canhestro as lições da Carta de Atenas e separamos as funções: as habitações populares desde o advento do BNH até o atual MCMV são construídas aos milhares em locais distantes e com pouca infraestrutura, o trabalho se concentra em regiões centrais das cidades, as oportunidades de lazer são poucas e conectando toda essa maravilha dos cânones corbusianos, temos vias expressas, viadutos e pontes por onde as máquinas voadoras poderiam conectar o trabalhador ao seu emprego.

Esqueceram nossos urbanistas modernistas um único detalhe: nem sempre os trabalhadores são possuidores de carros individuais e mesmo que sejam, nem sempre têm condições econômicas de se deslocar na sua máquina voadora. Tampouco imaginavam à época que o crescimento demográfico traria tantos desafios às nossas cidades

E, assim, o poder público e também empreendedores não oficiais, se viram obrigados a oferecer alternativas de locomoção para os trabalhadores se deslocarem. Dessa forma o sistema de transporte público vai se estruturando para atender tal demanda: inicialmente centrada nos bondes, rapidamente substituídos pela flexível disposição de linhas de ônibus, seguidos da rede metroviária e a incorporação do sistema de trens urbanos.

Cada um dos componentes desse complexo sistema tem suas peculiaridades: o sistema de ônibus urbano é o mais popular posto que tem capilaridade nos bairros mais distantes e para acessá-lo o usuário vence uma curta distância. O metrô tem suas particularidades e está limitado às redes implantadas, mas sempre buscando conectar-se ao sistema já existente. E o trem, mais específico ainda, tem uma rede ofertada a partir de uma estrutura preexistente transformada em urbana.

São os sistemas mais importantes e democráticos da mobilidade urbana, posto que transportam diariamente milhões de passageiros de diferentes estratos sociais e permitem o fácil e rápido acesso aos diferentes postos de trabalho na cidade. Juntamente com os modos ativos, devem ser priorizados. Sua presença é tão fundamental que cada greve de um dos componentes desse grupo transforma o cotidiano da cidade no caos urbano.

Conforme apontamos na introdução, os três sistemas vêm perdendo passageiros mesmo antes da pandemia, que apenas agravou a situação. O fenômeno não ocorre exclusivamente em São Paulo, mas muitas cidades têm levantado o debate, com destaque para Nova Iorque. Com o estabelecimento do distanciamento social e em função dos protocolos determinando o teletrabalho e o #fiqueemcasa, o sistema perdeu milhões de usuários e, mesmo assim, convive com a crítica constante que não respeita as recomendações de distanciamento social.

E aí está o maior desafio para a mobilidade urbana das cidades brasileiras: como sustentar o sistema de transporte público coletivo frente à natural perda de passageiros que se movem para outros modais, mas que continua imprescindível para o deslocamento diário de milhões de usuários?

O pós-pandemia nos exige atenção com o transporte de massas, especialmente com o sistema de ônibus, posto que a ampliação do sistema sobre trilhos é lenta e implica em altos custos para sua ampliação. Os tempos pós-pandemia também representam tempos de orçamentos públicos restritos e dificuldades econômicas, o que implica em tempos mais longos para a expansão do sistema sobre trilhos. Posto isso, o sistema de transporte público centrado na rede de ônibus ganha importância. Isso demanda buscarmos formas de garantir a sustentabilidade do sistema.

5. O TRANSPORTE PÚBLICO PRIVADO – TÁXIS E APLICATIVOS – NO PÓS-PANDEMIA

Eis aí um novo dilema que as cidades brasileiras enfrentam no pós-pandemia: vou de táxi ou de aplicativo? Seria mesmo um dilema, ou nossas cidades têm espaço para ambas as opções?

Considerando os números que a Pesquisa OD apresenta, a cidade de São Paulo, assim como outras cidades brasileiras, tem condições de estabelecer protocolos de atuação que permitem a convivência desses modais. O táxi, na sua condição de transporte público, tem um papel importante a desempenhar no pós-pandemia: é uma alternativa para curtos deslocamentos e também substitui viagens individuais. Como instituição reconhecida e aceita na maioria das cidades, deve ser apoiado e incentivado.

De outra parte, os números relacionados aos aplicativos mostram que é uma opção que veio para ficar e, considerando que substituem viagens individuais, devem ser apoiados nas suas boas práticas.

6. O CARRO INDIVIDUAL NO PÓS-PANDEMIA

Viagens em carros individuais ainda respondem por parte considerável dos deslocamentos nas cidades brasileiras. Em São Paulo, são 12 milhões de viagens diárias que implicam na existência de uma estrutura pública para gerenciar esse contingente de carros que circulam pela cidade. Implicam ainda na manutenção de todo o sistema viário com altos investimentos em recape e sinalização de vias e manutenção de espaços públicos para o estacionamento das máquinas voadoras, gratuitos ou onerosos.

Não é um desafio de fácil resolução. Primeiramente, é importante reconhecer que as últimas administrações federais incentivaram a indústria automobilística e, em especial, a cultura do carro individual. Aliada a essa veio uma série de ações públicas que facilitaram a expansão dessa cultura, em especial o controle de preço do combustível. Finalmente, vimos aprovada uma série de legislações que afrouxam as penalidades aos transgressores de leis.

Ou seja, na contramão de políticas públicas adotadas em todo o mundo que buscaram facilitar o acesso ao transporte público e à mobilidade ativa, aqui nas terras tropicais adotamos outro modelo e retrocedemos. Desde janeiro de 2010, foram licenciados 25,5 milhões de automóveis, beneficiados pela generosa política do baixo preço de combustível, embora esse subsídio não seja percebido pelos motoristas, que reclamam de seu alto preço. Como resultado, vemos os engarrafamentos aumentarem, bem como efeitos colaterais, um número assustador de vidas perdidas, níveis de poluição urbana inaceitáveis, ruas congestionadas.

No pós-pandemia, assim como no pré-pandemia, temos que continuar repensando esse modelo adotado que incentiva o carro individual e obriga os gestores municipais a infinitos investimentos na manutenção da rede viária pública.

Não será um desafio de fácil solução, posto que a cultura do homem com um carro na cidade ainda tem forte presença. E a migração desse modo para um outro coletivo ou individual exigirá investimentos, conscientização e outras mudanças difíceis de ocorrer.

7. MODOS QUE SE MISTURAM NO PERÍODO DA PANDEMIA E NO PÓS-PANDEMIA

Mas a ocupação do espaço viário da cidade e também de seus espaços públicos vai além. Em São Paulo, temos 21.000 km de vias e a cada dia um novo modo surge competindo com outros tradicionais. Temos ainda que observar a presença dos milhares de motoqueiros, dos caminhões de entrega e novos modos chegando a cada dia, como mais recentemente os *bike boys*.

Durante a pandemia, as ruas foram tomadas por novos senhores – os moto boys de aplicativos e os *bikeboys* – ambos cumprindo funções essenciais para a viabilização dos protocolos de distanciamento social. São acionados para as mais diversas funções por aqueles que devem se manter em casa; entrega de refeições, compras de toda sorte, entregas de serviços de primeira e segundas necessidades. As ruas das cidades brasileiras foram tomadas pelos aplicativos e uma nova ordem relacionada à mobilidade urbana vem tomando conta das nossas ruas e calçadas.

Provavelmente, no período do pós-pandemia, que tende a se alongar, esses serviços continuarão sendo essenciais e, poderão até crescer em relação à demanda pelos mesmos. Um novo desafio se apresenta para os gestores públicos a quem cabe normatizar a forma de atuação de todos eles, garantindo a segurança de cada um dos entregadores, dos demandantes de encomendas e daqueles que compartilham o espaço público com os novos atores.

8. MOBILIDADE URBANA – O DESAFIO NO PÓS-PANDEMIA

A mobilidade urbana nas cidades brasileiras é complexa, e em especial na cidade de São Paulo em função dos números de pessoas e veículos que trafegam diariamente nos nossos espaços viários e públicos. Tem sido um desafio para os gestores tratar com transparência e isenção cada uma das demandas de cada um dos setores usuários desses espaços. E não tem sido uma tarefa fácil visto que cada setor advoga interesses particulares sem observar o conjunto das necessidades relacionadas à mobilidade. O que vemos nos debates diários é um dos setores se contrapondo ao outro, com destaque para a implantação de novas ciclovias que sempre é um objeto de contestação dos usuários de carros particulares. Acreditam esses, que uma nova ciclovia como a da avenida Rebouças, vai dificultar a circulação de automóveis nas três pistas de rolamento existentes.

Esse exemplo pontual apenas ilustra a supremacia da cultura carrocêntrica que predomina nas cidades brasileiras. Infelizmente ainda convivemos com a supremacia dos automóveis particulares sobre os modos ativos – pedestres e bicicletas – e sobre o transporte público. Cultura essa que exige um esforço conjunto da sociedade e governantes para ser transformada.

O que sabemos para o pós-pandemia é que devemos, como gestores públicos, ampliar os canais de participação para conhecer as demandas de cada um dos setores e, democraticamente buscar soluções que atendam a maioria dos usuários. Da mesma forma, que busquemos soluções para garantir a sustentabilidade dos sistemas de transportes públicos a partir de novas práticas que vão além do subsídio público. Nesse caso, acreditamos que o transporte público deve ser sustentado por mecanismos financeiros que busquem recursos no uso do carro individual, tendo em vista os privilégios que recebem e os malefícios que ocasionam. É preciso contabilizar os custos do uso das vias públicas e sua consequente manutenção, o custo da organização do tráfego numa cidade que tem mais de 5 milhões de carros circulando diariamente, o custo da vidas perdidas em acidentes ocasionados pela irresponsabilidade do condutor e, finalmente mas não menos importante, os custos relacionados à poluição decorrente dos resíduos poluidores decorrentes do transporte individual.

9. E, O QUE É POSSÍVEL SER IMPLEMENTADO NESSE LONGO PERÍODO DE PÓS-PANDEMIA

Algumas lições que nos vem de um aprendizado cotidiano e, também, da observação de experiências outras nacionais e internacionais, nos mostram que a cidade de São Paulo vem caminhando no rumo certo.

Até o momento temos um Plano Emergencial de Calçadas (PEC) em fase de implantação, garantindo em alguns bairros da cidade, a necessária acessibilidade para os mais de 13 milhões de usuários classificados como viagens a pé, conforme pesquisa Origem destino do Metrô.

Temos também, um Plano Cicloviário em implantação, que até o final de 2020, garantirá uma rede de 676 kms de rede cicloviária, a maior malha dedicada às bicicletas dentre todas as capitais brasileiras.

Buscamos ainda, implantar um sistema de áreas calmas, rotas escolares seguras, vias seguras, tudo em conformidade com o Plano de Segurança Viária – Vida Segura – que visa até o final de 2020 chegarmos a seis mortes por cem mil habitantes, em conformidade com o estabelecido pelo Programa de Metas da ONU.

Por fim, mas não menos importante, o Estatuto do Pedestre, Lei Municipal 16.673/2017, foi regulamentado em agosto de 2020, consolidando essa importante ferramenta não apenas de mobilidade urbana, mas de proteção à vida, sobretudo daqueles usuários mais frágeis do sistema viário. O texto consolida avanços importantes para a cidade de São Paulo, com destaque para o Plano Emergencial de Calçadas e a edição do Manual de Desenho Urbano e Obras Viárias, que define parâmetros a serem utilizados sempre que houver intervenções nas vias públicas.

São ações que visam democratizar o uso do espaço público e do viário com vistas a priorização dos usuários mais vulneráveis, desde os modos ativos – pedestres e bicicletas

– até os que se utilizam do sistema de transporte público em seus deslocamentos diários. Não é tarefa fácil visto a cultura dominante nas cidades brasileiras – a carrocrata –, mas acreditamos que com políticas públicas democráticas, desenhadas a partir da participação de cada um dos usuários e do conjunto da sociedade civil, cada vez mais termos cidades apostando nos modos sustentáveis de mobilidade urbana, não poluentes, que privilegiem o pedestre garantindo a segurança do seu circular e dos modos acessórios para essa circulação.

CRISES GLOBAIS, PLANEJAMENTO URBANO E RACIONALIDADE REGULATÓRIA: CONTINGÊNCIA E OPORTUNIDADE

José Fernando Brega

Doutor pela Faculdade de Direito da Universidade de São Paulo. Professor no Curso de Especialização "Planejamento e Gestão de Cidades" do Programa de Educação Continuada da Escola Politécnica da Universidade de São Paulo. Procurador do Município de São Paulo. Advogado.

Luís Fernando Massonetto

Professor Doutor de Economia Política e Direito Urbanístico na Faculdade de Direito da Universidade de São Paulo. Professor do Programa de Pós-Graduação em Cidades Inteligentes e Sustentáveis da Uninove. Advogado.

Sumário: 1. Crise, planejamento e regulação. 2. Crise e incentivos urbanísticos. 3. Impactos sobre os usos. 4. Conclusão: mudanças regulatórias, ciclos econômicos e horizontes temporais.

1. CRISE, PLANEJAMENTO E REGULAÇÃO

O século XXI vem sendo marcado pela eclosão de crises e cenários de alta complexidade. Da hecatombe financeira de 2008 ao reconhecimento de emergências de saúde pública de importância internacional[1], como a pandemia da Covid-19, não há planejamento, em qualquer escala de análise, imune às instabilidades provocadas pelo efeito irradiador das crises sucessivas.

A irradiação dos efeitos das crises globais como fenômeno real desafia o exercício das competências estatais como fenômeno do poder. As medidas necessárias para a contenção das crises, apreensíveis na escala da ação, não coincidem necessariamente com a repartição de competências dos estados federados, exigindo esforços de coordenação extraordinários. Por isso é imprescindível que, a partir da escala de análise, sejam traçadas estratégias combinadas nos diversos níveis de governo[2]. Neste sentido, o advento da

---

1. O conceito de Emergência de Saúde Pública de Importância Internacional foi instituído pelo Regulamento Sanitário Internacional da Organização Mundial de Saúde (OMS) para mobilizar protocolos de contenção da propagação de doenças graves em escala global. Diz respeito ao potencial de propagação do contágio de uma doença em larga escala. Pandemia, por sua vez, refere-se à situação de efetiva disseminação geográfica de uma doença. No caso da Covid-19, a OMS classificou a doença como Emergência no dia 30 de janeiro de 2020 e reconheceu o seu caráter pandêmico no dia 11 de março do mesmo ano. Fonte: "OMS afirma que Covid-19 é agora caracterizada como pandemia. Disponível em: https://www.paho.org/bra. Acesso em: 25 jul. 2020.

2. Marcelo Lopes de Souza subdivide a escala geográfica em escala do fenômeno, escala de análise e escala de ação. A escala do fenômeno corresponderia à característica do objeto real enquanto que a escala de análise seria a construção intelectual de um nível analítico "capaz de nos facultar a apreensão de características relevantes de alguma

mais profunda crise que já abateu a economia brasileira, provocada por um alinhamento inédito de fatores, tende a trazer desafios significativos para a sustentação do PIB, em escala nacional, e para a estabilização da regulação urbanística, em escala local.

É sabido que os municípios brasileiros não articulam capacidades estatais semelhantes, seja no nível técnico-administrativo, seja no nível político-relacional[3]. No entanto, parece razoável presumir que o processo de planejamento local tenha como premissa cenários macroeconômicos condicionadores do desempenho da economia do setor público e do nível de atividade econômica do setor privado. As dinâmicas envolvidas nas atividades urbanísticas certamente refletem as perspectivas existentes e as expectativas quanto a investimentos públicos e privados no solo urbano.

Em vista desse cenário, cabe considerar os impactos das crises deste século, sobretudo da crise sanitária, sobre aspectos da regulação urbanística, que, disciplinando as atividades públicas e privadas no solo urbano, serve como baliza para tais investimentos. Longe de pretender apresentar conclusões sobre tema tão complexo, este artigo busca levantar algumas questões contemporâneas a respeito, sobretudo no tocante aos aspectos jurídicos envolvidos.

2. CRISE E INCENTIVOS URBANÍSTICOS

A crise econômica, agravada pelo cenário da crise sanitária, certamente frustrou as expectativas embutidas no planejamento das atividades urbanísticas. Conforme já pode ser observado em outros contextos semelhantes, o Poder Público terá dificuldades para efetuar os investimentos previstos, parte da sociedade pressionará o fundo público por mais subsídios ao consumo coletivo (subsídios tarifários, por exemplo), o setor de comércio e serviço sofrerá o impacto da queda da renda disponível para o consumo e o setor imobiliário passará por incertezas quanto à redução potencial da demanda, seja pela diminuição da renda dos adquirentes dos seus produtos, seja pela indefinição quanto aos produtos que vingarão no novo contexto.

No contexto da crise, a reversão das expectativas tem no Estado um elemento fundamental, especialmente pelo exercício da função de incentivo prevista na Constituição[4]. Como também já pode ser observado em outros cenários de crise, é muito provável que haja um impulso a iniciativas voltadas à flexibilização de regras urbanísticas, no intuito de fomentar a atividade empresarial e estimular a arrecadação de tributos, preservando, com isso, o nível de inversões públicas.

---

coisa que estejamos investigando ou tentando elucidar, a partir de uma questão ou de um problema que tenhamos formulado". Já a escala da ação "diz respeito a um aspecto específico e muito diretamente político: aquele referente a um raciocínio eminentemente estratégico, à reflexão acerca do alcance espacial das práticas dos agentes. (...) se refere a determinados fenômenos sociais, concernentes a ações (em geral coletivas) e ao papel de agentes/sujeitos". (SOUZA, Marcelo Lopes de. *Os Conceitos fundamentais da pesquisa sócio-espacial*. Rio de Janeiro: Bertrand Brasil, 2020, p. 181-182).

3. Para o conceito de capacidades estatais, cf. PIRES, Roberto; GOMIDE, Alexandre. Governança e capacidades estatais: uma análise comparativa de programas federais. *Revista de Sociologia e Política*, v. 24, n. 58. Curitiba: UFPR, jun. 2016. Disponível em: https://doi.org/10.1590/1678-987316245806. Acesso em: 29 jul. 2020.

4. Sobre a função estatal de incentivo, cf. GRAU, Eros Roberto. *A Ordem Econômica na Constituição de 1988*, 7. ed. São Paulo: Malheiros, 2002.

Infelizmente, contudo, as normas gerais de direito urbanístico vigentes no Brasil não oferecem critérios adequados para uma boa disposição dos incentivos urbanísticos. O velho princípio de direito urbanístico, consagrado pelos manuais, que prevê a justa distribuição dos benefícios e ônus decorrentes do processo de urbanização[5], encontra-se positivado como diretriz geral da política urbana no Estatuto da Cidade (Lei 10.257/2001, art. 2º, IX). No entanto, não há critérios para a aferição dos benefícios, muito menos a previsão de instrumentos regulatórios aptos a estimular determinadas atividades urbanísticas em contextos específicos, evitando a predação do fundo público em razão de incentivos mal calibrados.

Um bom exemplo dessa lacuna macrorregulatória refere-se à disponibilização do potencial construtivo adicional, nas cidades que adotam o regime da outorga onerosa do direito de construir. O valor atribuído ao potencial construtivo adicional é um preço fixado pela legislação municipal a partir de determinados critérios e o montante arrecadado a esse título constitui receita pública. Ordinariamente, a legislação prevê incentivos na fixação do preço da outorga, seja em função do zoneamento, seja em razão dos usos futuros da unidade edificada. Em cenários de crise, é razoável esperar uma pressão do setor imobiliário para alteração dos critérios de cobrança, sob o argumento do estímulo à atividade edilícia.

Independente dos méritos e da possível economicidade desse tipo de incentivo, o fato é que não há no ordenamento critérios para enquadrar as justificativas, as condições e os limites para uma operação dessa natureza. Se, por um lado, é razoável imaginar a necessidade de o preço da outorga flutuar em função dos demais preços da economia, podendo ser reduzido pelo impacto da crise no valor do solo urbano, por outro, a diminuição *ad hoc* dos parâmetros de cobrança implicaria renúncia de receita financeira, cuja previsão se vincula ao rigor da legislação fiscal, que rejeita este tipo de expediente arbitrário.

Se a redução do valor da outorga como incentivo é questionável, ainda mais temerária é a tentativa de redução *ad hoc* dos parâmetros que regem a outorga onerosa do direito de construir. A fixação de coeficientes básico, mínimo e máximo deve atender critérios urbanísticos e estar adequada às estratégias de ocupação do solo previstas para cada zona da cidade. A fixação de um coeficiente básico mais elevado como incentivo, por este motivo, não encontra respaldo na ordem urbanística, já que o potencial construtivo básico reflete a infraestrutura disponível, a qual não se alterou por força da crise econômica.

A dificuldade de calibrar incentivos e efetivar a diretriz geral de justa distribuição de benefícios e ônus da urbanização não significa, entretanto, que seja inviável a disciplina do fomento em nível local. No entanto, é preciso observar que a especificidade da norma de incentivo, ao mesmo tempo universal e vocacionada a atender um grupo especial de beneficiários, requer alguns cuidados formais, sob pena de descaracterização do instrumento. Tratando-se de normas excepcionais, é imperativo que sejam acompanhadas de uma fundamentação técnica, ainda mais rigorosa que a exigida na legislação

---

5. Sobre o princípio, cf. SILVA, José Afonso da. *Direito Urbanístico Brasileiro*, 7. ed. São Paulo: Malheiros, 2010, p. 44 e MEDAUAR, Odete. Panorama e evolução do direito urbanístico. In: MEDAUAR, Odete et al. *Direito urbanístico*: estudos fundamentais. Belo Horizonte: Fórum. 2019, p. 23.

urbanística em geral[6]. Para tanto, a iniciativa tem que estar integrada ao planejamento urbano e apresentar estudos prévios de impacto no tecido urbano (exigência do regime jurídico-urbanístico), bem como estudos prévios de impacto financeiro (exigência do regime de responsabilidade fiscal). A tecnicidade da norma predica seja o Poder Executivo o responsável pelas iniciativas, a partir da mobilização da burocracia estatal capacitada para este tipo de estudo.

Outro cuidado formal diz respeito à avaliação prévia do impacto do incentivo planejado, que indique como provável o efeito desejado caso adotada determinada medida e sublinhe a proporcionalidade entre o incentivo e o bem coletivo juridicamente tutelado. Neste ponto, surge uma dificuldade considerável, que diz respeito à heterogeneidade das atividades econômicas. Com efeito, algumas atividades podem não precisar de incentivo algum, de modo que regras estimulantes podem apenas implicar aumento de lucros que já existiriam com as regras normais. Outras atividades podem ter-se tornado tão pouco atraentes que nem mesmo incentivos pesados podem viabilizá-las. Encontrar os incentivos corretos, nessa perspectiva, pode constituir uma tarefa muito desafiadora.

Um terceiro aspecto formal que deve ser observado no planejamento dos incentivos é a sua dimensão temporal. De fato, de nada adianta incentivar atividades que tendem a ocorrer só quando já passado o período de retração econômica. Da mesma forma, não há motivos para prorrogar a vigência de incentivos, por meio de regras de direito intertemporal – como o direito de protocolo – para manter a efetividade de regras favoráveis quando elas já não forem mais necessárias.

Por fim, cabe apontar a existência de mecanismos de fomento que não exigem esforços patrimoniais por parte do Município. A ocupação de espaços públicos, especialmente por atividades econômicas promotoras do aumento de usuários, praticamente não gera custos e pode ser utilizada como incentivo para estabelecimentos. É o caso, por exemplo, de mesas e áreas de espera situadas em passeios e calçadões. De fato, é possível encontrar soluções interessantes que potencializem certas atividades econômicas, sem prejudicar o uso comum de logradouros.

3. IMPACTOS SOBRE OS USOS

Do mesmo modo que a crise de 2008 impactou severamente a economia, com efeitos persistentes sobre a oferta de bens e serviços, a crise sanitária impõe mudanças nas atividades econômicas, que tendem a perdurar mesmo depois de levantada a emergência de saúde. Trabalho remoto, serviços de entrega, comércio eletrônico, cozinhas fantasmas são faces da resposta à crise que provocam alterações profundas no funcionamento das cidades. Por mais resilientes que sejam as atividades tradicionais, o fato é que a crise ajuda a desenhar novos fluxos na dinâmica urbana, com significativos impactos sobre os usos e sua classificação sob uma perspectiva urbanística.

---

6. Sobre essa fundamentação técnica, cf. PINTO, Victor Carvalho. *Direito urbanístico*: plano diretor e direito de propriedade. 3. ed. São Paulo: Ed. RT, 2011, p. 238.

No passado, a instalação de um uso estava relacionada, na sua quase totalidade, ao aspecto locacional dos estabelecimentos, ou seja, ao lugar onde uma empresa estava efetivamente instalada. Há algum tempo, o avanço da tecnologia vem desafiando a lógica do estabelecimento, seja pelo incremento do comércio eletrônico, seja pela organização das atividades econômicas em rede. O distanciamento social imposto pela crise sanitária potencializou o uso das tecnologias disponíveis para a oferta e a demanda de bens e serviços, a ponto de que as atividades passam a estar, em grande parte, deslocalizadas. Esse aproveitamento das ferramentas disponíveis faz com que uma empresa possa existir sem um estabelecimento, ou sem aquilo que se considerava um estabelecimento no passado.

No setor de serviços, existem, com efeito, situações em que todos os colaboradores ou empregados realizam suas atividades em casa ou interagem diretamente com seus clientes. Há a possibilidade até mesmo de que sejam feitas reuniões presenciais em salas alugadas, em um hibridismo real/virtual que dispensa, de todo modo, o velho estabelecimento comercial ou de uma sede física para o negócio.

No caso das atividades comerciais, é mais comum a necessidade de uma base física – por exemplo, para a produção ou estoque de mercadorias. No entanto, já não se verifica, em todos os casos, a presença de um local de atendimento ao público. A praça do comércio se abre para o espaço virtual e a relação entre as novas lojas, bares, restaurantes e sua clientela é feita por *marketplaces virtuais*, facilitados pela proliferação de serviços logísticos também operados virtualmente.

A flexibilidade trazida pela tecnologia permite a adaptação no desempenho das atividades econômicas. No entanto, traz algumas complicações no enquadramento de usos pela legislação urbanística. Existe uma tendência evidente de redução de usos antes classificados como comércios e serviços. Por outro lado, aumenta a necessidade de classificar estabelecimentos como industriais ou como depósitos ou armazéns, ainda que a dimensão econômica desses negócios não nos remeta aos conceitos da economia industrial. Por exemplo, a cozinha de um restaurante, quando deixa de atender ao público, deixa de ser parte de um estabelecimento de serviços, e passa a constituir um – ainda que pequeno – estabelecimento industrial.

Tal (re)enquadramento de atividades gera desafios para a atividade de fiscalização, por parte do Poder Público, que sempre esteve estruturada em torno da figura central do estabelecimento. Em tal perspectiva, a licença de funcionamento servia como um grande fecho que aglutinava outras regulações setoriais. Deixando de haver essa referência central, certamente será preciso reavaliar a estruturação de algumas dessas políticas de controle, a fim de que elas possam manter-se eficazes.

Além de uma reavaliação das classificações de usos existentes e de outros instrumentos utilizados para o controle do uso do solo urbano, pode ser necessária, sobretudo, uma reavaliação dos impactos das atividades econômicas sobre a infraestrutura. De um lado, é possível que a transformação de algumas atividades reduza significativamente o seu impacto, indicando um novo tipo de regulação para aquele uso, tal como classificado pelas regras urbanísticas. Por outro lado, a tendência à simplificação pode sobrecarregar o uso residencial, já que, além de moradia, a residência pode funcionar também como um lócus privilegiado de atividades econômicas descentralizadas, trazendo à memória os velhos conflitos de vizinhança que motivaram as primeiras leis de zoneamento urbano[7].

Na verdade, é provável que esses novos arranjos impliquem uma desoneração da infraestrutura urbana, em especial em razão do despertar para a desnecessidade de deslocamentos diários em horários iguais, decorrentes dos antigos turnos de trabalho – cujo anacronismo foi desnudado pela pandemia. Essa desoneração, embora não implique aumento da infraestrutura – o que poderia ensejar reflexos sobre os limites de aproveitamento edilício – pode abrir espaço para alterações profundas na regulação do uso do solo urbano, que pode assumir um caráter muito mais contingente.

Dentre essas alterações relacionadas à reconfiguração dos usos está a possível necessidade de evitar a subutilização de certos elementos da infraestrutura urbana, especialmente os passeios de vias, em razão da desnecessidade de que os consumidores se desloquem até o estabelecimento para efetuar suas compras. A ausência de vida nas ruas causada pelo fechamento de alguns estabelecimentos pode prejudicar outros que se mantenham no local, justamente por contar com algum fluxo de usuários. Nesse contexto, o problema não seria a pressão sobre a infraestrutura, mas sua ociosidade. Por outro lado, o aumento dos serviços de entrega vai demandar uma adaptação do sistema viário, que vai cada vez mais ser uma artéria do sistema de micrologística da cidade.

Por conta disso, a infraestrutura de circulação de pessoas e bens na cidade tende a ser profundamente impactada, tendo como consequência uma intensa revisão da regulação atinente ao uso dos passeios e sua largura, assim como de vagas de estacionamento e eventual cobrança pelo seu uso (zona azul). De fato, com o aumento da importância das faixas de rolamento para a realização das atividades econômicas – por conta, sobretudo, dos serviços de entrega – e com a provável demanda por manter ocupados os espaços de uso comum, será preciso encontrar novos equilíbrios relacionados à disciplina do uso comum de bens públicos, aspecto relevante da regulação urbanística que parecia, até há pouco, livre de novas complexidades.

Sob uma perspectiva jurídica, é importante notar que qualquer readequação das espécies de classificação de uso deve ser feita segundo os instrumentos normativos adequados, que nem sempre permitem ajustes imediatos. De fato, as classificações de usos costumam ter balizas fixas definidas na legislação municipal[8], restando uma pequena – ainda que relevante – discricionariedade técnica para os órgãos incumbidos da aplicação da legislação urbanística. Por outro lado, os impactos costumam ser regrados pelas características das edificações, a partir das quais se deduzem os possíveis usos. Uma releitura dessas relações tende a exigir, assim, alterações legislativas, as quais deverão necessariamente ser antecedidas de estudos técnicos que demonstrem e afiram as alterações das características de ocupação e uso do solo urbano.

---

7. Sobre esse surgimento das leis de zoneamento, com referência aos conflitos de vizinhança, cf. SALGADO, Rodrigo Oliveira. *Regulação econômica do espaço urbano e apropriação do excedente.* Tese (doutorado em direito). São Paulo: Universidade de São Paulo – Faculdade de Direito, 2017.

8. No sentido de que as normas e critérios de zoneamento, que incluem as zonas e categorias de uso, devem ser fixadas por lei municipal, cf. SILVA, José Afonso da. Op. cit., p. 245.

4. CONCLUSÃO: MUDANÇAS REGULATÓRIAS, CICLOS ECONÔMICOS E HORIZONTES TEMPORAIS

A emergência sanitária provocada pela Covid-19 é um fenômeno multiescalar. Da constatação da pandemia pela OMS, que indica o fenômeno a partir de uma escala global, passando pelos esforços de coordenação dos sistemas nacionais de saúde e de garantia dos insumos necessários ao enfrentamento da doença, até os impactos nas dinâmicas locais em função das medidas de isolamento, interrupção de atividades e bloqueio no fluxo de bens e serviços, percebe-se que são inúmeras as escalas de análise e, igualmente múltiplas, as escalas de ação.

No presente artigo, procuramos sublinhar alguns impactos locais da crise sanitária, que entrelaçam a questão de saúde pública com a questão econômica e a demanda por respostas de todos os tipos, incluindo incentivos estatais. Além disso, buscamos demonstrar que ao mesmo tempo em que medidas *ad hoc* são reivindicadas, aspectos ordinários da regulação urbanística vão se mostrando insuficientes diante de novas dinâmicas, das quais muitas tendem a permanecer em definitivo.

Diante de tantas modificações, é natural que se considerem alterações na legislação urbanística. No entanto, é preciso questionar até que ponto essa reação seria compatível com os horizontes temporais adotados na legislação urbanística e que caracterizam as atividades de parcelamento, uso e ocupação do solo.

De uma parte, a temporalidade dessa legislação é marcada pela previsão de que o plano diretor deva ser revisto, no mínimo, a cada dez anos. Passada a euforia com a elaboração de planos como marcas de gestão, o amadurecimento institucional tende a indicar, em vez de novos planos, a conveniência de revisões incrementais da legislação urbanística, permitindo análises de impacto mais precisas, além da construção de sistemas de monitoramento com séries históricas comparáveis. Além disso, espera-se que os planos incorporem uma dimensão verdadeiramente estratégica, com espaços para uma revisão contínua, ainda que o plano exija, para essa revisão, um exigente processo legislativo, com elaboração técnica e participação popular, o que dificilmente banalizaria tais alterações.

De outra parte, as atividades econômicas regradas pela legislação urbanística, especialmente as de caráter imobiliário, merecem ser classificadas como de médio prazo. Não se imagina que uma grande incorporação seja concluída, desde sua concepção até a entrega de suas unidades, em poucos meses. Isso significa que qualquer mudança na legislação urbanística tende a levar alguns anos para mostrar seus efeitos.

Esses pressupostos devem ser considerados nas discussões relativas à revisão da legislação urbanística a partir da pandemia. Embora haja, como visto, diversas transformações das atividades econômicas que certamente ensejam sua incorporação pelo planejamento urbano, não parece cabível investir em mudanças na legislação urbanística, com fundamento na pandemia, com base em realidades transitórias. A pandemia tende a ser mais curta do que os ciclos de produção das atividades urbanísticas, de tal modo que, caso alterada a lei para atender ao contexto da pandemia, é possível que ela produza efeitos já em um novo ambiente.

Na verdade, a regulação urbanística não pode ser limitada por uma visão linear do tempo. A complexidade das cidades e das atividades urbanísticas reguladas impõe uma compreensão do planejamento a partir dos vários ciclos temporais que perpassam a dinâmica de produção do espaço urbano – o ciclo dos produtos imobiliários, os ciclos econômicos, com seus períodos de euforia e depressão, as mudanças na matriz produtiva da economia nacional, a mudança no perfil demográfico da população com novas demandas por bens, serviços e infraestruturas. A pandemia, por mais grave que seja, não pode ser utilizada como pretexto para alterações legislativas que desconsiderem esta dimensão temporal estratégica. A natureza multiescalar dos novos problemas urbanos não pode deixar a cidade refém do imediatismo dos setores locais, que, como é tradição na nossa história, aproveitam as grandes crises para, em nome do bem comum, capturar ou direcionar para si bens que, por sua natureza, exigem uma gestão e fruição equitativa sob uma perspectiva coletiva, como é o caso da infraestrutura urbana.

O USO DA MÁSCARA DE PROTEÇÃO FACIAL E AS ÁREAS COMUNS CONDOMINIAIS

Maria Cecília Guimarães Isoldi

Especialista em Negócios Imobiliários pela Fundação Armando Álvares Penteado – FAAP (2002). Integrante da Mesa de Debates de Direito Imobiliário (MDDI). Integrante da Comissão de Imóvel Rural e Contratos Agrários do Instituto Brasileiro de Direito Imobiliário – IBRADIM. Integrante da Comissão de Negócios Imobiliários do Instituto Brasileiro de Direito Imobiliário – IBRADIM. Integrante da Coordenadoria de Locação, Shopping Center e Compartilhamento de Espaços da OAB/SP. Advogada formada pela Universidade Presbiteriana Mackenzie (1993).

Sumário: 1. Introdução. 2. Constitucionalidade das normas locais (decretos municipais e estaduais). 3. Da competência do síndico. 4. Conclusão.

1. INTRODUÇÃO

No final de 2019 ouvimos falar de uma doença na China causada por um vírus de rápida propagação que fechou uma cidade inteira: Wuhan.

Naquela época víamos tal vírus, o Sars-Cov-2 ou "novo coronavírus" como também é conhecido, como um fato distante que não afetaria o Ocidente da forma avassaladora como afetou a cidade chinesa, mas, infelizmente, não foi isto que aconteceu: entre fevereiro e março de 2020, a Covid-19, doença causada pelo novo coronavírus, provocou crise e, em alguns casos, até colapso em sistemas de saúde pelo mundo afora, inclusive em países desenvolvidos que tínhamos como exemplos.

Diante da rápida disseminação geográfica do Sars-Cov-2, do desconhecimento e das incertezas acerca do tratamento da Covid-19, do forte impacto que a doença causa nos sistemas de saúde e da inexistência de uma vacina, em 11 de março de 2020, a Organização Mundial da Saúde (OMS) elevou a contaminação causada pelo Sars-Cov-2, o novo coronavírus, de estado de emergência internacional a estado de pandemia e, desde então, vivemos em um mundo diferente: países fecharam fronteiras, autoridades em vários países fecharam espaços públicos (praças, parques, praias, ...) e impuseram o fechamento de estabelecimentos comerciais e de escritórios, permitindo apenas o funcionamento daqueles considerados essenciais e obrigaram a população a se fechar e permanecer em casa.

Meses se passaram desde o início da pandemia e, mesmo sem a certeza do tratamento e sem a existência da vacina, o Brasil, assim como outros países, iniciou um processo de reabertura e passamos a viver o tem sido chamado de "novo normal".

Para viver esse "novo normal" autoridades mundo afora, seguindo orientações sanitárias, tornaram obrigatório o uso da máscara de proteção facial a fim de diminuir o risco de contágio.

É neste cenário que, alguns Governadores e Prefeitos no Brasil, seguindo a recomendação do Ministério da Saúde, determinaram o uso obrigatório da máscara de proteção facial mediante a edição de Decretos, gerando questionamentos acerca da constitucionalidade da medida.

2. CONSTITUCIONALIDADE DAS NORMAS LOCAIS (DECRETOS MUNICIPAIS E ESTADUAIS)

A Constituição Federal, no artigo 5º, inciso II, traz o princípio da legalidade: "ninguém será obrigado a fazer ou deixar de fazer alguma coisa senão em virtude de lei", ou seja, os comportamentos humanos regulados pelo Direito devem ser disciplinados por meio de lei e, para aqueles que entendem ser inconstitucionais os Decretos estaduais e municipais, a limitação ao direito de ir e vir, por ser outro direito constitucionalmente garantido, somente pode ser imposta por meio de lei em sentido estrito.

Foi com base no princípio da legalidade que um cidadão do município de Santos, Estado de São Paulo, impetrou Mandado de Segurança[1] contra ato do Prefeito para afastar a aplicabilidade do Decreto Municipal 8.944, de 23 de abril de 2020 que: (i) impôs o uso de máscara de proteção facial não profissional durante o deslocamento de pessoas pelos bens públicos do município e para o atendimento em estabelecimentos com funcionamento autorizado, em especial, para uso de meios de transporte público ou privado de passageiros e para o desempenho de atividades laborais em ambientes compartilhados, nos setores público e privado; e (ii) no caso de descumprimento, o Decreto santista estabeleceu multa no valor de R$ 100,00 (cem reais) para a pessoa física, e de R$ 3.000,00 (três mil reais) para a jurídica. Apesar de ter obtido medida liminar em 1ª Instância para suspender a obrigatoriedade do uso de máscara de proteção facial, o Tribunal de Justiça de São Paulo cassou-a alegando que "... esse estado de anormalidade, de situação extrema, pode autorizar a adoção de medidas excepcionais, condizentes com o quadro fático, mitigando-se a legalidade estrita, em prol de proteger o bem maior da saúde e vida da população" e "... recomendável a preponderância da medida que melhor salvaguarda os interesses públicos, sobretudo o bem maior da saúde e da vida". No entanto, o Tribunal de Justiça de São Paulo afastou a aplicabilidade da multa, entendendo que a advertência seria meio suficiente de conscientização. Desta forma, o Tribunal de Justiça de São Paulo entendeu que o uso da máscara de proteção facial imposto por Decreto atende ao princípio da legalidade *latu sensu*, mas a aplicação de penalidade deve seguir o princípio da legalidade *stricto sensu*.

No Estado de São Paulo o Governador editou o Decreto 64.959, de 05 de maio de 2020, bastante semelhante ao Decreto santista, estabelecendo o uso obrigatório da máscara de proteção facial (i) nos espaços de acesso aberto ao público, incluídos os bens de uso comum da população; (ii) no interior de estabelecimentos que executem atividades essenciais; e (iii) repartições públicas. Já o Prefeito de São Paulo editou o Decreto 59.384, de 29 de abril de 2020, determinado o uso de máscara de proteção facial também nos serviços de transporte de passageiros.

---

1. Agravo de Instrumento 2020.0000320320360, 13ª Câmara de Direito Público do Tribunal de Justiça de São Paulo, Relatora Des. Isabel Cogan, Comarca Santos.

O Governador do Distrito Federal, por sua vez, editou o Decreto 40.648, de 23.04.2030, alterado pelo Decreto 40.831, em 26.05.2020, que seguiu a mesma linha dos Decretos acima mencionados, mas também incluiu a obrigatoriedade do uso da máscara de proteção facial nas áreas de uso comum dos condomínios residenciais e comerciais. Neste sentido dispõe o artigo 1º do mencionado decreto 40.831/20:

> *"Art. 1º Fica determinada a obrigatoriedade da utilização de máscaras de proteção facial, conforme orientações da Secretaria de Estado de Saúde do Distrito Federal, em todos os espaços públicos, vias públicas, equipamentos de transporte público coletivo, estabelecimentos comerciais, industriais e de serviços e nas áreas de uso comum dos condomínios residenciais e comerciais, no âmbito do Distrito Federal, sem prejuízo das recomendações de isolamento social e daquelas expedidas pelas autoridades sanitárias.*
>
> *(...)*
>
> *§ 2º Os estabelecimentos deverão impedir a entrada e a permanência de pessoas que não estiverem utilizando máscara de proteção facial."*

Estes são apenas alguns exemplos dentre tantos decretos em vigor hoje no Brasil acerca da obrigatoriedade do uso da máscara de proteção facial.

Alguns indagam, ainda, se, diante do veto presidencial[2] ao dispositivo da Lei Federal 14.019, de 02.07.2020, que excluiu a obrigatoriedade do uso de máscara de proteção facial em estabelecimentos comerciais e industriais, templos religiosos, estabelecimentos de ensino e demais locais fechados em que haja reunião de pessoas, poderiam os entes federativos impor o uso nestes locais. Esta discussão ganha ainda mais corpo diante da decisão proferida pelo plenário do Supremo Tribunal Federal na Ação Direta de Inconstitucionalidade (ADI) 6341, que entendeu que, além do governo federal, Distrito Federal, Estados e Municípios têm competência para determinar regras sanitárias de combate ao coronavírus.

3. DA COMPETÊNCIA DO SÍNDICO

Conquanto o acalorado debate acerca da constitucionalidade das normas locais que dispõem sobre o uso obrigatório da máscara de proteção facial, seguiremos a premissa de que uma norma legal deve ser cumprida até que seja revogada ou declarada inconstitucional e o que se pretende discutir é a postura a ser adotada no âmbito condominial, diante do cenário de reabertura dos estabelecimentos comerciais e de serviços, considerando os Decretos emanados dos poderes públicos regionais.

Então, se a norma deve ser cumprida até que seja revogada ou declarada inconstitucional e o Decreto regional incluir expressamente as áreas comuns dos condomínios residenciais no rol de espaços em que o uso da máscara de proteção facial é obrigatório, como o fez o Decreto 40.648/20 expedido pelo Governador do Distrito Federal, poderá

---

2. Nas razões do veto entendeu o Presidente da República que obrigar o cidadão a usar a máscara de proteção facial em locais fechados em que haja reunião de pessoas é incorrer em violação de domicílio direito protegido pela Constituição Federal no artigo 5º, inciso XI: "a casa é asilo inviolável do indivíduo, ninguém nela podendo penetrar sem consentimento do morador, salvo em caso de flagrante delito ou desastre, ou para prestar socorro, ou, durante o dia, por determinação judicial".

o síndico ou qualquer outro condômino/possuidor denunciar o infrator às autoridades competentes para que tomem as medidas cabíveis.

Além de denunciar o condômino/possuidor infrator às autoridades competentes, poderá o condomínio aplicar as medidas previstas no artigo 1.337 do Código Civil:

> *"O condômino ou possuidor, que não cumpre reiteradamente com seus deveres perante o condomínio poderá, por deliberação de três quartos dos condôminos restantes, ser constrangido a pagar multa correspondente até o quíntuplo do valor atribuído à contribuição para as despesas condominiais, conforme a gravidade das faltas e da reiteração, independentemente das perdas e danos que se apurem.*
>
> *Parágrafo único. O condômino ou possuidor que, por seu reiterado comportamento antissocial, gerar incompatibilidade de convivência com os demais condôminos ou possuidores, poderá ser constrangido a pagar multa correspondente ao décuplo do valor atribuído à contribuição para as despesas condominiais, até posterior deliberação da assembleia".*

Isto porque, o comportamento do condômino/possuidor que desrespeita e agride as regras determinadas em dispositivo legal é uma das hipóteses como podemos identificar como comportamento antissocial passível de repreensão, inclusive porque o Decreto do Distrito Federal, por exemplo, impõe multa ao próprio condomínio. Portanto, nos locais em que o Decreto impuser o uso da máscara de proteção facial nas áreas de uso comum, o síndico deverá advertir o infrator e, não sendo suficiente, convocar assembleia condominial que, mediante quórum qualificado de três quartos dos condôminos restantes (excluídos os votos correspondentes às parcelas pertencentes ao condômino nocivo), poderá aplicar a multa, assegurado ao condômino/possuidor inadimplente o direito à ampla defesa, sem prejuízo o direito de regresso do condomínio em relação ao ressarcimento da multa que ele condomínio tenha sido obrigado a pagar às autoridades competentes.

No Estado de São Paulo, não obstante, o Decreto não fazer expressa menção ao uso da máscara de proteção facial nas áreas comuns dos condomínios residenciais, na página do governo estadual dedicada ao esclarecimento de dúvidas, em um dos itens há a seguinte menção:

> "vigilância sanitária não realizará blitzes proativas nos condomínios. Nas áreas de uso comuns, conforme o Código Sanitário Estadual e Federal e mediante denúncia, a Vigilância possui prerrogativa para fiscalizar ambientes em situação que ofereça risco à saúde da população. Importante salientar que não inclui o interior de residências, que têm caráter inviolável conforme prevê a Constituição."

Assim como o Decreto paulista, outros Decretos regionais não incluem expressamente as áreas comuns dos condomínios residenciais no rol dos locais em que o uso da máscara de proteção facial é obrigatório pelos próprios condôminos e visitantes. Nestes casos pode o síndico impor sua utilização e aplicar as penalidades previstas para o condômino/possuidor com comportamento antissocial? Como proceder quando essa uma lacuna jurídica?

A resposta é delicada, pois questões de saúde requerem cautela: é unânime a posição de que o síndico pode exigir que os funcionários do condomínio e prestadores de serviços façam uso das máscaras, mas em relação aos condôminos/possuidores das unidades e seus visitantes não há unanimidade.

Para alguns as ações do síndico devem se restringir a recomendar o uso da máscara de proteção facial aos condôminos/possuidores e seus visitantes, não cabendo aplicação de multa, sob pena de ferir o direito de propriedade garantido pelo inciso XXII do artigo 5º da Constituição Federal. Para outros a recusa do condômino/possuidor em usar a máscara de proteção facial nas áreas comuns permite a aplicação da penalidade prevista no artigo 1.337 do Código Civil acima citado, pois o direito à propriedade não é absoluto e encontra restrições dentro da própria Constituição Federal, como se verá adiante.

Todavia, para aqueles que entendem ser possível a aplicação da penalidade destinada ao condômino/possuidor com comportamento antissocial, as áreas comuns dos condomínios são áreas públicas em sentido amplo, pois nelas circulam condôminos, seus funcionários, funcionários do condomínio, prestadores de serviços, visitantes, ..., ou seja, são espaços em que, mantido o regular fluxo de pessoas, facilitam a contaminação e, ademais, já existiria base legal para o síndico impor tal restrição: *caput* artigo do 5º e artigo 196 da Constituição Federal que trazem, respectivamente, o direito à vida e o direito à saúde.

Além do direito à vida e o direito à saúde, podemos citar a sobreposição do interesse da coletividade face ao interesse de determinado indivíduo, e a função social como limitador do direito de propriedade (artigo 5º, inciso XXIII e artigo 170, inciso III, ambos da Constituição Federal) – é a função social que impõe limites ao proprietário, é a função social que dá embasamento ao direito de vizinhança, obrigando o proprietário a respeitar o direito do outro, abstendo-se de praticar atos que coloquem o vizinho em situação de risco.

Aquele que se recusa a utilizar a máscara nas áreas comuns desrespeita a função social da propriedade, caracterizada pelo uso abusivo do direito. Acrescente-se, ainda, um dos "super princípios" constitucionais: o princípio da dignidade da pessoa humana, fundamento da República Federativa do Brasil, talvez cometendo certa heresia, vamos traduzi-lo de forma simples como o direito do indivíduo de ser respeitado pelo Estado e pelos demais indivíduos. Aquele que não a máscara de proteção facial pode estar colocando em risco o seu vizinho e as demais pessoas que circulam pelas áreas condominiais e, aqui, cabe lembrar que o uso da máscara de proteção facial é uma recomendação do Ministério da Saúde e uma das poucas medidas de contenção em que há certa unanimidade na comunidade científica que estuda o novo coronavírus.

Hoje o Direito Civil não mais se esgota nas regras do Código Civil e das leis especiais que o complementam, devendo a sua interpretação e aplicação ser feita à luz da Constituição Federal. Pablo Stolze Gagliano e Rodolfo Pamplona [3] ensinam que não se pode entender o Direito Civil "em suas vigas fundamentais: o contrato, a propriedade e a família – sem o necessário suporte lógico do Direito Constitucional".

Assim sendo, em consonância com os preceitos constitucionais, os dispositivos do Código Civil, que tratam do direito de vizinhança e do condomínio edilício, constituem

---

3. GAGLIANO, Pablo Stolze. *Novo curso de direito civil.* 15. ed. São Paulo: Saraiva, 2013. v. 1: parte geral/Pablo Stolze Gagliano, Rodolfo Pamplona Filho, p. 93.

base legal para que o síndico, ouvido o conselho e/ou assembleia, obrigue o uso da máscara de proteção facial em áreas comuns pelos condôminos/possuidores e seus visitantes.

O artigo 1.277 do Código Civil dispõe que:

"o proprietário ou o possuidor de um prédio tem o direito de fazer cessar as interferências prejudiciais à segurança, ao sossego e à saúde dos que o habitam, provocadas pela utilização de propriedade vizinha.". Por sua vez, o inciso IV do artigo 1.336 do Código civil dispõe é obrigação do condômino "dar às suas partes a mesma destinação que tem a edificação, e não as utilizar de maneira prejudicial ao sossego, salubridade e segurança dos possuidores, ou aos bons costumes."

Podemos citar também o inciso (iv) do artigo 1.358 do Código Civil segundo o qual compete ao síndico diligenciar a conservação e a guarda das partes comuns e zelar pela prestação dos serviços que interessem aos possuidores.

Como se vê, a intenção do legislador, tanto ao abordar os deveres do síndico como ao abordar os deveres dos condôminos é a manutenção da ordem, da saúde, da vida e da segurança da coletividade, em outras palavras: é o interesse da coletividade se sobrepondo ao interesse individual do condômino/possuidor.

Cabe mencionar o veto presidencial ao artigo 11[4] da Lei 14.010, de 10 de junho de 2020, que trata do Regime Jurídico Emergencial e Transitório das Relações Jurídicas de Direito Privado (RJET) no período da pandemia do coronavírus (Covid-19).O referido artigo 11 aumentava os poderes do síndico conferindo-lhe competência para restringir a utilização das áreas comuns condominiais, porém, não obstante, as razões do veto[5], o fato é que, como vimos acima, o síndico já possui poderes para impor restrições.

4. CONCLUSÃO

Desta forma, o condômino/possuidor não pode agir de modo a colocar em risco ou prejudicar o direito à vida e o direito à saúde dos demais condôminos/possuidores, dos funcionários do condomínio e prestadores de serviços, e o síndico, ouvido o corpo diretivo, já possui poder legal para aplicar a obrigatoriedade do uso da máscara e, decidindo-se pelo uso obrigatório, a decisão deve amplamente divulgada e veiculada perante todos, para que possam ser aplicadas as penalidades referentes ao condômino/possuidor que pratica o comportamento antissocial.

---

4. Art. 11. Em caráter emergencial, até 30 de outubro de 2020, além dos poderes conferidos ao síndico pelo art. 1.348 do Código Civil, compete-lhe:

I – restringir a utilização das áreas comuns para evitar a contaminação pelo coronavírus (Covid-19), respeitado o acesso à propriedade exclusiva dos condôminos;

II – restringir ou proibir a realização de reuniões e festividades e o uso dos abrigos de veículos por terceiros, inclusive nas áreas de propriedade exclusiva dos condôminos, como medida provisoriamente necessária para evitar a propagação do coronavírus (Covid-19), vedada qualquer restrição ao uso exclusivo pelos condôminos e pelo possuidor direto de cada unidade.

Parágrafo único. Não se aplicam as restrições e proibições contidas neste artigo para casos de atendimento médico, obras de natureza estrutural ou realização de benfeitorias necessárias."

5. "A propositura legislativa, ao conceder poderes excepcionais para os síndicos suspenderem o uso de áreas comuns e particulares, retira a autonomia e a necessidade das deliberações por assembleia, em conformidade com seus estatutos, limitando a vontade coletiva dos condôminos."

O FUNCIONAMENTO DAS CIDADES NA ERA DAS PANDEMIAS

Claudio Bernardes

Engenheiro civil e presidente do Conselho Consultivo do Sindicato da Habitação de São Paulo. Presidiu a entidade de 2012 a 2015.

Sumário: 1. Introdução. 2. O aprendizado das cidades em períodos de pandemia. 3. O funcionamento das cidades e sua resiliência. 3.1 Tecnologia. 3.2 Resiliência. 4. Os processos de desenvolvimento urbano. 4.1 Adensamento. 4.2. Mobilidade. 4.3 Ampliação de calçadas. 4.4 Adaptação dos espaços públicos e edificações. 5. Impactos no mercado imobiliário. 5.1 Mercado residencial. 5.2 Mercado de escritórios. 5.3 Mercado de imóveis comerciais. 6. Considerações finais. 7. Referências.

1. INTRODUÇÃO

De fato, estamos numa era de pandemias. Se fizermos uma retrospectiva do que ocorreu no século XXI em termos de doenças infecciosas, portanto nos últimos 20 anos, verificaremos que logo no início do século, em 2003, tivemos o surto da SARS (Síndrome Aguda Respiratória Grave). No ano de 2005 a gripe aviária, que foi seguida em 2009 pela gripe suína. Alguns anos depois, em 2012, surgiu a MERS, síndrome respiratória do oriente médio, e logo depois, em 2013, o terrível surto do vírus ebola. Em 2020 a Covid-19 nos atingiu de forma arrasadora, praticamente fechando as cidades do mundo todo, com a suspensão da maioria das atividades do comércio e serviços. Quando virá a próxima pandemia? difícil prever, mas uma coisa parece certa, ela virá dentro de alguns anos.

Quando pensamos nas cidades e sua relação com as pandemias, devemos compreender que elas vêm para ficar, e convivemos com todas elas com a ajuda da vacinação em massa. Entretanto, enquanto a vacina não estiver disponível, cuidados especiais são necessários nas áreas urbanas.

Infelizmente não podemos estruturar nossas cidades na situação pós pandêmica, considerando a pandemia como uma normalidade, mas devemos sim, preparar as áreas urbanas para responder de forma mais eficiente e imediata à chegada de pandemias. É certo que o comportamento cauteloso das pessoas com relação à contaminação deve esmorecer assim que se tenha a vacinação em massa da população. Contudo, é necessário que a experiencia da convivência com a pandemia, nos faça repensar alguns dos modelos e estruturas da vida urbana, e possibilitem a consecução de dois objetivos principais: permitam que as pessoas, de forma automática, tomem atitudes que as resguardem de contaminações, e a implantação de estruturas urbanas que, em momentos de pandemia, permitam às autoridades públicas deflagrarem de forma rápida e eficiente, processos de contenção e administração da disseminação de doenças.

2. O APRENDIZADO DAS CIDADES EM PERÍODOS DE PANDEMIA

Por certo não podemos desprezar o aprendizado com experiencias anteriores relacionadas a pandemias. Um dos surtos mais violentos do século XX, foi sem dúvida a gripe espanhola. Naquela época a doença infectou cerca de 30% da população mundial, e matou mais de 50 milhões de pessoas. Parte das lições aprendidas desde então, foram e têm sido utilizadas em situações semelhantes. Entre elas, evitar aglomerações, o perigo de contaminação em transporte público, novos comportamentos sociais, e principalmente, o distanciamento social.

Estudo[1] publicado por pesquisadores do MIT (Massachussets Institute of Technology), nos EUA, analisou dados em 43 cidade norte-americanas, e concluiu que aquelas com uma atitude mais agressiva no distanciamento social, tiveram maior crescimento econômico após a pandemia. As cidades onde o distanciamento social teve duração superior a 120 dias tiveram melhor desempenho econômico, enquanto aquela onde esse período foi inferior a 60 dias sofreram mais no momento pós crise.

A associação entre proximidade física e contaminação, também foi uma das lições aprendidas. Durante a gripe suína em 2010, pesquisadores da Universidade de Stanford, nos EUA , publicaram estudo[2] que avaliou o resultado da implantação de sensores sem fio em 788 alunos no campus da universidade , para monitorar ocorrência de contatos a menos de 3 metros de distância , situação na qual seria possível a contaminação por tosse ou espirros . Em um único dia, os sensores acusaram quase oitocentos mil contatos onde teria sido possível a contaminação.

Aprendemos também que nossos sistemas internacionais estão estruturados em torno de cidades globais, num ambiente mundial extremamente conectado, onde as epidemias podem tomar proporções planetárias de forma muito rápida. Dessa forma, a adequada preparação das cidades para detecção e controle eficientes das pandemias em sua fase inicial, é de fundamental importância para a segurança global.

3. O FUNCIONAMENTO DAS CIDADES E SUA RESILIÊNCIA

Os ambientes urbanos facilitam a transmissão de doenças infecciosas, principalmente em função do complexo e dinâmico modelo de interações que existe nas cidades.

As cidades funcionam estruturadas em três dimensões principais: um ecossistema físico, que compreende toda a ambiência natural e aquela construída pelo homem; um sistema social que engloba as pessoas, e todos os efeitos das interações socio culturais; e por último, o espaço cibernético que envolve os sistemas digitais, fluxos de informações, internet etc. O funcionamento das cidades está ligado à complexa interação entre todos os subsistemas dessa estrutura.

---

1. CORREIA, Sergio; STEPHAN, Luck; EMIL, Verner. *Pandemics Depress the Economy, Public Health Interventions*. Do Not: Evidence from the 1918 Flu. Disponível em: https://papers.ssrn.com/sol3/papers.cfm?abstract_id=3561560. Acesso em: 04 jul. 2020.
2. SALATHÉ, Marcel; KAZANDJIEVA, Maria; LEE, Jung Woo; LEVIS, Philip, FELDMAN, Marcus W. and *H., James. High-resolution human contact network for infectious disease transmission.* Disponível em: https://www.ncbi.nlm.nih.gov/pmc/articles/PMC3009790/. Acesso em: 1° jul. 2020.

Essa enorme complexidade do ecossistema urbano, aliada à autonomia dos agentes e certa imprevisibilidade de suas ações, sem dúvida dificulta enormemente o controle das pandemias. Isso demonstra a necessidade de aprofundamento no estudo e desenvolvimento de processos e modelos, que possam tornar as cidades resilientes a pandemias.

De início, importante perceber a total inviabilidade de reversão no processo de urbanização. Segundo a ONU (Organização das Nações Unidas) a população urbana no mundo, em pleno crescimento, deve atingir a cifra de 6,8 bilhões de pessoas em 2.050[3]. Da mesma maneira, absolutamente inexequível abandonar áreas já urbanizadas, e começar a acomodar pessoas nas áreas rurais. Dessa forma, não resta outra alternativa, a não ser compreender melhor a complexidade das interações urbanas, e construir modelos eficientes para conter as pandemias.

Deveremos utilizar as lições aprendidas, todas as ferramentas disponíveis, e ideias arrojadas para desenvolver serviços, espaços públicos, e modelos de funcionamento das cidades, que as tornem resistentes às pandemias.

3.1 Tecnologia

Administrar uma cidade envolve o gerenciamento do intrincado sistema de fluxos de pessoas e coisas inerente ao seu funcionamento. Contudo, nas áreas urbanas não se desenvolvem somente os fluxos de pessoas e coisas, palpáveis e visíveis, uma serie de fluxos invisíveis também estão presentes. Esses fluxos invisíveis englobam não só dados e informações, mas também os mais diversos tipos de vírus e bactérias. Para lidar adequadamente com esses fluxos de vírus e bactérias, não poderemos prescindir de sistemas tecnológicos que possam monitorar e mapear seu caminhamento pela cidade.

A evolução dos biossensores , dispositivos que utilizam componentes biológicos como elementos de reconhecimento, ligados a um sistema de detecção de vírus e bactérias , e associado à sistemas como internet das coisas (IoT) e centrais de dados como *Big Data* , poderão estruturar os espaços urbanos para uma vigilância digital bastante eficiente das pessoas que por ela se movimentam , capacitando as cidades a monitorarem os riscos de propagação de doenças infecciosas , e possibilitando a criação de algoritmos que permitam prever locais de ressurgência das pandemias .

A tecnologia, além da potencializar a administração dos surtos urbanos, na recente experiencia com a Covid-19, nos trouxe de forma bastante clara a percepção da drástica redução do valor da proximidade física na comunicação e no trabalho. Isso ocorreu principalmente devido aos seguintes fatores: o fluxo de informações se tornou barato e descomplicado, o comercio *online* atinge novos patamares, e as cadeias de suprimento conseguem fazer a entrega de produtos de forma rotineira e confiável. Os efeitos colaterais dessa introdução tecnológica no dia a dia das pessoas, envolve duas questões básicas para o funcionamento das cidades, a redução dos deslocamentos e mudanças na forma e alocação quantitativa de espaços.

---

3. United Nations, Department of Economic and Social Affairs, Population Division (2019). Population Facts No. 2019/6, December 2019: How certain are the United Nations global population projections.

3.2 Resiliência

A Fundação Rockfeller, define resiliência urbana como sendo "a capacidade de indivíduos, comunidades, instituições, empresas e sistemas em uma cidade de sobreviver, se adaptar e crescer, independentemente dos tipos de estresse crônico e choques agudos que experimentam", definição perfeitamente aplicável aos casos de pandemias urbanas.

A resiliência das cidades no caso das pandemias , sem dúvida está ligada à ajustes no planejamento e infraestrutura urbana ,de tal forma a tornar mais seguro o sistema de transportes , e induzir a criação de núcleos de vizinhança estruturados em usos mistos , que permitam às pessoas terem que se deslocar menos para desempenhar as atividades diárias. Contudo, a atenção ao desenvolvimento econômico e social talvez seja um dos pontos que mereçam maior atenção na estruturação de cidades resilientes a pandemias. Em momentos de isolamento, os maiores desafios estão nos fundamentos da desigualdade social. A criação de um acesso igualitário aos serviços urbanos e espaços públicos, além de habitações dignas para toda a população, são aspectos cruciais para essa resiliência urbana.

Para as diferentes cidades do mundo existirão diferentes modelos de resiliência, mas o importante é que todas estejam engajadas no processo de aperfeiçoar suas estruturas urbanas e sociais, adaptando-as para que possam responder rápida e eficientemente aos surtos pandêmicos.

4. OS PROCESSOS DE DESENVOLVIMENTO URBANO

Certamente a evolução dos surtos pandêmicos tem uma relação direta com processos de desenvolvimento, principalmente os relacionados à forma como as pessoas se acomodam no tecido urbano, e à maneira como elas se movimentam pela cidade. Portanto, adensamento e mobilidade merecem especial atenção na relação das pandemias com o funcionamento das cidades.

4.1 Adensamento

Uma crescente densidade populacional é característica comum aos principais centros urbanos mundiais. A concentração de mais pessoas em menos espaço pode reduzir a magnitude da pegada ambiental da sociedade. Por outro lado, uma situação em que as pessoas estão cada vez mais próximas umas das outras, em ambientes complexos e vinculados a fluxos globais de pessoas e mercadorias, passa a ser um complicador para o controle de infecções. No entanto, essa relação direta dos efeitos da pandemia com o adensamento parece não ser tão evidente.

Estudos realizados por pesquisadores do Banco Mundial[4] em 258 cidades chinesas que passaram por todo o ciclo de infecção , e tinham o número de casos relacionados à Covid-19 estabilizado, mostraram que nas cidades com maiores densidades como Xan-

---

4. FANG, Wanli; WAHBA, Sameh. *World Bank Blog*. Disponível em: https://blogs.worldbank.org/sustainablecities/urban-density-not-enemy-coronavirus-fight-evidence-china. Acesso em: 10 jul. 2020.

gai , Zhuhai, Shenzhen , Tianjin e Pequim, com valores superiores a 15.000 habitantes por km², o número de mortos por 10.000 habitantes foi menor do que em cidades com densidades menores . Estudo realizado na Espanha[5] com o mesmo objetivo mostrou resultados semelhantes. Dessa forma, parece não ser o adensamento um problema para as pandemias, e sim a forma como a população está adensada. Uma avaliação nos números de mortes por distritos na cidade de São Paulo, relacionadas à Covid-19, ilustra a relação do tipo de adensamento com os efeitos da pandemia.

Se compararmos na cidade de São Paulo, por exemplo, os distritos Republica e Sapopemba, verificamos que ambos têm adensamento populacional semelhante, 24.000 e 21.000 habitantes por km², respectivamente. Contudo, segundo o boletim epidemiológico publicado pela Secretaria de Saúde municipal[6] em 29.05.2020, no distrito Republica tinham sido contabilizados 49 mortos, enquanto em Sapopemba 205 mortos. São adensamentos com estruturas e características diferentes, mas a diferenciação está fortemente relacionada com a desigualdade social, essa sim uma das razões do maior número de mortos. Esse modelo se repete em distritos com características semelhantes.

4.2 Mobilidade

O deslocamento pela cidade é um tipo de movimentação que pode agravar a situação de contaminação, principalmente quando esses deslocamentos são feitos por meio de transporte de massa. Dessa forma, o foco da mobilidade numa era de pandemias, deve ser no acesso às atividades diárias, com ênfase para os deslocamentos ciclo ativos. Ainda assim, importante lembrar que as pessoas se encontram nas ruas e espaços públicos, onde devem ocorrer as necessárias adaptações. As reconfigurações das vias para que as pessoas se movimentem com maior segurança pela cidade, envolvem mais espaços para pedestres. As alternativas para gerar mais espaços para pedestres pode ser conseguida por meio de medidas ,como por exemplo: Remover espaços para estacionamento de veículos ao longo do meio fio; estreitar faixas destinadas a veículos; designar ruas como de acesso somente local para possibilitar o compartilhamento entre veículos e pedestres ; ou mesmo fechar trechos de ruas para uso exclusivo de pedestres, alterando a circulação de veículos.

A associação de secretários de transporte de cidades americanas (NACTO), publicou um guia para adaptações viárias nas cidades[7], com soluções para diversas situações em épocas de pandemia. Entre elas, ampliação de calçadas, ruas compartilhadas, ruas escola, ruas de lazer, áreas para comunicação e sensores, áreas especificas para carga e descarga de mercadorias, entre outras.

---

5. BRAINSRE / Ministério de Sanidad Espanha. Disponível em: https://brainsre.news/en/population-density-is-not-an-enemy-in-the-fight-against-coronavirus-here-is-the-evidence-from-china-and-spain/. Acesso em: 10 jul. 2020.
6. Secretaria Municipal da Saúde do Município de SP – Covid 19 Relatório Situacional (29.05.2020).
7. NACTO – Global Designing Cities initiative: STREETS FOR PANDEMIC – Response and Recovery junho/2020.

4.3 Ampliação de calçadas

Ampliar as calçadas utilizando faixa de estacionamento ao longo das guias, possibilitando:

1. Aumento da distância entre pedestres
2. Zonas seguras que não bloqueiem as calçadas
3. Barreiras de proteção aos pedestres

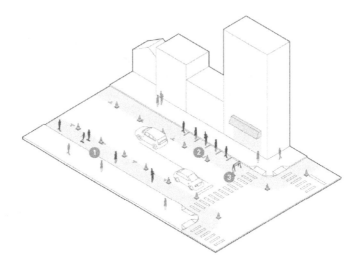

Fonte: NACTO/Global Designem Cities Iniciativa

Mesmo considerando todas as medidas que podem ser tomadas para readequar o sistema viário, muita atenção deve ser dada aos riscos de contaminação nos transportes de massa. Para que sejam reduzidas as probabilidades de contágio, é necessário o distanciamento físico, e para isso é necessário que viajem menos pessoas nos ônibus e vagões de trens e metrô. Existem duas alternativas básicas para conseguir essa diminuição: aumento da frota e frequência das viagens, ou um restrito e bem planejado escalonamento de horários por atividade.

O incentivo à diminuição de deslocamentos com transporte de massa é uma das melhores alternativas ao investimento em infraestrutura. A indução da criação no tecido urbano de núcleos de vizinhança, que contenham equipamentos, escolas, amenidades e estrutura de comercio e serviços de conveniência, pode reduzir a necessidade deslocamentos. Esse processo aliado à intensificação de alternativas para deslocamentos ativos, em conjunto com as adaptações viárias, pode efetivamente ajudar no processo de controle da disseminação de doenças infecciosas.

4.4 Adaptação dos espaços públicos e edificações

Parques, praças e outros espaços públicos não podem ficar fora do processo de adaptação à um distanciamento seguro entre as pessoas. Trilhas especialmente projetadas para evitar o contato físico, delimitação de espaços em locais de permanência mais prolongada, estações para higienização das mãos e banheiros muito bem ventilados, são procedimentos mínimos para o bom funcionamento desses espaços no que diz respeito à segurança sanitária.

As edificações também devem estar preparadas para que na ocorrência de uma pandemia, sejam rapidamente adaptadas. É o caso, entre outras medidas, de construir estruturas para o redirecionamento dos fluxos de pessoas em mercados e shopping centers, adaptar tendas para salas de aula ao ar livre nas escolas, eliminar de assentos em teatros, e novos modelos de operação sem contato físico, nos hotéis.

5. IMPACTOS NO MERCADO IMOBILIÁRIO

Em função da relação intrínseca do mercado imobiliário com a cidade, processos que alterem de forma significativa o funcionamento e a operação das áreas urbanas têm impactos diretos nos produtos imobiliários, e esses por sua vez, estão ligados diretamente ao funcionamento das cidades.

5.1 Mercado residencial

Épocas de pandemia reduzem significativamente as atividades econômicas nas cidades, e isso pode diminuir o poder de compra das pessoas, ou mesmo ser criada certa insegurança para comprometimento com negócios de longo prazo, como é o caso da aquisição de produtos imobiliários.

Em momentos de crescimento do processo de urbanização nas cidades e manutenção de taxas positivas de crescimento populacional, produtos residenciais com demanda crescente antes de uma crise, não devem alterar sua trajetória no período pós pandemia.

5.2 Mercado de escritórios

Talvez seja no mercado de escritórios, que a experiência do distanciamento social tenha efeitos mais pronunciados. O modelo utilizado do trabalho em casa, deve acelerar o desenvolvimento de ferramentas para o desempenho das atividades de forma remota.

Não se pode dizer que não existirão mais os escritórios, ao contrário, sua existência permanece extremamente relevante na operação dos negócios, mas, sem dúvida, seus espaços serão reorganizados , simplificados e diminuídos .Encontrar o ponto de equilíbrio entre o trabalho remoto e o presencial , será o grande desafio dos próximos anos.

5.3 Mercado de imóveis comerciais

No mercado de imóveis comerciais, diferentes setores foram afetados de diferentes maneiras. A hotelaria e varejo acabam tendo mais dificuldades em momentos de isolamento social, mas a demanda por espaços de armazenamento e logística tende a crescer.

Adaptação das lojas de varejo ao comercio *online* pode antecipar mudanças que estavam em lenta gestação, fazendo com que a alternativa de vendas pela internet se incorpore de forma definitiva no comércio. Esse modelo pode se tornar uma opção de rápida e eficiente implantação, principalmente em momentos que sejam necessários o isolamento social e suspensão de atividades.

Em função disso, todo mercado imobiliário envolvido com o suporte às áreas de transporte e entrega de mercadorias deve crescer de forma significativa.

6. CONSIDERAÇÕES FINAIS

Após uma crise severa como a que atravessamos em função da Covid-19, e outros surtos semelhantes ao longo dos tempos, a sensação imediata é que as cidades vão perder força. Entretanto, os mecanismos que estruturam a vida urbana têm se mostrado mais fortes que as pandemias.

Crises como essa podem fazer com que o mercado altere de forma permanente os processos nos quais as tarefas profissionais não são mais tão eficientes. As pessoas vão aprender que essas importantes tarefas, muitas das vezes, podem ser desempenhadas com sucesso de forma remota e digital.

Em função da rápida mutação de parte do trabalho para o modelo remoto e diminuição de deslocamentos pela cidade, barreiras regulatórias às atividades digitais devem cair ou serem alteradas rapidamente.

A realidade virtual será incorporada rapidamente, de forma definitiva e abrangente ao mercado.

Experiencias com as dificuldades para a aquisição de insumos e equipamentos fundamentais em momentos de alta demanda por determinados produtos, tende a estimular e fortalecer as cadeias de suprimento locais, trazendo assim mais segurança para os países em momentos de crise.

Os planejadores devem procurar compreender melhor as fraquezas do tecido urbano no que diz respeito a situações epidêmicas. Os planos urbanísticos devem ser estruturados, avaliados e aprovados, focando também, e especialmente, aspectos sanitários.

A contração da vida urbana pós pandemia será temporária. Uma crise econômica deve vir após o surto, mas a médio e longo prazo os mercados voltarão mais fortes. Contudo, as cidades devem estar preparadas para absorver com mais facilidade os efeitos das próximas pandemias. Isso somente ocorrerá se houver a impulsão por um novo modelo de desenvolvimento, que enfatize de forma integrada a inclusão social, a sustentabilidade e as oportunidades econômicas, o que fará as cidades funcionarem melhor. Nas cidades que funcionam, as pessoas são mais felizes!

7. REFERÊNCIAS

BRAINSRE / Ministério de Sanidad Espanha. Disponível em: https://brainsre.news/en/population-density-is-not-an-enemy-in-the-fight-against-coronavirus-here-is-the-evidence-from-china-and-spain/. Acesso em: 10 jul. 2020.

CORREIA, Sergio; STEPHAN, Luck; EMIL, Verner. *Pandemics Depress the Economy, Public Health Interventions*. Do Not: Evidence from the 1918 Flu. Disponível em: https://papers.ssrn.com/sol3/papers.cfm?abstract_id=3561560. Acesso em: 04 jul. 2020.

FANG, Wanli; WAHBA, Sameh. *World Bank Blog*. Disponível em: https://blogs.worldbank.org/sustainablecities/urban-density-not-enemy-coronavirus-fight-evidence-china. Acesso em: 10 jul. 2020

NACTO – Global Designing Cities initiative: STREETS FOR PANDEMIC – Response and Recovery junho/2020.

SALATHÉ, Marcel; KAZANDJIEVA, Maria; LEE, Jung Woo; LEVIS, Philip, FELDMAN, Marcus W. and H., James. *High-resolution human contact network for infectious disease transmission*. Disponível em: https://www.ncbi.nlm.nih.gov/pmc/articles/PMC3009790/. Acesso em: 1º jul. 2020

Secretaria Municipal da Saúde do Município de SP – Covid 19 Relatório Situacional (29.05.2020).

United Nations, Department of Economic and Social Affairs, Population Division (2019). Population Facts No. 2019/6, December 2019: How certain are the United Nations global population projections.

A PANDEMIA COMO GATILHO PARA ENFRENTAR O DÉFICIT HABITACIONAL DA NOSSA CIDADE

André Czitrom

Mestrando em Arquitetura e Urbanismo pelo Mackenzie. Pós-graduado em História da Arte pela Faap. Graduado em Engenharia pelo Mackenzie. Empreendedor social e CEO da Magik JC, incorporadora que desenvolve projetos Minha Casa Minha Vida no Centro de São Paulo com arquitetura e *design* destinados a famílias que ganham de 0 a 6 salários mínimos. A empresa é certificada pelo Sistema B, rede global que apoia negócios geradores de impactos positivos em suas áreas de atuação.

Aos leitores de um futuro pós-pandemia, esclareço que, enquanto escrevo, cidades do mundo todo, especialmente no Brasil, vivem um vaivém na retomada de suas atividades comerciais, escolares e corporativas. As perguntas se multiplicam e são reformuladas numa velocidade arrebatadora. O historiador israelense Yuval Hariri já havia previsto que uma das qualidades mais valorizadas neste século seria a resiliência e a capacidade em lidar com mudanças e nos adaptarmos a elas. Ele não só acertou em cheio como anteviu que não seriam apenas as pessoas, individualmente, que deveriam se prontificar a enfrentar uma profusão de transformações profundas, e sim a sociedade como um todo. Com a pandemia, a única certeza que temos é a de que o que fizermos agora influenciará tudo o que acontecerá nas próximas décadas. Nossa responsabilidade é enorme, e a urgência, gigantesca. Termos de ser rápidos e trabalharmos em cooperação.

Aos olhos otimistas, temos a chance de revermos práticas e testarmos modelos, a começar por priorizar o combate à desigualdade. No Brasil, a desigualdade está na própria ocupação do território. Em algumas áreas, há farta infraestrutura e oferta de empregos e, em outras, moradias precárias sem água nem para lavar as mãos. Ligando esses dois mundos, ônibus e trens abarrotados e trajetos que consomem um tempo precioso que poderia ser usado para a produtividade, o descanso, o estudo ou a convivência familiar. O lugar onde uma pessoa mora diz muito sobre sua qualidade de vida no presente e suas possibilidades de desenvolvimento. Não podemos nos resignar com esse tipo de determinismo perverso.

Foi movido por essa ideia que comecei a buscar alternativas que contribuíssem para aumentar a oferta de moradia de qualidade onde as pessoas mais querem e precisam morar, o centro de São Paulo. E as pessoas precisam tanto do centro quanto o centro precisa delas, pois os moradores é que fazem os lugares ganharem vida.

Desde os 17 anos, trabalhei em grandes companhias do setor de construção e em 2008 criei a minha própria, focada em médio e alto padrão que era o que acreditava que funcionaria na época. Então veio a crise econômica iniciada em 2013, e o país entrou em recessão. Foi a primeira vez que a minha geração teve de lidar com cenários sombrios para os anos seguintes. As dificuldades acentuaram minhas dúvidas. Sentia falta de um propósito maior para direcionar minha atuação profissional.

Acompanhava à distância o trabalho realizado pelo meu pai, Josef Czitrom, que desde 1972 empreendia nesse mercado atendendo aos mais variados perfis. Em 2009, quando o Minha Casa Minha Vida foi lançado, ele foi pioneiro ao aderir ao programa. Mas as restrições do formato proposto direcionavam (e continuam direcionando até hoje) a produção para áreas afastadas do centro – no caso da Magik JC, especialmente a zona leste. Meu pai, imigrou de um país comunista, a Romênia, na década de 1950 e aqui encontrou as oportunidades que o levaram se formar engenheiro e construir uma carreira no setor. Provocado, também passou a se questionar se sua prática traduzia o ideal de produção de cidade. Então iniciamos uma conversa sobre como poderíamos obter melhores resultados não somente do ponto de vista financeiro, mas principalmente social e urbanístico. Propus a ele tentamos viabilizar o Minha Casa Minha Vida no centro. Ele aceitou o desafio e me deu todo o respaldo técnico. Além da localização, incluímos a participação de arquitetos reconhecidos pelo mercado e um desenho de como gerar impacto positivo ao longo do ciclo de cada projeto imobiliário.

Conto tudo isso com três intuitos. O primeiro é mostrar que transformações importantes não dependem de projetos gigantescos como esses que diferentes gestões municipais anunciam ano após ano sempre com resultados aquém do esperado. É possível começar com algo pequeno que, no cômputo geral, se mostra relevante. Esse tipo de estratégia favorece a inovação e incentiva o aperfeiçoamento gradual baseado na experiência. Passados cinco anos, estamos no décimo empreendimento MCMV no centro com outros seis em planejamento; o que totaliza cerca de 2000 unidades a serem entregues até 2023. Foi preciso abrir mão de margem de lucro e jogar fora fórmulas prontas, mas prosseguimos por acreditar que assim faríamos melhor. O segundo intuito da minha narrativa é atestar a capacidade do mercado imobiliário de contribuir com uma cidade mais acessível e democrática e se comprometer com a redução das desigualdades sem deixar de existir como negócio. E o terceiro ponto que trago aqui é a percepção de que, quando mercado, poder público e academia unem forças, os resultados são muito mais potentes. O MCMV partiu do poder público. Temos os arquitetos, urbanistas e pesquisadores como parte fundamental das discussões urbanísticas, e o mercado, com seu foco e expertise, pode conseguir escalar essa ideia. Não há boa prática sem embasamento teórico e não há teoria que não possa ser aperfeiçoada pela testagem prática.

Apresentado esse panorama, compartilho algumas ideias para aumentar a sinergia entre setores e multiplicar a oferta de habitação acessível na cidade de São Paulo, sem perder de vista o atendimento a critérios sociais, de sustentabilidade, gestão e viabilidade econômica.

Um bom começo seria discutirmos os parâmetros de adensamento para as ZEIS (Zonas Especiais de Interesse Social) para que se tornem mais atraentes à iniciativa privada. A produção de habitação acessível pelo poder público (caso da Cohab e CDHU) não dá conta da demanda e peca na manutenção e gestão social e condominial de cada comunidade. O foco das ZEIS é o atendimento a famílias com renda de até três salários mínimos, classificadas como faixas 1 ou 1,5 do Minha Casa Minha Vida. Atualmente, o Plano Diretor incentiva a construção de até quatro vezes a área do terreno em eixos estruturados ou até seis vezes caso o projeto atenda à legislação para produção de Habitação de Interesse Social para uma faixa acima de três salários mínimos (HIS 2) e em perímetros de Operação Urbana, locais onde o mercado naturalmente já tem interesse. O mesmo plano limita o potencial construtivo das ZEIS a apenas quatro vezes a área do terreno, justamente onde deveriam ser dadas melhores condições aos empreendedores.

Indo mais além, o decreto municipal de habitação social em vigor na capital paulista estabelece ainda que os edifícios produzidos nos moldes propostos destinem 60% de suas unidades a famílias com renda de até três salários mínimos nas ZEIS-3, taxa que era de 40% até 2016. A ZEIS-3, por definição, é aquela localizadas em regiões dotadas de infraestrutura, porém em terrenos subutilizados. A limitação de renda dessas famílias é interpretada pelo sistema bancário, no qual a Caixa Econômica Federal se inclui, como baixa capacidade de endividamento. O crédito disponível para esse perfil não é suficiente para arcar com os custos da produção imobiliária. Consolidamos uma lógica de financiamento que libera muito pouco (e tantas outras vezes nega) para quem tem quase nada, mas é generosa ao emprestar para quem tem de sobra.

Da mesma forma, reduzir o percentual ajudaria a tornar o projeto viável. Se a exigência fosse destinar 20% das unidades à faixa em questão, o montante arrecadado com a venda das 80% restantes subsidiaria um equilíbrio financeiro para o projeto como um todo. Em agosto de 2019, uma pesquisa do Instituto Locomotiva indicava que, de cada três brasileiros, um não tem conta em banco. Não faz sentido continuarmos acreditando que o registro em carteira de trabalho é o passaporte da casa própria. A caneta pode ter a força de aumentar percentuais, mas não garante a inclusão no sistema bancário nem a viabilidade econômica dos empreendimentos. São os dados de realidade que precisam servir de premissa às formulações de políticas públicas, e não o contrário. Centenas de prédios destinando 20% das unidades a famílias que ganham até três salários mínimos seriam bem mais eficientes do que talvez uma dezena de edifícios destinando 60% e que a prática confirma que o mercado não consegue produzir.

A construção das habitações começa com a escolha do terreno. Quando este se localiza em bairros centrais, torna-se mais caro, impactando o custo final. Isso explica por que a maioria das empresas que atuam no Minha Casa Minha Vida optam por terrenos longínquos, com preços mais competitivos. Está nas mãos do poder público equilibrar essa situação. O espraiamento e essa visão modernista de uma cidade dividida em setores vai na contramão de todos os preceitos do desenvolvimento sustentável e da qualidade de vida. Precisamos de bairros compactos, densos e bem servidos se quisermos que sejam acessíveis, democráticos e em harmonia com o ambiente.

Induzir a população a viver em áreas distantes é caro aos cofres públicos e pesa também no orçamento familiar, com aumento no custo de vida devido às despesas com transporte. A Pesquisa de Orçamentos Familiares (POF), do Instituto Brasileiro de Geografia e Estatística (IBGE) realizada com dados de 2018 mostra que, pela primeira vez desde 2002, os paulistanos estão gastando mais para se deslocar pela cidade do que para se alimentar. O transporte corresponde a 18,1% do orçamento doméstico, enquanto refeições equivalem a 17,5%. É a segunda maior despesa das famílias brasileiras, perdendo apenas – quem adivinha? – para a habitação, que toma 36,6% da renda.

Para as famílias que ganham até três salários mínimos, os gastos com transporte são compostos por combustível, aquisição de veículos e tarifas de transporte, nesta ordem. Ou seja, essas pessoas acabam comprando carros particulares para vencerem seus deslocamentos. Como irão ainda arcar com o financiamento de um apartamento que, por mais que se utilizem incentivos, não sai por menos de R$ 170 mil? A parcela não cabe no mesmo bolso que custeia tanta gasolina.

Do ponto de vista ambiental e de saúde pública, é um desastre. Temos 49,2 veículos por grupo de 100 habitantes em São Paulo. Em 2008, eram 35,8, como aponta o Observatório das Metrópoles. Uma análise do Ministério da Saúde revelou que mortes causadas pela poluição aumentaram 14% na última década, sobrecarregando os sistemas de saúde. Antes mesmo do coronavírus, doenças respiratórias já eram a terceira causa de morte em nível global. Acidentes viários também matam: são mais de 730 vítimas por ano somente na cidade de São Paulo.

Os investimentos que custeiam o espraiamento e até mesmo os recursos usados na saúde poderiam alimentar um programa de incentivo para moradia no centro. A prefeita de Paris, Anne Hidalgo, acaba de ser reeleita para um novo mandato com um programa para que os parisienses possam fazer tudo em quinze minutos a pé ou de bicicleta. Por que não podemos adotar um modelo semelhante para o centro histórico, completamente esvaziado após as 18h, ou para a região do Brás e Bom Retiro, cheia de fábricas desativadas e galpões vazios? Certamente temos capacidade de criar incentivos cruzados que ajustem o zoneamento a partir do cálculo dos ganhos econômicos da migração de moradores para o centro. Com as práticas ESG (sigla do inglês Environmental, Social and Corporate Governance, ou fatores Ambiental, Social e Governança) em alta nas empresas e em fundos de investimento globais, mais companhias tendem a direcionar sua atuação para onde o benefício coletivo é maior.

A retomada passa pela ampliação dos retrofits. Seríamos mais zelosos e comprometidos com nosso patrimônio do que Berlim ou Nova York ou estamos paralisados pelo descaso e pela falta de um marco regulatório assertivo enquanto edificações caem literalmente aos pedaços? O principal empecilho à requalificação não são proprietários que, à espera da melhor oportunidade, agem como especuladores. Eles eventualmente existem, mas não são significativos no contexto geral. O impeditivo maior é a ausência de garantias. Hoje as grandes reformas dependem de investidores com gosto pela aventura, que podem arriscar alguns milhões na aquisição de edifícios cujo uso futuro é uma incógnita.

Tivemos recentemente o trágico desabamento do edifício Wilton Paes de Almeida, no Largo do Paissandú. Edifícios pertencentes à União ou a governos estaduais e municipais e que deterioram por falta de uso e manutenção deveriam ser uma aberração aos olhos dos contribuintes, mas parecemos estar anestesiados demais para exigir uma gestão à altura do valor dos nossos impostos. Só de edital e estudos, as propostas de venda de um grande pacote de prédios costumam consumir o tempo de uma gestão municipal inteira.

A criação de uma legislação simplificada para retrofit pode garantir ao investidor um imóvel pronto para receber moradores sem abrir mão de cumprir todas as exigências dos órgãos competentes. Seria o equivalente ao procedimento eletrônico para a aprovação rápida de projetos de edificações Aprova Rápido, em vigor desde março de 2018. O interessado submeteria à prefeitura o projeto de reforma e aguardaria sua aprovação em até sessenta dias ou eventual pedido de readequação (Comunique-se). Para evitar uma corrida especulativa por prédios vazios com alvarás já emitidos, poderia haver um prazo de até 180 dias para o início das obras. Da mesma forma, seria bem-vinda uma força-tarefa à semelhança do Grupo de Análise e Aprovação de Projetos Habitacionais, o Graprohab. Tudo isso já existe e funciona, basta replicar. Não adianta colocar essas ideias dentro de um plano gigantesco como o Projeto de Intervenção Urbana (PIU) Centro e deixá-lo caducando.

Cabe aqui, ainda, uma reflexão sobre a nossa relação com os imóveis tombados. A proteção, que deveria garantir a permanência de nosso patrimônio histórico e arquitetônico, muitas vezes se torna o epicentro da degradação. A região central da cidade é onde se localiza a grande maioria dos imóveis tombados. Para cada imóvel tombado, é definido um raio de 300 metros onde nada pode ser feito sem muita dificuldade e incerteza. Dessa forma, o tombamento é quase uma condenação a proprietários e a qualquer empresa interessada em reformar, demolir ou construir perto de um bem tombado, seja ela do mercado imobiliário ou de qualquer outra área de atuação. Preferimos premiar quem cruza os braços do que aqueles que arregaçam as mangas.

Fora isso, há os imóveis tombados pelo Conselho Municipal de Preservação do Patrimônio Histórico, Cultural e Ambiental da Cidade de São Paulo (Conpresp), pelo Conselho de Defesa do Patrimônio Histórico, Arqueológico, Artístico e Turístico é um órgão subordinado à Secretaria da Cultura do Estado de São Paulo (Condephaat) ou ainda pelo Instituto do Patrimônio Histórico e Artístico Nacional (Iphan). Em alguns casos o mesmo imóvel é objeto de tombamento de dois ou até três instâncias, cada uma com determinações próprias e que não consideram as das demais, compondo um labirinto kafkiano da preservação.

Vejamos o exemplo da Avenida Dom Pedro I, no Ipiranga, corredor verde que culmina no Parque da Independência. As regras de construção definidas pelo Conpresp são diferentes daquelas determinadas pelo Iphan, sendo que nos dois casos o bem tombado que motiva as restrições é o mesmo, o Museu Paulista, conhecido como Museu do Ipiranga. Além da restrição de altura, há exigência de se construir com 10 metros de recuo, o que inviabiliza o comércio de rua. Enquanto debatemos o que pode e principalmente o que não pode área envoltória do museu, a Justiça ordenou à Universidade de São Paulo (USP) a realização de obras emergenciais porque a edificação encontrava-se em risco, com rachaduras, trincas, fissuras desde a cobertura até o subsolo, além de fios expostos, forros deteriorados e sistema de detecção de incêndios inoperante. A tragédia do Museu Nacional, no Rio de Janeiro, nos mostrou da pior maneira o quanto podemos ser negligentes com a nossa cultura e história. Não precisamos passar por outro trauma para entendermos que precisamos agir.

Felizmente, temos assistido a uma das melhores gestões de liderança tanto no Conpresp e quanto no Condephaat. Ao mesmo tempo em que exercem o controle necessário, compreendem que a cidade é um organismo vivo e por isso precisa ser dinâmica e capaz de se adaptar às mudanças. Mas sensibilidade e disposição não bastam sem a unificação e a simplificação das regras vigentes. Por exemplo, a obrigatoriedade de respeitar a linguagem arquitetônica seria mais viável com cartilhas contendo a especificação técnica do que significa a tal linguagem. Ou, se o problema é garantir a não interferência de sombras, limitemos a questão a este ponto. Mas o que ocorre é que a cada vez que se pretende realizar uma obra no raio envoltório, é preciso abrir um processo nos órgãos correspondentes e submetê-lo à análise. Se no meio do caminho a prefeitura pedir uma alteração ou uma instância estadual ou federal fizer o mesmo, o projeto precisa ser reapresentado aos órgãos de patrimônio (lembrando que sempre pode ser mais de um). Poucos empreendedores conseguem arcar com todo o risco comercial inerente ao negócio e ainda com a insegurança da aprovação que, caso não venha, inviabiliza qualquer solução.

A pandemia, somada à alta do dólar e à queda nos juros, despertou uma predisposição do mercado em investir em imóveis, não apenas para revenda futura, como vinha ocorrendo, mas como fonte de renda, através unidades colocadas para locação. Esse movimento deve ser observado atentamente pelo poder público, pois oferece uma alternativa de viabilização para a baixa renda. O País tem 17,8 milhões de desempregados, outros 37 milhões de informais e 4 milhões de postos de trabalho empregos destruídos em dois meses, ainda segundo dados de abril. Oferecer subsídios à locação talvez seja a única forma de permitir que essas pessoas migrem para o centro. Nova York, uma das cidades com mais locatários no mundo, onde um em cada três moradores paga aluguel, há projetos de habitação acessível por locação (*social and affordable housing*). Um sistema de voucher atende não apenas as famílias, mas também projetos imobiliários que se enquadrem nas exigências da municipalidade. Outro exemplo norte-americano é o aluguel cruzado, em que cada prédio erguido dentro desse modelo reserva parte das unidades a famílias de baixa renda por meio da locação. A outra parte é alugada livremente, pelo preço de mercado. O resultado é uma diversidade cultural e social da qual todos se beneficiam.

Os retrofits podem ser objeto de iniciativas desse tipo. A autorização da reforma ficaria vinculada à reserva de parte das unidades à locação acessível. Seria possível ainda adaptar o programa Minha Casa Minha Vida para que a locação seja contemplada. Deixemos o futuro morador escolher qual prédio em toda cidade gostaria de morar, aumentando o subsídio nos bairros centrais. Reduziríamos ainda o efeito segregador da caracterização estética dos conjuntos habitacionais.

Ao tocar nas possibilidades que o Minha Casa Minha Vida poderia contemplar, vale salientar sua reformulação por meio do programa Casa Verde e Amarela, proposto pelo governo federal. Ele traz novidades interessantes, como a atenção com a regularização fundiária, problema que está no cerne das ocupações irregulares. A perspectiva de incluir reformas é outra boa notícia. A enorme quantidade de habitações precárias não pode ser ignorada. Com muito entusiasmo e admiração acompanho há anos os esforços do Programa Vivenda em atacar o problema. A iniciativa torna pequenas reformas acessíveis para o público de baixa renda, especialmente em banheiros e cozinhas. A escalabilidade proporciona um impacto significativo na qualidade de vida e até na autoestima dos moradores.

Os quatro meses de isolamento social vividos até aqui nos ensinaram de forma abrupta a separar o essencial do supérfluo, a converter o que parece impossível em apenas difícil, a derrubar mitos e fórmulas e nos abrirmos ao desconhecido. É hora de nos concentrar no que é prioritário, traçar metas e engajar todos em causas comuns. Voltando a Hariri, cito um artigo recente dele publicado durante a pandemia sobre as fronteiras do mundo globalizado: "O verdadeiro antídoto contra uma epidemia não é a segregação, e sim a cooperação". As cidades, como microcosmos desse mundo fluido, precisam praticar seu senso de comunidade e lutar não apenas contra vírus, mas contra tudo o que nos separa uns dos outros. Um verdadeiro legado da pandemia para a nossa cidade deveria ser muito mais do que prever apenas um novo normal e criar produtos imobiliários. Este momento de reflexão deve servir para que mudanças estruturais saiam do papel e contribuam para uma cidade melhor de se viver.

COVID-19 E A APLICAÇÃO DA TEORIA DA IMPREVISÃO NOS CONTRATOS EMPRESARIAIS

Daniel Cardoso Gomes

Mestre e Graduado em Direito Civil pela Faculdade de Direito da Pontifícia Universidade Católica de São Paulo. Membro do Conselho Jurídico do SindusCon-SP. Membro da Mesa de Debates de Direito Imobiliário – MDDI. Membro da Comissão de Negócios Imobiliários do IBRADIM. Advogado em São Paulo.

Pedro Ricardo e Serpa

Pós-doutorando, Doutor, Mestre e Graduado em Direito Civil pela Faculdade de Direito da Universidade de São Paulo. Professor dos cursos de Mestrado Profissional e de pós-graduação *lato sensu* em Direito Imobiliário, Direito dos Contratos, Processo Civil, Direito Empresarial e Planejamento Patrimonial, todos da Escola de Direito de São Paulo da Fundação Getulio Vargas. Membro da Comissão de Locações do IBRADIM. Advogado em São Paulo.

Sumário. 1. Introdução. 2. A cláusula *rebus sic stantibus* (a teoria da imprevisão). 3. Principais pressupostos para revisão ou resolução dos contratos em decorrência de onerosidade excessiva. 3.1. Desequilíbrio contratual. 3.2. Extraordinariedade e imprevisibilidade do evento. 4. Uma "nova" categoria contratual: a caracterização dos contratos empresariais. 5. Revisão ou resolução de contratos empresariais em decorrência de onerosidade excessiva. 6. Referências.

1. INTRODUÇÃO

A máxima *o contrato faz lei entre as partes*, apesar da ausência de previsão legal expressa, sempre foi pacificamente aceita e aplicada, tanto pela doutrina quanto pela jurisprudência, constituindo verdadeiro pilar da sociedade moderna. Sua aplicação é essencial para garantir a vida em sociedade, a troca de mercadorias e o crescimento econômico. Tal concepção clássica da teoria contratual decorre diretamente do princípio da *pacta sunt servanda*, segundo o qual o contrato, regularmente constituído, observados todos os requisitos legais aplicáveis à espécie, deve ser integralmente cumprido.

Até o advento da Constituição Federal de 1988, e, posteriormente, com o Código de Defesa do Consumidor e o Código Civil brasileiro de 2002, predominada o entendimento de que os contratos regularmente celebrados estavam sujeitos ao mínimo de intervenção externa. Ou seja, independentemente de qualquer fator externo, ainda que, de alguma forma, afetasse as condições contratadas, o pacto deveria ser cumprido nos exatos termos ajustados à época de sua elaboração.

Tal interpretação mudou sensivelmente a partir da nova Constituição e legislação que a sucedeu, com a inclusão de novos princípios contratuais em nosso ordenamento jurídico. Tais princípios, que ficaram conhecidos como princípios sociais do contrato, são: boa-fé objetiva, função social dos contratos e o equilíbrio contratual.

Essa mudança principiológica impôs novos limites à autonomia da vontade das partes, não apenas na celebração dos contratos, mas também no curso de sua execução, ao exigir-se comportamento ético, moral e correto, e, ainda, que o negócio realizado cumpra sua função social.

Um dos efeitos desta mudança foi a alteração da interpretação dada aos contratos, até então considerados *impermeáveis*, tornando-os sujeitos a intervenções externas em determinadas situações, desde que presentes alguns requisitos.

Sob este aspecto, entre os mecanismos propostos pelo legislador brasileiro para a intervenção externa nos contratos, temos a teoria imprevisão, por meio da qual fatos supervenientes à celebração dos contratos que acarretem em desequilíbrio para as partes contratantes, ou comprometam sua função social, podem acarretar na resolução ou revisão do contrato pelo poder judiciário, tal como previsto nos artigos 317 e 478 e seguintes do Código Civil, ou, ainda, no art. 6º, V da Lei 8.078/90 (o Código de Defesa do Consumidor).

Apesar de norma civilista não estabelecer qualquer distinção entre a qualificação das partes contratantes para a aplicação da norma, há debates sobre a validade de aplicação da teoria da imprevisão tal como prevista no Código Civil aos contratos empresariais. Há quem defenda que estes contratos, em decorrência da qualificação das partes, sua compressão sobre o objeto contratual e os riscos inerentes às suas atividades empresariais, estão sujeitos a regime de menor interferência externa.

Esse debate tem ainda ganhado força com o recente cenário de pandemia decorrente da doença causada pelo vírus Sars-Cov-2 (Covid 19), onde as bases contratuais anteriormente existentes à época da contratação foram substancialmente alteradas, acarretando grande desequilíbrio para as partes contratantes.

O propósito deste trabalho é, portanto, analisar a teoria da imprevisão e sua eventual aplicação aos contratos empresariais, notoriamente em razão das alterações de suas bases objetivas decorrentes das mudanças trazidas pela pandemia de COVI 19.

2. A CLÁUSULA *REBUS SIC STANTIBUS* (A TEORIA DA IMPREVISÃO)

Pela teoria da imprevisão, fatos supervenientes à celebração dos contratos e que, de algum modo, acarretem desequilíbrio na relação contratual, tornando-as extremamente onerosas para alguma das partes, podem ensejar a sua resolução ou revisão pelo poder judiciário. Esta possibilidade de revisão dos contratos constitui apenas uma exceção expressa aos princípios da autonomia da vontade e da força obrigatória dos contratos – não acarretando, em hipótese alguma, em extinção ou não aplicação destes últimos princípios, que permanecem como alicerces fundamentais das relações contratuais.

Em que pese o fato de o Código Civil brasileiro de 1916 não prever tal possibilidade, durante a sua vigência, tanto a doutrina quando a jurisprudência, admitiam a resolução ou revisão dos contratos por força de intervenção judicial, em caráter excepcional, nos casos em que se reconhece o abuso de direito ou o enriquecimento sem causa, desde que o evento verificado fosse excepcional, extraordinário e imprevisível.

Após Constituição Federal de 1988, a primeira norma infraconstitucional a permitir, expressamente, a revisão externa dos contratos, foi o Código de Defesa do Consumidor. Contudo, essa norma, em seu artigo 6º, inciso V, de maneira objetiva, estabelece como pressupostos para sua aplicação apenas a existência de fatos supervenientes e a onerosidade excessiva para uma das partes[1]. Assim, o Código de Defesa do Consumidor dispensa a prova do caráter imprevisível e/ou extraordinário do fato superveniente.

Já o atual Código Civil[2], ao contemplar essa teoria, seguiu a tendência da doutrina, da jurisprudência e de outras normas infraconstitucionais, de tornar os contratos mais permeáveis, suscetíveis à resolução ou revisão externa em razão de fatos supervenientes que acarretem desequilíbrio contratual.

Entretanto, o reconhecimento da validade de aplicação da teoria da imprevisão, em momento algum, pode ser interpretada como a sobreposição dos princípios sociais aos princípios clássicos (especialmente o princípio da obrigatoriedade dos contratos). Pelo contrário. Os princípios clássicos são essenciais à ordem jurídica como um todo e à garantia da segurança jurídica dos negócios, permanecendo válidos e aplicáveis.

Contudo, a lei civilista estabeleceu algumas situações específicas em que esta obrigatoriedade é afastada, exclusivamente com o propósito de evitar situações de desequilíbrio, onde se verifique o ônus excessivo para uma das partes e enriquecimento injustificado para a outra. A lei mudou a forma de interpretação dos contratos, antes tidos como isolados e imunes a eventos externos, inserindo-os em um contexto de igualdade social e justiça distributiva[3].

Ao compararmos a regra prevista do Código Civil, verificamos certo distanciamento das demais normas até então em vigor, ao prever como critério objetivo para sua aplicação (ou seja, um dos pressupostos de validade) a ocorrência de um evento extraordinário e imprevisível de modo cumulativo à superveniência do evento, bem como no efeito relativo à onerosidade excessiva da prestação. Este fato foi criticado por parte da doutrina, sendo considerado por alguns como verdadeiro retrocesso.

---

1. Referido artigo assim dispõe: "Art. 6º. São direitos básicos do consumidor: (...) V – a modificação das cláusulas contratuais que estabelecem prestações desproporcionais ou sua revisão em razão de fatos supervenientes que as tornem excessivamente onerosas."
2. A teoria da imprevisão está atualmente contemplada nos artigos 317, 478 a 480 do Código Civil: (i) "Art. 317. Quando, por motivos imprevisíveis, sobrevier desproporção manifesta entre o valor da prestação devida e o do momento de sua execução, poderá o juiz corrigi-lo, a pedido da parte, de modo que assegure, quanto possível, o valor real da prestação"; (ii) "Art. 478. Nos contratos de execução continuada ou diferida, se a prestação de uma das partes se tornar excessivamente onerosa, com extrema vantagem para a outra, em virtude de acontecimentos extraordinários e imprevisíveis, poderá o devedor pedir a resolução do contrato. Os efeitos da sentença que a decretar retroagirão à data da citação."; (iii) "Art. 479. A resolução poderá ser evitada, oferecendo-se o réu a modificar equitativamente as condições do contrato."; e (iv) "Art. 480. Se no contrato as obrigações couberem a apenas uma das partes, poderá ela pleitear que sua prestação seja reduzida, ou alterando modo de executá-la, a fim de evitar a onerosidade excessiva."
3. "A teoria da imprevisão considera o contrato não como negócio isolado, mas como algo que se insere dentro de uma realidade e está sujeito às incertezas inevitáveis, próprias e imanentes do futuro. Assim, ela é aplicada quando há modificação das circunstâncias de forma a onerar excessivamente uma das partes, isto é, busca retomar o equilíbrio quando os contratantes não vislumbram mais a mesma realidade em que foi celebrado o contrato." WALD, Arnoldo. *Direito das obrigações e teoria geral dos contratos*. 20. ed. São Paulo: Saraiva, 2011, p. 332.

3. PRINCIPAIS PRESSUPOSTOS PARA REVISÃO OU RESOLUÇÃO DOS CONTRATOS EM DECORRÊNCIA DE ONEROSIDADE EXCESSIVA

Considerando a importância do princípio da obrigatoriedade dos contratos como forma de possibilitar a vida em sociedade e assegurar as operações mercantis – e ainda as consequências desastrosas decorrentes da sua inaplicação de modo reiterado e sem parâmetros, a revisão ou resolução do contrato com base na teoria da imprevisão deve sempre ser interpretada como uma exceção. É algo somente aplicado em casos extremos, onde existam, de modo inegável, todos os requisitos necessários para sua aplicação[4].

Não são todos os contratos que são passíveis de serem resolvidos ou revistos com base nesta teoria. Para ser passível de resolução ou revisão, cada caso analisado deve preencher uma séria de requisitos, alguns estabelecidos pela própria lei e outros aceitos pela doutrina e pela jurisprudência.

3.1 Desequilíbrio contratual

O principal pressuposto para a intervenção externa nos contratos com base na teoria da imprevisão é justamente o desequilíbrio contratual. O evento verificado deverá acarretar alteração significativa das bases do negócio à época de sua formulação[5]. E o resultado dessa alteração deve ser o desequilíbrio contratual para as duas partes da relação jurídica. *O desequilíbrio apenas para uma das partes não é suficiente*: de um lado, deve-se verificar a efetiva excessiva onerosidade para uma parte e, de outro, a *vantagem injustificada* para a outra[6].

Muito embora a lei não estabeleça os parâmetros para determinar quais os critérios que devem ser utilizados para determinar em quais casos houve desequilíbrio, entende-se que esse conceito deve ser analisado de modo estritamente objetivo, considerando-se, tão somente, a prestação *versus* a contraprestação.

De acordo com essa linha de interpretação, questões subjetivas relativas exclusivamente ao devedor da prestação que, direta ou indiretamente, possam interferir na sua capacidade de honrar o contrato, não devem ser consideradas[7].

---

4. "É inegável, nos tempos atuais, que os contratos, de acordo com a visão social do Estado Democrático de Direito, hão de submeter-se ao intervencionismo estatal manejado com o propósito de superar o individualismo egoístico e buscar a implantação de uma sociedade presidida pelo bem-estar e sob efetiva prevalência da garantia jurídica dos direitos humanos. Isto, porém, não importa anular a figura do contrato, nem tampouco afastar a incidência dos princípios clássicos que regem essa indispensável categoria jurídica." THEODORO JUNIOR, Humberto. *O contrato e sua função social*. 4. ed. Rio de Janeiro: Forense, 2014, p. 19.

5. "Essa base objetiva desaparece quando há destruição da relação de equivalência ou frustração da finalidade do contrato". AGUIAR JUNIOR, Ruy Rosado. Extinção dos contratos. In: FERNANDES, Wanderley (Coord.). *Contratos empresariais*. Fundamentos e princípios dos contratos empresariais. São Paulo: Saraiva, 2007, p. 452-453.

6. "A regra acerca da onerosidade excessiva, ou seja, a revisão do contrato, somente é admitida se a superveniência do acontecimento que torna excessivamente onerosa a prestação de uma das partes se apresente como equivalente a uma extrema vantagem para o outro contratante e seu advento fosse extraordinário e imprevisível. No particular, os eventos que teriam influído no valor da prestação devida pelo recorrido não eram extraordinários tampouco imprevisíveis." (STJ. Ministra Nancy Andrighi, ao proferir seu voto no RESP 803481/GO, julgado pela 3ª Turma do STJ em 28.06.2007).

7. "O que marca a Teoria é entender desaparecida a base do negócio jurídico quando a relação de equiponderância entre prestação e contraprestação resta deteriorada em tão grande medida que não se pode mais, de modo compreensível, falar de contraprestação. No seu cerne estão, pois, os tópicos da comutatividade e sinalagmaticidade,

Por outro lado, de forma contrária ao quanto acima disposto, há quem admita a revisão dos contratos de longa duração por onerosidade excessiva com fundamento em questões subjetivas relacionadas ao devedor, notoriamente no âmbito das relações de consumo e sob o prisma das disposições previstas no Código de Defesa do Consumidor, tais como perda de emprego, acidentes etc.[8]

Para os defensores dessa teoria, obrigar qualquer contratante a cumprir um contrato que se tornou extremamente oneroso, ainda que isso decorra de fato imputado, exclusivamente, a ele (como o desemprego, exemplo mais comum), comprometendo de algum modo a sua subsistência e/ou desenvolvimento de suas atividades, compromete a função social do contrato, ainda que tal fato não acarrete, necessariamente, em um desequilíbrio entre a prestação e a contraprestação.

Todavia, muito embora o poder judiciário não possa ser omisso em situações dessa natureza, a resolução ou revisão dos contratos com base na teoria da imprevisão nesses casos tem sido admitida com grande ressalva, visto que a intervenção externa nos contratos deve sempre ser admitida como exceção, e não regra.

Esta modalidade de intervenção nos contratos não serve como forma de eliminar os riscos assumidos pelas partes no momento da contratação. A aplicação equivocada desta teoria nessa circunstância violaria, de modo inequívoco, o princípio da boa-fé das partes, ocasionando uma injustiça para a parte credora. Não dão ensejo à resolução ou revisão por onerosidade excessiva os eventos compreendidos entre os riscos assumidos pelas partes quando da celebração do contrato, ou seja, inseridos dentro de sua álea[9].

A questão é de uma enorme sutileza, não admitindo, portanto, regra objetiva ou padrão de julgamento. Questões dessa natureza envolverão sempre uma análise criteriosa do julgador ao caso concreto, para verificar quais riscos as partes assumiram ao contratar, quais destes riscos estão inseridos no objeto do contrato, e quais dão ensejo à revisão ou resolução do contrato por onerosidade excessiva.

---

conquanto possa ser aplicada a contratos com prestações futuras, como já decidiu a jurisprudência. (...) A excessiva onerosidade é para a parte devedora da prestação cujo valor se alterou, tornando manifestamente desproporcional a relação entre o valor ajustado para a prestação devida e aquele a ser pago no momento do adimplemento (...). O ponto relacional está, em primeiro lugar, na consideração da relação originária, no 'peso' que naquele momento, objetivamente tinha a prestação na economia contratual, pois a 'desproporção manifesta' é referida à prestação considerada objetivamente, e não à situação subjetiva na qual se encontra o devedor". MARTINS-COSTA, Judith. *Comentários ao Novo Código Civil*. 2. ed. Rio de Janeiro: Forense, 2005. v. 5, t. I, p. 292-293/303-304.

8. Neste sentido, FRANTZ, Laura Coradini. *Revisão dos contratos*. São Paulo: Saraiva, 2007, p.112-113.

9. "Direito administrativo e processual civil (...) Licitação – Contrato – Construção de hidrelétrica – Prejuízos sofridos pelo licitante durante a execução do contrato – Inflação – Proposta do licitante mal calculada – Álea ordinária, que não pode ser atribuída à administração – Teoria da imprevisão – Não aplicação – Doutrina e jurisprudência. (...) 5. Não se mostra razoável o entendimento de que a inflação possa ser tomada, no Brasil, como álea extraordinária, de modo a possibilitar algum desequilíbrio na equação econômica do contrato, como há muito afirma a jurisprudência do STJ. 6. Não há como imputar as aludidas perdas a fatores imprevisíveis, já que decorrentes de má previsão das autoras, o que constitui álea ordinária não suportável pela Administração e não autorizadora da Teoria da Imprevisão. Caso se permitisse a revisão pretendida, estar-se-ia beneficiando as apeladas em detrimento dos demais licitantes que, agindo com cautela, apresentaram proposta coerente com os ditames do mercado e, talvez por terem incluído essa margem de segurança em suas propostas, não apresentaram valor mais atraente. Recurso especial conhecido em parte e improvido." STJ; 2ª Turma; Recurso Especial 744446/DF; Relator: Min. Humberto Martins; Julgado em 17.04.2008.

3.2 Extraordinariedade e imprevisibilidade do evento

O texto legal utilizado pelo Código Civil estabelece que somente os eventos que *não são passíveis de previsão* pelas partes contratantes (e, logicamente, que não estão inseridos dentro da álea contratual), e que resultem em uma drástica alteração da base do negócio jurídico, darão ensejo à aplicação da teoria da imprevisão. Desse critério, devemos incluir, por lógica, a superveniência do fato, como um dos pressupostos positivos para a aplicação da teoria da imprevisão (a exemplo do Código de Defesa do Consumidor, em que tal quesito consta expressamente no texto legal).

Todavia, sobre essa questão, há quem defenda que, nesses casos, devem ser considerados também os efeitos supervenientes decorrentes do evento, e não apenas o evento em si[10]. E é nesse sentido que foi editado o Enunciado 175 do Centro de Estudos Judiciários (CEJ), a saber: *A menção à imprevisibilidade e à extraordinariedade, insertos no art. 478 do Código Civil, deve ser interpretada não somente em relação ao fato que gera o desequilíbrio, mas também em relação às consequências que ele produz.*

Considerando-se a sociedade moderna e dinâmica que vivemos, são raros os eventos que podem efetivamente ser considerados imprevisíveis. Dessa sorte, a interpretação dessa regra de modo literal acarretará enorme dificuldade de sua aplicação, não atingindo a finalidade pretendida pelo legislador. Assim, a inclusão desse pressuposto na norma civilista tem sido objeto de contestação por parte da doutrina, para a qual o Código Civil adotou teoria já ultrapassada[11].

Assim, esse pressuposto não pode ser aplicado de modo literal, pois possibilitaria que situações de extremo desequilíbrio permanecessem inalteradas, o que seria uma afronta aos princípios sociais do contrato (principalmente o princípio referente a sua função social).

Para solucionar essa questão, com visão mais moderna do elemento relativo à imprevisibilidade, recorremos às lições de Rodolfo SACCO e Giorgio DE NOVA, para quem o imprevisível *é aquilo que não pode ser legitimamente esperado pelas partes, de acordo com a sua justa expectativa*[12]-[13].

Entretanto, a interpretação como antes defendida não é unânime e, certamente, não serve como solução definitiva para questão. Por esse motivo, alguns doutrinadores

---

10. Vide TEPEDINO, Gustavo. BARBOSA, Heloísa Helena. MORAES, Maria Celina Bodin de (Coord.). *Código Civil Interpretado conforme a Constituição da República*. Rio de Janeiro: Renovar, 2006. v. II, p. 131.
11. "A resolução por onerosidade excessiva só pode ser pleiteada se tiver como causa acontecimentos extraordinários e imprevisíveis. Adotando, assim, a teoria da imprevisão, já ultrapassada, pois a modificação ou a resolução devem ser possíveis não por fatos tão incomuns, mas por fatos supervenientes – estranhos ao contrato e que o tornem impraticáveis. Os atos podem ser até previsíveis, mas, ao mesmo tempo, tornam a prestação excessivamente onerosa". LOPEZ, Teresa Ancona. Princípios contratuais. In: FERNANDES, Wanderley (Coord.). *Contratos empresariais. Fundamentos e princípios dos contratos empresariais*. São Paulo: Editora Saraiva, 2007, p. 35.
12. SACCO, Rodolfo. NOVA, Giorgio de. *Il Contratto*. Milano: UTET. 1996, t.2, p. 675.
13. Ainda sobre a questão da imprevisibilidade e seus efeitos no contrato, Ruy Rosado de Aguiar Junior destaca o seguinte: "É provável que o acontecimento futuro que, presentes as circunstâncias conhecidas, ocorrerá, certamente, conforme o juízo derivado da experiência. Não basta que os fatos sejam possíveis (a guerra, a crise econômica sempre são possíveis), nem mesmo certos (a morte). É preciso que haja notável probabilidade de que um fato, com seus elementos, atuará eficientemente sobre o contrato, devendo o conhecimento das partes incidir sobre os elementos essenciais desse fato e da sua força de atuação sobre o contrato." AGUIAR JUNIOR, Ruy Rosado. *Extinção dos contratos por incumprimento do devedor*. 2. ed. Rio de Janeiro: Aide, 2003, p. 155.

defendem que esse pressuposto deveria simplesmente ser eliminado do diploma legal. Álvaro Villaça Azevedo sustenta que basta ocorrer o desequilíbrio contratual, independentemente de ser causada por fato imprevisível, para a revisão ou resolução do contrato por onerosidade excessiva. Para ele, o direito não suporta o enriquecimento sem causa, independentemente do motivo, e sugere a eliminação desse pressuposto para a resolução ou revisão dos contratos por onerosidade excessiva[14].

4. UMA "NOVA" CATEGORIA CONTRATUAL: A CARACTERIZAÇÃO DOS CONTRATOS EMPRESARIAIS

A discussão a respeito da *fragmentação da Teoria Geral dos Contratos* – i.e., a compreensão de que não se está mais diante de um conceito unitário de contrato, admitindo regramento único que abarque todas as relações contratuais, mas, sim, de um regramento *fragmentado*, com princípios e regras distintos para distintas *categorias contratuais* – não é recente, remontando, em sua vertente brasileira mais atual, ao menos à década de 1990, em razão do advento do Código de Defesa do Consumidor[15].

A partir de então, passaram a surgir constantes referências em sede doutrinária no sentido de que a Teoria Geral dos Contratos não poderia mais ser abordada de maneira *unitária*, como se houvesse um único conjunto inflexível de regras e princípios aplicável de maneira idêntica a todos os possíveis arranjos contratuais[16].

Muito embora o texto do Código Civil de 2002 – promovedor da chamada *unificação do direito das obrigações* ao revogar as disposições especiais que, até então, havia no Código Comercial de 1850 – não faça qualquer distinção de tratamento entre a qualificação das partes contratantes para a aplicação das disposições referentes ao direito dos contratos, verifica-se que a discussão a respeito da *fragmentação contratual* continuou acirrada mesmo após o seu advento.

Embora não haja unidade doutrinária em relação a *como* a Teoria Geral dos Contratos se encontra *fragmentada*, parece estar se tornando cada vez mais assente a compreensão de que – quer por critérios de Justiça, quer por razões de segurança, previsibilidade e

---

14. Vide, AZEVEDO, Álvaro Villaça. Extinção dos contratos por onerosidade excessiva e inaplicabilidade da teoria da imprevisão. *Revista do Advogado* n. 116. AASP. São Paulo. 2012.

15. Conjunto normativo que, num primeiro momento, foi visto por alguns doutrinadores mais extremados como o "código central do direito privado brasileiro, com importância muito superior ao velho Código Civil e a todo o direito civil construído pela doutrina e jurisprudência nos últimos cem anos." (AZEVEDO, Antonio Junqueira de. Parecer. Relação jurídica que não é de consumo. Destinatário final. Cláusula abusiva. *Estudos e Pareceres de Direito Privado*. São Paulo: Saraiva, 2004, p. 228). Tal maximização da incidência do Código de Defesa do Consumidor (com uma compreensão *unitarista da Teoria Geral dos Contratos*) criou, evidentemente, uma série de percalços para a satisfação do crédito, como bem reconhecido no voto do Min. Carlos Alberto Menezes Direito: "Na realidade, o que ocorreu no Brasil, ao longo do tempo, e isso não é um fenômeno isolado, é que maximizamos, no primeiro momento, a proteção ao devedor e olvidamos a proteção ao credor. O débito passou a ser mais importante que o crédito, gerando, evidentemente, enorme conflito de natureza econômica." (STJ; MC n6358/SP; Rel. Min. Nancy Andrighi; J. 11.04.2003).

16. Admitindo a fragmentação da Teoria Geral dos Contratos – embora nenhum dos autores citados nesta nota aluda expressamente à categoria dos contratos empresariais –, cfr. Cristiano de Sousa ZANETTI, *Direito contratual contemporâneo*: a liberdade contratual e sua fragmentação. São Paulo: Método, 2008, p. 272; Paulo NALIN, *Do contrato*: conceito pós-moderno. Curitiba: Juruá, 2008, p. 251-252 e NEGREIROS, Teresa. *Teoria dos contratos*: novos paradigmas. Rio de Janeiro: Renovar, 2002, p. 295.

eficiência da circulação de bens – não se pode tratar de maneira igualitária contratos destinados a regular operações econômicas empresariais e outros em que essa característica não se encontra presente[17].

Apesar da popularização dessa compreensão – identificável, p. ex., pelo aumento de referências à expressão "contratos empresariais", "contratos entre empresas" e "contratos interempresariais" em sede doutrinária e jurisprudencial –, não se identifica uma *unidade* na conceituação doutrinária dos ditos contratos empresariais.

Num primeiro momento – em especial por conta da redação do art. 191 do revogado Código Comercial, que qualificava como *mercantil* o contrato de venda e compra em que "contanto que nas referidas transações o comprador ou vendedor seja comerciante" – sobressaiu, para a qualificação dos contratos mercantis (posteriormente denominados *empresariais*) meramente o aspecto subjetivo, qual seja, aquele atinente à *qualidade das partes contratantes*[18].

Num segundo momento, aspectos mais objetivos – especialmente aqueles relacionados à *função* ou ao *fim da contratação* – passaram a ser igualmente aventados como definidores da categoria de contratos empresariais.

Para parcela da doutrina privatista nacional, o caráter determinante para a distinção dos contratos empresariais (também denominados, para tais doutrinadores, como *contratos de lucro*) é não exatamente o aspecto subjetivo (i.e., aquele às pessoas contratantes), mas, sim, o aspecto objetivo, qualificado como sendo o *escopo compartilhado, pelas partes contratantes, de obtenção de lucro*[19].

Essa delimitação permite estender a qualificação de contratos empresariais (ou *de lucro*) para casos em que uma das partes, embora não exerça atividade empresária regularmente, pretenda, *naquela oportunidade específica*, obter lucros por meio da contratação (admitindo-se, assim, que os contratos empresariais sejam aqueles celebrados não apenas por quem *é empresário*, mas também por aquele que, numa alegoria, *estaria momentaneamente atuando como se empresário fosse*).

Já para outra parcela da doutrina nenhum dos aspectos (subjetivo ou objetivo) é suficiente para, isoladamente, qualificar a categoria, só se estando diante de um verdadeiro contrato empresarial qual *ambos* os aspectos estiverem conjugados. Assim, segundo essa linha de raciocínio por nós esposada, são contratos empresariais aqueles celebrados *entre empresários* (i.e., aqueles contratos nos quais *todas* as partes contratantes são em-

---

17. Hugo Tubone YAMASHITA, *Contratos interempresariais*: alteração superveniente das circunstâncias fáticas e revisão contratual. Curitiba: Juruá, 2015, p. 43.

18. FORGIONI, Paula A. *Contratos empresariais*: teoria geral e aplicação. 4. ed. São Paulo: Ed. RT, 2019, p. 28.

19. Nesse sentido, cfr. AZEVEDO, Antonio Junqueira de. Relatório brasileiro sobre revisão contratual apresentado para as Jornadas Brasileiras da Associação Henri Capitant. *Novos Estudos e Pareceres de Direito Privado*. São Paulo: Saraiva, 2009, p.186; GOMES, Orlando. *Contratos*. 26. ed. atual. por Antonio Junqueira de Azevedo e Francisco Paulo De Crescenzo Marino. Rio de Janeiro: Forense, 2007, p. 100 (nota dos atualizadores) e MORSELLO, Marco Fábio. Contratos existenciais e de lucro. Análise sob a ótica dos princípios contratuais contemporâneos. In: LOTUFO, Renan e outros (Coord.). *Temas relevantes do direito civil contemporâneo*: reflexões sobre os 10 anos do Código Civil. São Paulo: Atlas, 2012, p. 298.

presárias) e que são assim celebrados com o a *função de fazer circular fatores de produção ou objetos de empresa*[20]-[21].

De um lado, o aspecto subjetivo exigido é o *exercício habitual, em caráter profissional, da atividade empresarial*, o qual é previsto no art. 966, *caput,* do CC como qualificador da própria figura do empresário ("[c]onsidera-se empresário quem exerce *profissionalmente* atividade econômica organizada para a produção ou a circulação de bens ou de serviços")[22].

Da exigência desse exercício habitual, em caráter profissional, de determinada atividade empresarial, dessume-se que o empresário conhece as particularidades do mercado em que atua, sendo, consequentemente, provido dos conhecimentos necessários para a realização dos atos atinentes a tal atividade[23]. Trata-se, portanto, de uma parte contratual *experimentada e apta a assumir os riscos inerentes à atividade exercida.*

Tem-se, assim, nos contratos interempresariais, o que se chama de *partes sofisticadas*[24] – dotadas não apenas de conhecimentos específicos sobre a matéria que será objeto da contratação, mas também presumivelmente dotadas de uma particular capacidade de negociação que, via de regra, não as coloca em estado de sujeição em relação à contraparte – em ambos os polos da contratação.

É justamente essa *sofisticação das partes* contratantes que permitirá, como abaixo se verá, uma menor intervenção jurisdicional sobre os contratos celebrados entre empresários, privilegiando-se, dessa maneira, as disposições voluntariamente estabelecidas pelas partes contratantes no que se refere à alocação de riscos atinentes à operação econômica subjacente à contratação[25].

---

20. ZANCHIM, Kleber Luiz. *Contratos empresariais*. São Paulo, Quartier Latin, 2012, p. 71. No mesmo sentido, cfr. MIGUEL, Paula Castello. *Contratos entre empresas*. São Paulo: Ed. RT, 2006, p. 61 e YAMASHITA, Hugo Tubone. *Contratos interempresariais*: alteração superveniente das circunstâncias fáticas e revisão contratual. Curitiba: Juruá, 2015, p. 44045.

21. Em sentido que apenas é *aparentemente* assemelhado (porque *textualmente* invoca ambos os aspectos – um subjetivo e um objetivo – para a qualificação dos contratos empresariais), Haroldo M. D. VERÇOSA sustenta que os contratos empresariais podem ser assim qualificados ainda que uma das partes contratantes *não seja um empresário no exercício de sua atividade empresarial*, desde que a contraparte contratante não seja um consumidor (*Contratos mercantis e a teoria geral dos contratos*. São Paulo: Quartier Latin, 2010, p. 25). Ao que nos parece, além de subverter o aspecto subjetivo (porque abarca no mesmo conceito contratos celebrados *entre empresários* e contratos celebrados *com empresários*), tal caracterização alude apenas textualmente ao aspecto objetivo, vez que, se uma das partes contratantes *não é um empresário no exercício de sua atividade empresarial,* o contrato celebrado por ela não atenderá à função típica dos contratos empresariais, que é a de promover a circulação de fatores de produção ou de objetos de empresa. Sobre a distinção entre contratos *entre empresários* e *com empresário*, cfr. FORGIONI, Paula A. *Contratos empresariais*: teoria geral e aplicação. 4. ed. São Paulo: Ed. RT, 2019, p. 27-32.

22. Sobre a caracterização de empresário, atividade empresarial e sociedade empresária, cfr. ZANCHIM, Kleber Luiz. *Contratos empresariais*. São Paulo: Quartier Latin, 2012, p. 38-59.

23. YAMASHITA, Hugo Tubone. *Contratos interempresariais*: alteração superveniente das circunstâncias fáticas e revisão contratual. Curitiba: Juruá, 2015, p. 60.

24. Sobre o conceito de partes sofisticadas e a aplicação de tal conceito para justificar a fragmentação da Teoria Geral dos Contratos nos Estados Unidos da América, cfr. MILLER, Meredith. Contract Law, Party Sophistication and the New Formalism. *Missouri Law review*, v. 75, iss. 2, article 7, 2010 e MILLER, Meredith. Party Sophistication and Value Pluralism in Contract. *Touro Law Review*, v. 29, n. 3, article 10, 2013.

25. "Efetivamente, no Direito Empresarial, regido por princípios peculiares, como a livre iniciativa, a liberdade de concorrência e a função social da empresa, a presença do princípio da autonomia privada é mais saliente do que em outros setores do Direito Privado. O controle judicial sobre eventuais cláusulas abusivas em contratos empresariais é mais restrito do que em outros setores do Direito Privado, pois as negociações são entabuladas entre

De outro lado, o aspecto objetivo exigido é a *função típica* dos contratos empresariais, qual seja, a de promover a circulação de fatores de produção ou de objetos de empresa[26]. Dadas as características naturalmente atribuídas à atividade empresarial, a função típica dos contratos empresariais *sempre* envolverá a persecução de lucro.

Antes um desenvolvimento doutrinário, com reflexos na aplicação jurisprudencial, a categoria dos contratos empresariais passou a ser expressamente prevista no Código Civil com as modificações trazidas pela Lei 13.874/2019, popularmente denominada de Lei da Liberdade Econômica.

Na supra referida Lei, há menções expressas à categoria de contratos empresariais, contrapondo seu tratamento aos demais contratos, p. ex., no art. 3º, VIII (que dispõe sobre a garantia de que "o s negócios jurídicos empresariais paritários serão objeto de livre estipulação das partes pactuantes, de forma a aplicar todas as regras de direito empresarial apenas de maneira subsidiária ao avençado, exceto normas de ordem pública"), na redação atribuída ao novo art. 421-A, do Código Civil (que prevê, em seu *caput,* que "[o]s contratos civis e empresariais presumem-se paritários e simétricos até a presença de elementos concretos que justifiquem o afastamento dessa presunção, ressalvados os regimes jurídicos previstos em leis especiais [...]" e, em seus incisos, autoriza a regulamentação contratual de "pressupostos de revisão ou resolução", assegura a higidez das disposições contratuais que versem sobre "a alocação de riscos definida pelas partes" e garante que "a revisão contratual somente ocorrerá de maneira excepcional e limitada").

5. REVISÃO OU RESOLUÇÃO DE CONTRATOS EMPRESARIAIS EM DECORRÊNCIA DE ONEROSIDADE EXCESSIVA

Feita a distinção entre os demais contratos e aqueles celebrados *entre empresas*, há quem compreenda que estes, em princípio, estão sujeitos a um regime jurídico diferenciado dos demais contratos, em especial no que se refere à incidência dos chamados *princípios sociais* (a boa-fé objetiva, a função social do contrato e o equilíbrio contratual)[27].

Como defendido por parte da doutrina, os empresários são, em regra, são mais aptos a obter as informações necessárias para o bom desempenho de sua atividade e, portanto, *não deveriam* ser submetidos a um regime jurídico que se mostrasse *desnecessariamente protetivo*, eliminando, assim, os efeitos justamente deletérios do chamado *erro empre-*

---

profissionais da área empresarial, observando regras costumeiramente seguidas pelos integrantes desse setor da economia. Assim sendo, não poderia o Tribunal de origem, sem contrariar o disposto no art. 421 do Código Civil, combinado com o art. 54 da Lei 8.245/91, ter afastado a cláusula que previa o pagamento do aluguel, em dobro, no mês de dezembro, que é tradicional nesse tipo de contrato, tendo sido livremente pactuada entre as partes." (STJ; 3ª T.; RESP 1.409.849 / PR; Rel. Min. Paulo de Tarso Sanseverino; J. 20.04.2016).

26. Sobre a caracterização da função típica dos contratos empresariais, cfr. ZANCHIM, Kleber Luiz. *Contratos empresariais*. São Paulo: Quartier Latin, 2012, p. 85-87.

27. MORSELLO, Marco Fábio. Contratos existenciais e de lucro. Análise sob a ótica dos princípios contratuais contemporâneos. In: LOTUFO, Renan e outros (Coord.). *Temas relevantes do direito civil contemporâneo*: Reflexões sobre os 10 Anos do Código Civil. São Paulo: Atlas, 2012, p. 304. Nesse sentido, assim dispõe o Enunciado n. 21, das Jornadas de Direito Comercial: "Nos contratos empresariais, o dirigismo contratual deve ser mitigado, tendo em vista a simetria natural das relações interempresariais."

sarial[28]. Entende-se, assim, que os empresários não são vulneráveis, possuem melhor compreensão dos riscos envolvidos em suas operações e, portanto, não podem valer-se da proteção conferida por aludida norma[29].

Em particular para o que se refere ao tema do presente artigo, compreende-se que o princípio do equilíbrio contratual (ou *sinalagma*) encontra aplicação mitigada nos contratos empresariais, [i] praticamente suprimindo-se a possibilidade de incidência do instituto da lesão (em virtude da impossibilidade, ao menos em tese, de se verificar os requisitos subjetivos necessários para a caracterização vício de consentimento nos contratos celebrados *entre empresários*)[30] e [ii] se aplicando com *maior rigor* a possibilidade de revisão ou resolução dos contratos empresariais por onerosidade excessiva[31].

Nesse contexto, especialmente por conta da *sofisticação* que caracteriza as partes contratantes nos contratos empresariais, discute-se em que medida esses contratos seriam passíveis de suportar pleitos de revisão ou resolução por onerosidade excessiva, principalmente na forma prevista no art. 478 e seguintes do Código Civil (dispositivo que exige, como se expôs, o requisito da *imprevisibilidade* para justificar sua incidência).[32]-[33]

---

28. Como afirma Marco Fábio Morsello, "nas relações interempresariais a adoção do mesmo *standard* de proteção [aplicável aos contratos existenciais], seguramente, teria o condão de obstaculizar a célere circulação de bens e serviços e a riqueza proveniente da livre-iniciativa [...]." (Contratos existenciais e de lucro. Análise sob a ótica dos princípios contratuais contemporâneos. In: LOTUFO, Renan e outros (Coord.). *Temas relevantes do direito civil contemporâneo*: reflexões sobre os 10 Anos do Código Civil. São Paulo, Atlas, 2012, p. 306-307). No mesmo sentido, YAMASHITA, Hugo Tubone. *Contratos interempresariais*: alteração superveniente das circunstâncias fáticas e revisão contratual. Curitiba: Juruá, 2015, p. 56.
29. Nas eloquentes palavras de Antonio Junqueira de Azevedo, "[u]ma entidade jurídica empresarial ineficiente pode – ou até mesmo deve – ser expulsa do mercado, ao contrário da pessoa humana que merece proteção, por não ser 'descartável'". (ibidem, p. 185).
30. MORSELLO, Marco Fábio. Contratos existenciais e de lucro. Análise sob a ótica dos princípios contratuais contemporâneos. In: LOTUFO, Renan e outros (Coord.). *Temas relevantes do direito civil contemporâneo*: reflexões sobre os 10 Anos do Código Civil. São Paulo: Atlas, 2012, p. 306.
31. GOMES, Orlando. *Contratos*. 26. ed. atual. por Antonio Junqueira de Azevedo e Francisco Paulo de Crescenzo Marino. Rio de Janeiro: Forense, 2007, p. 101 (nota dos atualizadores).
32. Nesse sentido, Kleber Luiz Zanchim sustenta que "[a] álea natural e a extraordinária dão a dimensão da previsibilidade dos fatos, cabendo os previsíveis na primeira e os imprevisíveis na última. Assim, a classificação dos fatos acaba por ser uma função da capacidade dos contratantes de 'vir antes' (= prever) deles, de se antecipar a eles, função esta que modifica referidas áleas de forma inversamente proporcional conforme a seguinte regra: quanto maior a capacidade, maior a amplitude da álea natural, e menor a amplitude da álea extraordinária. Em outras palavras, quanto mais as partes de um contrato podem prever eventos que afetem sua relação jurídica, menos fatos lhes serão extraordinários." (ibidem, p. 135-136).
33. Partindo das particularidades dos contratos empresariais, o Superior Tribunal de Justiça já teve a oportunidade rejeitar pleito de resolução por onerosidade excessiva, compreendendo justamente não se estar diante de fatos imprevistos pelas partes contratantes: "Direito empresarial. Contratos. Compra e venda de coisa futura (soja). Teoria da imprevisão. Onerosidade excessiva. Inaplicabilidade. 1. Contratos empresariais não devem ser tratados da mesma forma que contratos cíveis em geral ou contratos de consumo. Nestes admite-se o dirigismo contratual. Naqueles devem prevalecer os princípios da autonomia da vontade e da força obrigatória das avenças. 2. Direito Civil e Direito Empresarial, ainda que ramos do Direito Privado, submetem-se a regras e princípios próprios. O fato de o Código Civil de 2002 ter submetido os contratos cíveis e empresariais às mesmas regras gerais não significa que estes contratos sejam essencialmente iguais. 3. O caso dos autos tem peculiaridades que impedem a aplicação da teoria da imprevisão, de que trata o art. 478 do CC/2002: (i) os contratos em discussão não são de execução continuada ou diferida, mas contratos de compra e venda de coisa futura, a preço fixo, (ii) a alta do preço da soja não tornou a prestação de uma das partes excessivamente onerosa, mas apenas reduziu o lucro esperado pelo produtor rural e (iii) a variação cambial que alterou a cotação da soja não configurou um acontecimento extraordinário e imprevisível, porque ambas as partes contratantes conhecem o mercado em que atuam, pois são profissionais do ramo e sabem que tais flutuações são possíveis. 4. Recurso especial conhecido e provido". (STJ. Recurso Especial 936.741/GO. Relator: Ministro Antonio Carlos Ferreira. J. 03.11.2011).

A discussão ganha contornos atualíssimos por conta das supra citadas inserções promovidas pela Lei da Liberdade Econômica (em especial no novo art. 421-A do Código Civil) e, ainda, daquelas previstas no texto original da Lei 14.010/2020, instituidora do Regime Jurídico Emergencial e Transitório das relações jurídicas de Direito Privado (RJET) no período da pandemia do coronavírus, objeto de veto do presidente da república.

De um lado, o novo art. 421-A do Código Civil autoriza, em inciso I, que as partes contratantes estabeleçam "pressupostos de revisão ou resolução" – criando critérios contratuais para a modificação das obrigações, ou, ainda, para a resolução do contrato, o que, nos contratos referentes às operações de *M & A*, costuma ser objeto das chamadas cláusulas *MAC (material adverse change)*[34] – e, em seu inciso III, estabelece que os contratos empresariais serão objeto de revisão apenas em caráter excepcional e limitado, estabelecendo, portanto, restrições tanto no âmbito vertical quanto no horizontal no que se refere à revisão contratual[35].

De outro lado, os arts. 6º e 7º da Lei 14.010/2020 (ambos, insista-se, objeto de veto presidencial) previam que, para os fins de revisão ou resolução dos contratos, "[a]s consequências decorrentes da pandemia do coronavírus (Covid-19) [...] não" teriam "efeitos jurídicos retroativos" (de modo a não se justificar pleitos de modificação do equilíbrio contratual fundados em fatos *pretéritos* àqueles atinentes à pandemia) e que "[n]ão se" considerariam "fatos imprevisíveis, para os fins exclusivos dos arts. 317, 478, 479 e 480 do Código Civil, o aumento da inflação, a variação cambial, a desvalorização ou a substituição do padrão monetário" (dispositivo que, se houvesse entrado em vigor, poderia ter sido utilizado justamente para *afastar* pleitos de revisão contratual que, baseados na pandemia, partissem, concretamente, de algumas de suas consequências macroeconômicas, como a desvalorização do padrão monetário ou o aumento da inflação).

Conquanto o veto aos arts. 6º e 7º da Lei 14.010/2020 tenha impedido a entrada em vigor de tais dispositivos – tornando, consequentemente, despiciendo o aprofundamento das discussões a respeito da amplitude da restrição contemplada no art. 7º –, os incisos I e III do art. 421-A, do CC, encontram-se plenamente em vigor, o que impacta diretamente a discussão a respeito da possibilidade de revisão e resolução dos contratos empresariais, considerando, ou não, os fatores decorrentes da pandemia do coronavírus.

Ainda que seja possível admitir que os contratos empresariais estejam sujeitos a um regime jurídico próprio, excluir a possibilidade de revisão ou resolução dos contratos empresariais com base na teoria da onerosidade excessiva parece injustificado. O nosso sistema normativo, principalmente em razão dos princípios sociais, não admite o desequilíbrio contratual decorrente de fatores externos e imprevisíveis, bem como também veda o enriquecimento sem causa, institutos esses que podem ser invocados independentemente da qualificação das partes.

---

34. Sobre o tema, cfr. Pedro Santos CRUZ. A cláusula MAC (Material Adverse Change) em contratos de M&A no direito comparado (EUA e Reino Unido). *Revista de Direito Bancário e do Mercado de Capitais*, v. 45, jul.-set./2009, p. 149-182.

35. Sobre o tema, cfr. RODRIGUES JR., Otavio Luiz; LEONARDO; Rodrigo Xavier PRADO, Augusto Cézar Lukascheck. A Liberdade contratual e a função social do contrato – Alteração do Art. 421-A do Código Civil. In: MARQUES NETO, Floriano Peixoto e outros (Org.). *Comentários à Lei da Liberdade Econômica*: Lei 13.874/2019. São Paulo: Ed. RT, 2019, p. 309-325.

Somado a tal argumento, obrigar a parte prejudicada ao cumprimento de um contrato desequilibrado – que lhe traz prejuízo e, em alguns casos, pode comprometer sua vida empresaria (afetando, consequentemente, os empregos que ela gera, as receitas de seus fornecedores, a circulação de suas mercadorias ou a prestação de seus serviços, entre outros) – simplesmente em razão de sua qualificação, pode caracterizar desrespeito ao princípio da função social do contrato.

Assim, a questão referente à menor interferência externa nos contratos empresarias, pelo menos no que se refere à sua revisão ou resolução em decorrência da teoria da imprevisão, não está relacionada a um regime especial ao qual esses contratos eventualmente estejam sujeitos. Pelo contrário, sob esse aspecto, os contratos empresariais estão sujeitos ao mesmo regime aplicados aos demais, tal como estabelecido na legislação civilista.

Apesar disso, em que pese o quanto antes ponderado e com base no princípio constitucional da isonomia e no princípio civilista da boa-fé objetiva, pode-se sim admitir que os contratos empresariais estejam sujeitos a uma *análise mais rigorosa* com relação à comprovação da existência ou não dos requisitos necessários para a revisão ou resolução com fundamento na onerosidade excessiva, em especial no que se refere à *previsibilidade dos fatos invocados como causa para a revisão ou resolução contratual*. A análise do caso concreto para aplicação ou não dessa regra é altamente subjetiva, porém, a própria lei, somada aos ensinamentos doutrinários e jurisprudenciais, traz elementos para avaliar a aplicação da regra caso a caso.

Não devem ser revistos ou resolvidos, por exemplo, os contratos cujo risco havia sido admitido pelas partes contratantes, ou ainda aqueles em que o risco faz parte do escopo da própria contratação, visto que esse instituto jurídico não pode ser utilizado como forma de minimizar o risco do empresariado, sob pena de se contrariar o princípio da boa-fé objetiva[36].

Nesta linha de raciocínio, ao se tratar dos contratos empresariais, a questão principal está na análise dos riscos assumidos pelas partes, se o evento relatado se insere ou não nos riscos do negócio, e, ainda, se os efeitos do evento podem ser considerados dentro de parâmetro razoável para aquelas circunstâncias (dentro ou não da álea contratual). Toda essa análise – que envolve a apreciação do *contexto contratual,* muito além daquilo que consta do texto dos instrumentos escritos – deverá ser feita de modo criterioso pelo

---

36. "Sabemos que interpretar um contrato entre fornecedor e distribuidor é diferente de interpretar uma doação do pai para a filha que vai se casar. Ou ainda que o método de exegese de um testamento diverge daquele dos contratos que corporificam uma grande fusão. É mesmo evidente que os negócios mercantis merecem tratamento interpretativo, diverso daqueles reservados às relações entre fornecedores e consumidores, pois estas últimas obedecem a princípios que não podem ser aplicados aos vínculos entre empresários, sob pena de introduzirmos no corpo do direito comercial um inadequado "consumerismo" fadado à rejeição. Portanto, a interpretação do negócio comercial, do ponto de vista do mercado, não pode desconsiderar que: a) segurança e previsibilidade são necessárias para garantir a fluência de relação no mercado; b) os textos normativos devem permitir adequada equação entre necessidade de segurança/previsibilidade e adaptação/flexibilização do direito; c) ao Estado, enquanto agente implementador de políticas públicas, há de ser assegurado o poder de intervenção sobre o mercado, editando normas que estabeleçam o que é lícito e o que é ilícito; d) a força normativa dos usos e costumes deve ser adequada ao interesse público; e) os usos e costumes são fontes de direito comercial; a racionalidade econômica dos agentes não pode ser desconsiderada pelo direito estatal, ainda que determinado ato (praticado com essa racionalidade) venha ser considerado ilícito." FORGIONI, Paula Andrea. Interpretação dos negócios empresariais. In FERNANDES, Wanderley (Coord.). *Contratos empresariais*. Fundamentos e princípios dos contratos empresariais. São Paulo: Saraiva, 2007, p. 108-109.

julgador, considerando o conteúdo probatório e fático para verificar se estão ou não presentes os requisitos que dão ensejo à revisão ou resolução por onerosidade excessiva[37].

Especificamente no que se refere à alteração de circunstâncias decorrentes dos impactos econômicos da pandemia de coronavírus, têm-se, então, duas ordens de fatores que conduzem à conclusão de que, ordinariamente, não se dará a aplicação da excessiva onerosidade, especialmente sob a luz do art. 478 do Código Civil.

De um lado, como acima apontado, a incidência do art. 478 do Código Civil exige *duplo aspecto* para a caracterização do desequilíbrio contratual: não basta que a obrigação assumida pelo devedor tenha se tornado *excessivamente onerosa*, sendo imprescindível que, em razão dos mesmos fatos supervenientes, o benefício a ser auferido pelo credor tenha sido agregado de *extrema vantagem*.

Justifica-se, assim, a incidência do art. 478 do Código Civil quando, em razão da ocorrência de fatos particulares, supervenientes e imprevisíveis, *uma parte ganhe e a outra perca*, cenário este que, no ordinário das relações contratuais, *não acontecerá* em razão dos impactos decorrentes da pandemia de coronavírus.

Com a pandemia, tem-se, no ordinário das relações contratuais, um contexto particularmente deletério, em que *todos perdem*, o que inviabiliza a incidência do supra mencionado art. 478 do Código Civil[38]-[39].

De outro lado, mesmo no que se refere ao art. 317 do Código Civil – dispositivo legal cuja incidência além das obrigações pecuniárias *não* é unanimidade em sede doutrinária –, sua aplicação ao caso prático exige "desproporção manifesta entre o valor da prestação devida e o do momento de sua execução", adotando, como critério norteador da aferição dessa desproporção, o "valor real da prestação".

Inegavelmente, a aferição do "valor real da prestação" enfrentará problemas marcantes durante o período em que perdurarem os efeitos mais gravosos da pandemia de

---

37. Neste sentido, vide COGO, Rodrigo Barreto. *A frustração do fim do contrato*. Rio de Janeiro: Renovar, 2012, p.281-290.

38. Nesse contexto, cfr. o parecer elaborado por Judith Martins-Costa em benefício da Associação Brasileira de Shopping Center (ABRASCE), em especial os itens 51 a 69.

39. Em sede jurisprudencial, já se teve a oportunidade de pontuar exatamente este aspecto, rejeitando-se, ainda que em análise superficial, o pleito de revisão contratual: "Agravo de instrumento. Ação revisional de aluguel. Locação residencial. Tutela de urgência. Locatária alega piora na sua condição financeira em decorrência da pandemia da Covid-19 e requer diminuição de 50% do valor do locatício de abril até dezembro de 2020. Probabilidade do direito. Em que pese a demonstração da precária situação financeira da agravante, a alteração nas condições financeiras de uma das partes de contrato, ainda que em decorrência de evento imprevisível, não importa em automática diminuição do valor do locatício. Inaplicabilidade da Teoria da Imprevisão (art. 317) ao caso dos autos. Alteração subjetiva do contrato que não importa necessariamente desproporcionalidade no valor do locatício cobrado. Eventual depreciação no valor do aluguel, tendo em vista a crise econômica, que deverá ser demonstrada em dilação probatória ou, ao menos, após oitiva da parte contrária. Onerosidade excessiva do adimplemento contratual que não importa vantagem desproporcional ao locador. Crise econômica decorrente da pandemia que é generalizada e atinge também o locador. Eventual demonstração de vantagem excessiva ao locador que dependerá do efetivo contraditório. Perigo de dano. Presente o requisito do perigo de dano, tendo em vista a iminência da mora da recorrente e eventual ajuizamento de ação de cobrança. Contudo, este requisito, sozinho, não tem o condão de permitir a concessão da tutela de urgência pleiteada. Composição amigável. A composição de interesses amigável e extrajudicial é a melhor solução vislumbrada por este Órgão Jurisdicional, tendo em vista que imprescindível para evitar a resolução do contrato locatício. Negado provimento." (TJSP; 25ª Câm. de Dir. Priv.; AI 2152679-53.2020.8.26.0000; Rel. Des. Hugo Crepaldi; J. 28.07.2020).

coronavírus, especialmente pela falta de bases mais concretas de comparação para que se possa, com segurança e precisão, indicar qual é esse "valor real".

Nesse contexto, a solução pela revisão da obrigação de uma das partes, em detrimento da outra, sem que seja possível aferir precisamente seu "valor real" poderia significar o repasse integral dos efeitos deletérios decorrentes da pandemia a uma das partes contratantes, o que, em vez de assegurar o equilíbrio contratual, poderia simplesmente promover *novo – e talvez ainda mais severo – desequilíbrio*.

Assim sendo, considerando-se as dificuldades naturais de se promover a revisão ou resolução de contratos empresariais com fundamento na onerosidade excessiva, recomenda-se, como linha de atuação pragmática, que todo e qualquer pleito seja precedido de efetiva tentativa de renegociação das bases contratuais, em estrito atendimento ao *ônus de negociação*[40].

Trata-se de providência que, ao mesmo tempo, observa os *standards* de conduta decorrentes do princípio da boa-fé objetiva e assegura ao menos uma tentativa efetiva das partes contratantes de promover a conservação do contrato, sem a necessidade de outorga de uma solução por via heterocompositiva (o que, no contexto de pandemia, pode *desatender* a ambas as partes contratantes).

6.   REFERÊNCIAS

AGUIAR JUNIOR, Ruy Rosado. *Extinção dos Contratos por Incumprimento do Devedor*. 2. ed. Rio de Janeiro: Aide, 2003.

AGUIAR JUNIOR, Ruy Rosado. Extinção dos contratos. In: FERNANDES, Wanderley (Coord.). *Contratos empresariais*. Fundamentos e princípios dos contratos empresariais. São Paulo: Saraiva, 2007.

AZEVEDO, Álvaro Villaça. Extinção dos contratos por onerosidade excessiva e inaplicabilidade da teoria da imprevisão. *Revista do Advogado*, n. 116. AASP. São Paulo. 2012.

AZEVEDO, Antonio Junqueira de. Relatório brasileiro sobre revisão contratual apresentado para as Jornadas Brasileiras da Associação Henri Capitant. *Novos Estudos e Pareceres de Direito Privado*. São Paulo: Editora Saraiva, 2009.

COGO, Rodrigo Barreto. *A frustração do fim do contrato*. Rio de Janeiro: Renovar, 2012.

CRUZ, Pedro Santos. A cláusula MAC (Material Adverse Change) em contratos de M&A no Direito Comparado (EUA e Reino Unido). *Revista de Direito Bancário e do Mercado de Cápitais*, v. 45, jul.--set./2009, p. 149/182.

FILOMENO, José Geraldo Brito; e outros. *Código Brasileiro de Defesa do Consumidor*. 7. ed. São Paulo: Forense Universitária, 2001.

FORGIONI, Paula Andrea. *Contratos empresariais*: teoria geral e aplicação. 4. ed. São Paulo: Ed. RT, 2019.

FORGIONI, Paula Andrea. Interpretação dos negócios empresariais. In: FERNANDES, Wanderley (Coord.). *Contratos empresariais*. Fundamentos e princípios dos contratos empresariais. São Paulo: Saraiva, 2007.

FRANTZ, Laura Coradini. *Revisão dos Contratos*. São Paulo: Saraiva, 2007.

---

40. Sobre o tema, SCHREIBER, Anderson, *Equilíbrio contratual e dever de renegociar.* São Paulo: Saraiva, 2018.

GOMES, Orlando. *Contratos*. 26. ed., atual. por Antonio Junqueira de Azevedo e Francisco Paulo de Crescenzo Marino. Rio de Janeiro: Forense, 2007.

LOPEZ, Teresa Ancona. Princípios contratuais. In: FERNANDES, Wanderley (Coord.). *Contratos empresariais*. Fundamentos e princípios dos contratos empresariais. São Paulo Saraiva, 2007.

MARTINS-COSTA, Judith. *Comentários ao Novo Código Civil*. 2. ed. Rio de Janeiro: Editora Forense, 2005. v. 5, t. I.

MIGUEL, Paula Castello. *Contratos entre empresas*. São Paulo: Ed. RT, 2006.

MILLER, Meredith. Contract Law, Party Sophistication and the New Formalism. *Missouri Law Review*, v. 75, iss. 2, article 7, 2010.

MILLER, Meredith. Party Sophistication and Value Pluralism in Contract. *Touro Law Review*, v. 29, n. 3, article 10, 2013.

MORSELLO, Marco Fábio. Contratos existenciais e de lucro. Análise sob a ótica dos princípios contratuais contemporâneos. In: LOTUFO, Renan e outros (Coord.). *Temas Relevantes do Direito Civil Contemporâneo*: Reflexões sobre os 10 Anos do Código Civil. São Paulo: Atlas, 2012.

NALIN, Paulo. *Do contrato*: conceito pós-moderno. Curitiba: Juruá, 2008.

NEGREIROS, Teresa. *Teoria dos contratos*: novos paradigmas. Rio de Janeiro: Renovar, 2002.

SACCO, Rodolfo. NOVA, Giorgio de. *Il Contratto*. Milano: UTET. 1996. t.2.

SCHREIBER, Anderson. *Equilíbrio contratual e dever de renegociar*. São Paulo: Saraiva, 2018.

TEPEDINO, Gustavo. BARBOSA, Heloísa Helena. MORAES, Maria Celina Bodin de (Coord.). *Código Civil interpretado conforme a Constituição da República*. Rio de Janeiro: Renovar, 2006. v. II.

THEODORO JUNIOR, Humberto. *O contrato e sua função social*. 4. ed. Rio de Janeiro: Forense, 2014.

VERÇOSA, Haroldo Malheiros Duclerc. *Contratos mercantis e a teoria geral dos contratos*. São Paulo: Quartier Latin, 2010.

WALD, Arnoldo. *Direito das obrigações e teoria geral dos contratos*. 20. ed. São Paulo: Saraiva, 2011.

YAMASHITA, Hugo Tubone. *Contratos interempresariais*: alteração superveniente das circunstâncias fáticas e revisão contratual: Curitiba: Juruá, 2015.

ZANCHIM, Kleber Luiz. *Contratos empresariais*. São Paulo: Quartier Latin, 2012.

ZANETTI, Cristiano de Sousa. *Direito contratual contemporâneo*: a liberdade contratual e sua fragmentação. São Paulo: Método, 2008,

O *HOME OFFICE* E A UBERIZAÇÃO DO TRABALHO. NOVOS RUMOS DAS RELAÇÕES DE TRABALHO DESPERTADOS PELA PANDEMIA DO CORONAVIRUS

Raimundo Dantas

Professor universitário e advogado em São Paulo.

Sumário: 1. Novos rumos das relações de trabalho pós-pandemia. 2. O trabalho *home office*. 3. Fato social e relações de trabalho. 4. A lei trabalhista brasileira e sua reforma (2017) – O teletrabalho. 5. Medida Provisória 927/2020. 6. A uberização do trabalho.

1. NOVOS RUMOS DAS RELAÇÕES DE TRABALHO PÓS-PANDEMIA

O estado de pandemia que vivemos nestes novos anos vinte, decorrente do coronavírus tem balançado as estruturas das relações de trabalho e sua aparente rigidez normativa.

Será o prenúncio ou consagração de uma revolução em torno das relações de trabalho?

É sentido, no âmbito dos que lidam com as relações de trabalho, processo de mudança nos paradigmas normativos que guiam estas relações quiçá por novos fatos sociais que, a exemplo da Primeira Revolução Industrial vivida no século XVIII, propõe agora, com a própria evolução de tal revolução novos enfoques legais a guiar esta relação.

Entre nós estas mudanças vem sendo sentidas mais intensamente desde a vigência da Lei 13.467, em novembro de 2017, sobretudo pela adoção de novos princípios diretivo normativos de que é exemplo a propagada "supremacia do negociado sobre o legislado", com a intenção de trazer para o âmbito privado, guiado pelos representantes sindicais, as normas trabalhistas.

Sob o manto da emergência e urgência que o estado de calamidade pública decorrente do vírus Corona nos impôs, uma nova ordem legal se apresentou, a partir de sucessivas edições de medidas provisórias que atingiram estas relações, em especial, como também atingiu o comportamento social, de que não escaparam, por exemplo, os motoboys e entregadores, apontando para uma preocupação social latente desta modalidade de trabalho por aplicativos, denunciando a gritante precarização do trabalho.

Neste sentido é que focamos nosso trabalho, nesta obra coletiva que quer avaliar aspectos jurídicos em diversos campos, a partir de dois exemplos: o trabalho home office que, ao que parece, se apresenta com intenção de permanência e o olhar, ainda que incipiente, sobre o trabalho por aplicativos.

2. O TRABALHO *HOME OFFICE*

A modalidade do trabalho remoto, desenvolvido a partir da própria casa do trabalhador, ao que se denomina "Home Office" vem movimentando os estudiosos do assunto, não só na esfera jurídico trabalhista, mas sob seus diversos aspectos impactados, especialmente em decorrência do estado de calamidade que experimentamos no primeiro semestre de 2020.

Saúde física e mental, arquitetura, engenharia, urbanismo, afinal são diversos os setores que têm interesse em examinar este fenômeno que, dizem, vem impactando fortemente a conduta das empresas, muitas delas se desfazendo de seus conjuntos de escritórios, deliberando por adotar de modo definitivo este modelo de trabalho dito remoto, transferindo para a casa de seu colaborador o espaço de convivência colaborativa que deve ser sua responsabilidade.

Do ponto de vista jurídico trabalhista brasileiro até pouco tempo atrás não tínhamos regulação alguma a respeito do tema, não que houvesse, também, qualquer proibição, mas até por conta da cultura própria destas relações, em que imperava – e ainda impera – fortemente a subordinação, de que a fiscalização é elemento caracterizador, não se concebia a possibilidade de desenvolvimento das tarefas no ambiente doméstico do trabalhador.

É verdade que algumas empresas, com alguns de seus colaboradores já adotavam tal regime, mesmo que alijado de norma jurídica que regulasse a questão.

Entre nós, em se tratando de relação de emprego, que por definição legal afasta as relações autônomas de prestação de serviços e abarca as relações de trabalho habitual, pessoal e subordinado, neste último requisito residindo a direção, fiscalização e disciplinação, tudo como se extraem dos artigos 2º e 3º da CLT, é dever – e não mera opção – do empregador fiscalizar a jornada de trabalho, observado o que dispõe o artigo 74[1] da Consolidação das Leis do Trabalho.

Neste ponto particular da imposição de fiscalização de jornada, que se extrai pela redação do artigo 74 acima citado é de se ver que paira no ar um passo a mais para a flexibilização das normas trabalhistas, porquanto desde 20 de setembro de 2019, com a edição da Lei 13.874, viu-se reescrito o referido artigo celetista, notadamente quanto ao teor do seu parágrafo segundo, que afeta aqueles a quem a norma obriga a fiscalização de jornada.

A redação anterior do artigo em questão impunha a obrigação de anotação de jornada às empresas que contassem em seu estabelecimento com mais de dez empregados, valendo então dizer que empresas com até este número (dez empregados) estavam desobrigadas

---

1. Art. 74. O horário de trabalho será anotado em registro de empregados. (Redação dada pela Lei 13.874, de 2019)

   § 1º (Revogado).

   § 2º Para os estabelecimentos com mais de 20 (vinte) trabalhadores será obrigatória a anotação da hora de entrada e de saída, em registro manual, mecânico ou eletrônico, conforme instruções expedidas pela Secretaria Especial de Previdência e Trabalho do Ministério da Economia, permitida a pré-assinalação do período de repouso.

de qualquer exigência de anotação, agora com a vigência da Lei de 2019 o número foi elastecido para acima de vinte trabalhadores no estabelecimento.

Também, ainda no exame do tema do trabalho home office, é importante atentar-se ao artigo 4º. da mesma CLT cuja redação destaca ser considerado como de tempo efetivo de trabalho tanto aquele que o trabalhador executa suas tarefas como aquele tempo em que fica à disposição do empregador, ainda que aguardando suas designações.

Estas pontuações são importantes porque impactam a exata compreensão da questão atinente à jornada de trabalho e seu regime de duração, porquanto, em princípio, o trabalho desenvolvido remotamente, distante do olhar fiscalizador do empregador pode dificultar o acompanhamento do desenvolvimento de tais tarefas no horário contratualmente ajustado que, importante lembrar, tem limite estabelecido tanto na mesma Consolidação[2], como também na própria Constituição[3] da República, de oito horas diárias e quarenta e quatro semanais, sendo que o excesso a tais limites, acaso não se veja contratação de compensação, será tratado e remunerado como horas extraordinárias.

3. FATO SOCIAL E RELAÇÕES DE TRABALHO

Vale aqui relembrar que em épocas primevas, em que o trabalho era desenvolvido como ofício do artesão ou artífice, antes, portanto do advento da modernização que a Revolução Industrial produziu, o trabalhador era senhor de seu tempo e atividade, comumente desenvolvendo suas tarefas em ambiente comum, não se havendo distinção entre sua casa ou local de trabalho, sequer havendo mesmo norma legal protetiva ao trabalhador de qualquer espécie.

Tal distinção veio fortemente com a incrementação dos meios de produção em que oficinas eram locais mais apropriados para instalação das máquinas que o meio fabril despontava e depois, com a evolução do próprio modelo organizacional, a ver-se como tais o taylorismo, fordismo e toyotismo, sistemas a partir dos quais tinham como foco a melhor produtividade em menor tempo do uso da força humana[4].

Em dias atuais fala-se em quarta revolução industrial[5], sucessor daquela original em que a máquina a vapor e suas evoluções foram fontes primeiras do fenômeno social de que não escapou o trabalho, os meios de produção e, por conseguinte a efetividade e eficácia da maior e melhor produção.

---

2. Art. 58 da CLT.
3. Art. 7º, XIII da CR.
4. As referências aqui são à Henri Ford, importante industrial Americano, que conceituou em sua fábrica de automóveis em 1914 sistema de produção focado na maior eficiência produtiva, por escala, aplicando conceitos de outro norte Americano, Frederick Taylor, tido como "pai da administração científica". Já o Toyotismo se relaciona ao modelo da fábrica de automóveis Toyota, a partir de 1970, com foco na produção sob demanda e não mais focado na escala defendida no modelo antecedente, tornando o negócio mais produtivo porque propaga a não acumulação de produtos e matérias-primas.
5. Expressão atribuída à Klaus Schwab, diretor e fundador do Fórum Econômico Mundial, que afirma que a industrialização atingiu sua quarta fase, a partir da simbiose entre as máquinas e os processos digitais.

A atual revolução industrial, para alguns já na sua quinta fase[6], tem como pano de fundo o fenômeno técnico cibernético, que surge em auxilio às atividades quotidianas, desde as mais singelas, como, por exemplo, varrer a casa ou acender a luz, até mesmo as mais complexas com os robôs que substituem os trabalhadores em tarefas braçais, na construção de automóveis, por exemplo.

O exemplo acima da fábrica de automóveis robotizada pode nos parecer distante, como paradigma desta evolução tecnológica industrial, mas é muito representativo quando olhamos para as "maravilhas" da nanotecnologia que, a despeito de propiciar interações sociais inimagináveis, abrindo campo para um mundo de dimensão virtual nas relações pessoais, também permite vasto acesso para uso profissional, sobretudo em um modelo econômico fortemente prestigiado pelo setor de serviços.

É exatamente neste contexto da era nanotecnológica e de ampliação da chamada inteligência artificial e virtual que o modelo de trabalho atual se contextualiza, talvez a impor novos modelos de normatização das relações de trabalho, afinal foi em razão daquela primeira revolução industrial, com as "coisas novas"[7] que as nações se preocuparam em criar marcos legais regulatórios que prestigiassem, minimamente, o equilíbrio entre capital e trabalho.

Inegavelmente, com o deslocamento dos meios de produção, agora incrementado cada vez mais rápido pelas novas tecnologias, as relações de trabalho, mesmo que subordinadas, clamam por uma nova ordem paradigmática, o que, claro, não é o foco deste pequeno texto, mas é neste contexto que estas reflexões se inserem.

4. A LEI TRABALHISTA BRASILEIRA E SUA REFORMA (2017) – O TELETRABALHO

No Brasil, especificamente, as relações de trabalho são guiadas pela Consolidação das Leis do Trabalho, norma legal quase octogenária datada de maio de 1943, fortemente influenciada por normas estrangeiras erigidas no pulsar daquela primeira Revolução Industrial, de que é exemplo a Carta Del Lavoro, italiana, também germinada no seio de políticas governamentais semelhantes ao Brasil da era Vargas.

Verdade que muitas mudanças foram implementadas na norma trabalhista em questão, que aos poucos veio sendo flexibilizada aqui e ali, mas nada se compara aos novos ventos experimentados a partir de 2017, com a edição da Lei 13.467/17, que alterou, estudos revelam, mais de cem disposições legais de cunho trabalhista.

Dentre estas flexibilizações a citada Reforma trouxe ao conjunto juslaboralista a previsão do que denominou de "Teletrabalho", de que o home office é espécie, caracte-

---

6. O Mercado, e em especial a ciência da computação, já fala em quinta revolução industrial que é baseada na interação homem/máquina, citam como exemplo diversos avanços da inteligência artificial e até mesmo a possibilidade de que máquinas possam sentir emoções; A 1a. Revolução industrial tem seu marco com o surgimento da máquina à vapor em fins do século XVIII, a 2a. com o surgimento da energia elétrica, já no século XIX, sucedida pela 3ª. Revolução que impactou a indústria e, por conseguinte as relações sociais, nos anos 1970 com a introdução de processos de TI nas indústrias, avançando-se para a 4ª Revolução Industrial com o incremento de ferramentas da Tecnologia da Informação com o firmamento da Inteligência Artificial no nosso quotidiano.
7. A alusão aqui é à Encíclica Rerum Novarum, do Papa Leão XIII de 1891, a quem se atribui o nascedouro da preocupação social com as relações do trabalho.

rizado sobretudo pelo uso de meios telemáticos para a execução das atividades e, claro, fora do ambiente físico do empregador.

Cabe aqui, antes de avançar nos impactos do trabalho home office no momento atual da pandemia da Covid-19 que atravessamos, definir o que seja o teletrabalho que vem tipificado na CLT, agora pelos artigos 75-A até 75-E, como dito inserido na Consolidação pela Lei 13.467/17.

O trabalho remoto é o que é desenvolvido longe do alcance ocular do empregador, aquele em que a atividade laboral é desenvolvida fora do ambiente comum da empresa que, no caso do teletrabalho conta com o apoio de meios telemáticos, cuja essência é a possibilidade de desenvolvimento da comunicação pelo aparato da tecnologia da informação apoiada, por exemplo, por microcomputadores e aparelhos móveis de comunicação (celulares e tablets), altamente servidos por meio da rede mundial de computadores, internet, que propicia a aproximação e torna cada vez mais efetiva a presença virtual.

Sem entrar no mérito da finalidade casular das nossas casas, templo e refúgio pessoal, individual para fins íntimos, vemos hoje, então, a partir da reforma a possibilidade, apoiada nas normas do teletrabalho, de ter o nosso casulo transformado em "office", afinal basta um pequeno aparelho que cabe na palma da nossa mão para desenvolver o nosso ofício e, como num passe de mágica sermos transportados, virtualmente, para o ambiente profissional.

Contudo a questão é mais abrangente!

Não se deve tirar de mente, focado sempre no conceito de trabalho subordinado, que o "empregador assume os riscos da atividade econômica" e, por isso, apoiado no conceito de responsabilidade que desta terminologia se extrai, é dele o dever de dar "respostas" por todos os atos que potencialmente possam emergir da transportação do ambiente laboral da empresa para a casa do trabalhador, afora, evidente, assumir os custos desta modalidade não só com instalações mas também com a infraestrutura.

Transportar o ambiente de trabalho para casa do trabalhador tira do empregador o olhar e acompanhamento de tudo que acontece durante o período de labor, a começar, exatamente, pelo tempo dispendido no trabalho e, acaso não haja ajuste sobre o horário de trabalho, a vulnerabilidade quanto à certeza da própria duração do trabalho.

Também expõe o empregador quanto ao dever de propiciar um ambiente digno, seguro e saudável, porquanto não poderá o empregador, dada a confusão casa/trabalho, avaliar se as exigências desta natureza (saúde e segurança do trabalho) estão sendo respeitadas, a despeito, por exemplo, das normas que se impõe ao empregador observar de que são exemplo aquelas tratadas pela Portaria do Ministério do Trabalho n. 3214/78, consistente, só para ficar em exemplos, no Programa de Controle Médico e Saúde Ocupacional, Programa de Prevenção de Riscos Ambientais, Normas de Ergonomia e iluminação (NR 17).

5. MEDIDA PROVISÓRIA 927/2020

Foi no calor emergencial e urgente decorrente do estado de calamidade pública, que reconheceu a situação pandêmica gerada pelo Coronavírus, conforme editado pelo Decreto Legislativo n. 06/2020, que o Governo Federal adotou a Medida Provisória n. 927/20, que então deu vida plena à hipótese do teletrabalho.

Importante fazer esta digressão à 22 de março de 2020, data de publicação da referida MP, porquanto é exatamente esta norma que vivifica o regramento do teletrabalho que, embora seja apresentado como alternativa à situação de isolamento social, já existia regrado no ordenamento jurídico, como anteriormente exposto, desde a Reforma Trabalhista de 2017, porém sem grande vivacidade até então.

A Medida Provisória em questão, sob o argumento da necessidade urgente de agir em prol da preservação do emprego e da renda, potencial e concretamente ameaçada, editou regras excepcionais de grande flexibilização, com a intenção de provisoriedade, subvertendo muito das regras já flexibilizadas pela Reforma de 2017 que, bom lembrar, assentou o princípio do negociado sobre o legislado[8].

A MP, em grande medida, repercutiu regras que nasceram com aquela Reforma de 2017, as quais, contudo, eram validadas desde que negociadas com os respectivos sindicatos patronal e operário, de que são exemplos a antecipação de férias, antecipação de feriados e o afastamento do empregado para direcionamento de qualificação.

O teletrabalho também passou a ser previsto, como vimos, pela Lei 13.467/17, contudo a regra original, num exame teleológico de suas disposições, não deixa dúvida da necessidade de se firmar acordo escrito e expresso sobre a adoção do regime diferenciado (teletrabalho).

Importante frisar este ponto primeiro, da necessidade de haver contrato escrito para o regramento do teletrabalho, porque, exatamente, é da essência do contrato de emprego a ausência de forma, admitindo-se até mesmo a mera contratação verbal ou tácita[9], mas ao observar a integração e a finalidade dos artigos 75-C, seus parágrafos 1º. e 2º, e o artigo 75-D o intérprete é forçado a concluir quanto a obrigatoriedade do ajuste ser previsto expressamente e por escrito.

Assim, a primeira exigência é que haja acordo escrito de vontade entre as partes, pois a vontade é a alma do negócio jurídico, o que a MP 927, de modo emergencial, repita-se, enquanto vigente a regra do Decreto Legislativo que instituiu o estado de calamidade, afastou, porque o artigo 4º. foi claro a estatuir que "o empregador poderá, a seu critério" adotar o modelo telepresencial, remoto ou de outra natureza, "*independentemente* **de acordo individual ou coletivo**".

Desta forma o que se viu foi a justificativa da situação excepcional imposta pela pandemia abalando fortemente e subvertendo o espírito protetivo, já quase secular, que envolve as relações de trabalho.

---

8. Ver artigo 611-A CLT, introduzido pela Lei 13.467/17.
9. Cf. artigo 442 da CLT.

Sem entrar no mérito de tal regramento protetivo, sempre bom lembrar que o fato social caminha junto com a evolução jurídica e, mais cedo ou mais tarde, o direito terá que enfrentar a questão da chamada uberização, decorrente da quarta revolução industrial e do viés protetivo que guia as relações de trabalho, como aliás já se percebe, basta ver, v.g., o Projeto de Lei 3748/20, de autoria da Deputada Thabata Amaral (PDT/SP), que propondo regular a relação dos aplicativos de entregas com seus entregadores, tangencia regras para a uberização do trabalho, na intenção de neutralizar ou minimizar os impactos da precarização daí advinda.

Contudo ainda estamos sob a égide daquela norma de 1943 e, considerando que a MP 927 acabou por sucumbir ao processo legislativo, não se convertendo em lei, é de lembrar, então, que o teletrabalho entre nós possui regra definida desde 2017 e, portanto, sua validade para guiar tais relações já está posta e é exigível.

Oportuno, ainda, lembrar que tal teletrabalho, de que o home office é espécie, assim como também espécie de trabalho remoto, embora em aparente contradição do seu próprio conceito legal, não impõe a fiscalização e controle da jornada do trabalhador, já que aquela mesma Reforma de 2017 acrescentou inciso III ao artigo 62 da CLT e excluiu os empregados " em regime de trabalho" de tudo quanto diga respeito à duração do trabalho, dentre isso a própria anotação e fiscalização de jornada.

A contradição decorre do fato de que, enquanto o artigo 75-B, definidor do que seja teletrabalho, o conceitua como sendo trabalho que se desenvolve "fora das dependências do empregador, com a utilização de tecnologias de informação e de comunicação que, por sua natureza, *não se constitua como trabalho externo"*, a mesma reforma, como visto acima, abarcou a situação como exceção à regra de anotação de ponto.

Portanto quis o legislador reformista que se entendesse o teletrabalho, e por extensão o home office, como aquele que, embora desenvolvido fora do ambiente do empregador, não é tido como trabalho externo, ou seja, que fosse de impossível fiscalização ou fixação de jornada, mas, por seu turno, o incluiu dentre aqueles que são excetuados do regime geral de duração do trabalho, inclusive anotação e fiscalização de jornada.

Assim, o que se sugere ao empregador que venha a adotar o regime de trabalho home office é que deixe claro o ajuste de controle de jornada ou não, com as consequências que deste ato possa advir, na medida em que favorecida a opção pela dicção do agora inciso III do artigo 62 da CLT.

6. A UBERIZAÇÃO DO TRABALHO

Outro aspecto que se vê, a partir da situação fático social, guiada pelo estado excepcional de pandemia, é que o processo de uberização acabou por ser acelerado, bem como tirou do armário importante e atual possibilidade de modalidade de trabalho (o home office) que parecia adormecido, embora recentemente inserido no ordenamento jurídico.

O processo de uberização acabou por se acelerar na pauta legislativa até mesmo porque, com a pandemia, e sua imposição de isolamento social, o acesso a alimentação por meio dos serviços de entrega continuou mantido em muitas cidades, a despeito do fechamento físico dos estabelecimentos comerciais, o que levou a uma sensação de desconforto social, na medida em que passou-se a ideia de que alguns eram mais vulneráveis que outros na pretensão da segurança à saúde.

O que se conclui, então, é que o momento atual da pandemia vem revelando um potencial novo caminho da normatização que rege as relações de trabalho, a exemplo do que vem acontecendo com o trabalho home office, mas, indo além disso, despertando a sociedade para refletir sobre o novo modelo de organização do trabalho, o chamado trabalho uberizado ou uberização do trabalho e a necessidade de se estabelecer regramento que pode ir além do trabalho desenvolvido por entregadores de refeições, mas quiçá alcançando todos aqueles que trabalham por meio de aplicativos.

DIREITO À CIDADE E DIREITO À INTERNET: UMA APROXIMAÇÃO

Wilson Levy

Doutor em Direito Urbanístico pela PUC-SP, com estágio de pós-doutoramento na Mackenzie e na UERJ. Diretor do programa de pós-graduação em Cidades Inteligentes e Sustentáveis da UNINOVE. Advogado. E-mail: wilsonlevy@gmail.com.

Sumário: 1. Introdução; 2. Para começo de conversa: a Covid-19 escancara o problema da desigualdade social. 3. Avançando: um pouco de direito à cidade, um pouco de direitos sociais. 4. Direito à cidade e direito à internet: uma aproximação. 5. À guisa de conclusão. 6. Referências.

1. INTRODUÇÃO

A pandemia do novo coronavírus (Covid-19) está produzindo profundas transformações nas relações sociais, econômicas e jurídicas das sociedades urbanas desenvolvidas. O uso do gerúndio, aqui, não é fortuito: enquanto este breve ensaio é escrito, a pandemia segue produzindo mortos em progressão geométrica (1.000.000 de vidas perdidas nestes dias derradeiros de setembro de 2020), na mesma proporção em que proliferam as dúvidas sobre os efeitos deste patógeno na saúde humana.

Influenciadores têm repetido, qual um mantra, que nada será como antes. A expressão "nosso novo normal" e sua abreviatura – NNN – já foi apropriada pelas pessoas para designar o cotidiano desde que entraram em vigor as medidas de restrição de circulação de pessoas nas cidades brasileiras.

A despeito de muitas previsões – das que buscavam negar a relevância deste fenômeno às que lhe atribuíam um caráter ainda mais catastrófico – não terem se materializado, é certo que mudanças acontecerão. A forma mais segura de enxergá-las é olhar para as tendências existentes no mundo "pré-pandemia", pois muitas foram aceleradas neste período.

A discussão sobre o enquadramento da internet como direito social, nesse sentido, é uma tendência que ganhou força nestes tempos. Antes de discorrer mais detidamente sobre seus contornos e conteúdo substancial, é preciso dizer que há uma relação estreita entre a fruição deste direito e o território urbanizado.

É possível observá-la a partir de diversas lentes. Exemplificativamente, tem-se a internet como condição de possibilidade de fruição de direitos sociais, tais como Educação e Saúde, e de serviços públicos essenciais, tais como o acesso a benefícios sociais e operações bancárias; a internet como pressuposto de uma política de dados abertos que materialize o princípio constitucional da publicidade, que vincula a atuação do Poder

Público; a internet como forma de viabilizar a participação social, num contexto em que o distanciamento pessoal é mandatório.

Ainda que a fase mais aguda da pandemia tenha passado no momento em que este texto é escrito, parece certo que o tema do direito à Internet se tornará agenda permanente de políticas públicas. Afinal, embora o caminho para o desenvolvimento de uma vacina esteja aberto, o histórico das pandemias não permite concluir que esta será a última e tampouco que demorará muito para que ocorra o próximo período pandêmico.

Neste breve ensaio, a proposta é discutir o direito à internet como um componente do direito à cidade. Mais do que fornecer respostas, pretende-se organizar e fomentar boas reflexões, que sejam ponto de partida para outras leituras e aproximações.

2. PARA COMEÇO DE CONVERSA: A COVID-19 ESCANCARA O PROBLEMA DA DESIGUALDADE SOCIAL

Este item começa com uma afirmação, e a razão é singela. É certo que a pandemia da Covid-19, no Brasil, não foi marcada só pelo elevado número de contaminados e mortos; aliás, a comparação do contexto brasileiro com o que se viu em outras nações não é tarefa simples, posto que as estratégias de testagem das populações não seguiram um padrão global, tendo havido significativa subnotificação de casos, especialmente considerando os casos assintomáticos. O que ficou escancarado, na verdade, foi a profunda desigualdade social que assola a sociedade brasileira.

A desigualdade se manifesta de várias formas – e é bom frisar que ela antecede a pandemia. Genericamente, ela está presente no acesso a direitos sociais básicos, tais como educação, saúde e moradia, e também no acesso aos benefícios da urbanização. Dito de outro modo há cidadãos que têm na cidade um espaço que potencializa suas possibilidades existenciais convivendo com pessoas que têm no espaço urbano fonte de permanente martírio.

Estudo publicado por Laura Carvalho, Laura de Lima Xavier e Luiza Nassif Pires, intitulado "Covid-19 e Desigualdade no Brasil" concluiu que os brasileiros que se encontram na base da pirâmide social tem maior probabilidade de internação em caso de contaminação pela Covid-19. A afirmação decorre da análise de dados da Pesquisa Nacional de Saúde (PNS) realizada pelo Instituto Brasileiro de Geografia e Estatística (IBGE) em 2013. De acordo com as autoras, "a presença de dois ou mais fatores de risco [é] três vezes maior entre aqueles que frequentaram apenas o ensino fundamental do que entre aqueles que frequentaram o ensino médio"[1].

Fatores ambientais, estilo de vida e escolaridade parecem estar diretamente ligados ao risco de manifestações mais graves da doença. Tais elementos, por sua vez, podem

---

1. CARVALHO, Laura et al. *Covid-19 e Desigualdade no Brasil*. Experiment Findings. Abril/2020. Disponível em: https://ondasbrasil.org/wp-content/uploads/2020/04/COVID-19-e-desigualdade-a-distribui%C3%A7%C3%A3o--dos-fatores-de-risco-no-Brasil.pdf. Acesso em: 1º out. 2020.

ser territorializados. Esse movimento contribui para enxergar a manifestação da desigualdade no tecido urbano, escancarando, nas cidades brasileiras, graves iniquidades.

Grandes porções do território das cidades do país não têm acesso a água potável e saneamento básico, indispensáveis à higiene. A precariedade da moradia de milhões de brasileiros impõe-lhes a coabitação de diversos membros de um núcleo familiar em espaços exíguos e sem ventilação. A má distribuição de equipamentos públicos acomete de unidades de saúde a parques e áreas verdes e abertas.

À diferença, porém, do passado recente, quando essas e outras situações eram conhecidas e naturalizadas, a pandemia da Covid-19 reposicionou o problema da desigualdade e o escancarou. As cidades não estarão prontas para uma nova pandemia se não levarem a sério o seu enfrentamento. Nas palavras de Clovis Ultramari, Paulo Saldiva e Wilson Levy,

> O lar das pandemias é o ambiente urbano, onde se promove a proximidade entre pessoas. No século 20, houve duas: a gripe espanhola e a gripe asiática. Neste século 21, o mundo já experimentou quatro: Sars (2002), H1N1 (2009), Mers (2012) e Sars-CoV-2, episódios que tiveram como cenário a organização e funcionalidade das cidades modernas[2].

Está claro que é preciso manter vivo e ativo o senso de urgência.

3. AVANÇANDO: UM POUCO DE DIREITO À CIDADE, UM POUCO DE DIREITOS SOCIAIS

O conteúdo substancial do direito à cidade é tema dos mais fascinantes. Bandeira frequente em diversas manifestações públicas, costuma ser, todavia, reivindicado sem ser compreendido. É comum, por exemplo, a confusão entre direito à cidade e direito à moradia, talvez porque existam intersecções entre um e outro. Contudo, está cada vez mais claro que o conceito de direito à cidade envolve a possibilidade de fruição de um conjunto amplo de direitos sociais que representam os benefícios da urbanização e têm no território um espaço de encontro. Acessar educação, saúde pública, lazer, moradia, trabalho na cidade tem um significado único, graças ao fator local extraordinariamente próximo que ela possui por sua própria conformação espacial.

Disponíveis e articulados, esses direitos conduzem a uma vida boa nas cidades, o que dá o sentido do direito à cidade. Vida emancipada, apta a se desenvolver e realizar em todas as suas potencialidades, capaz de aproveitar tanto a liberdade individual, que encontrou na cidade um sentido material forte, quanto a vida em comunidade, que se concretiza por meio de laços de solidariedade, de pertencimento e de reconhecimento recíproco entre pessoas que, na diferença, complementam-se com suas próprias habilidades e competências.

Essa é uma discussão cara a diversos autores. De um modo geral, quem dá o pontapé inicial é Henri Lefébvre, em 1968, com a publicação da obra seminal "O Direito à Cida-

---

2. ULTRAMARI, Clovis, SALDIVA, Paulo e LEVY, Wilson. A Covid-19 e as Cidades Inteligentes. *Folha de S. Paulo*, seção Tendências e Debates de 17.06.20. Disponível em: https://www1.folha.uol.com.br/opiniao/2020/06/a-covid-19-e-as-cidades-inteligentes.shtml. Acesso em: 1º out. 2020.

de" (*Le Droit a la Ville*)[3], que influenciou diversos estudos posteriores. Um panorama estruturado pode ser obtido na tese de doutoramento defendida por Wilson Levy em 2016 na Pontifícia Universidade Católica de São Paulo (PUC-SP) e intitulada "Por uma Teoria do Direito à Cidade: reflexões interdisciplinares".

Neste ponto, é possível afirmar que há um entrelaçamento entre direitos sociais e o direito à cidade. Os primeiros compõem arco que, por sua vez, viabiliza o direito à cidade como direito a uma vida boa e emancipada nas cidades. O próximo passo é trazer uma definição de direitos sociais para, em seguida, acoplar o direito à internet como componente de um e, por conseguinte, do outro.

Segundo Ingo Wolfgang Sarlet, sinteticamente, direitos sociais são direitos a prestações positivas (por parte do Estado), dotados de significado econômico, englobados pela categoria de "direitos fundamentais" e, portanto, cobertos pela mesma proteção (constitucional) e aptos a surtir efeitos jurídicos imediatos tal como preconizado na Magna Carta brasileira. Encontram-se, assim, "intimamente vinculados às tarefas de melhoria, distribuição e redistribuição de bens essenciais não disponíveis para todos os que deles necessitem"[4].

Dado o seu conteúdo econômico – posto que as prestações positivas impõem investimento público – seus limites precisam ser cotejados, a partir de cada direito específico (educação, saúde, moradia, transporte, lazer... e internet!) no espaço compreendido entre o mínimo existencial (corolário do princípio da dignidade da pessoa humana) e da reserva do possível, que bloqueia gastos desprovidos de razoabilidade face o horizonte de direitos que devem ser garantidos e efetivados.

Nesse sentido, o próprio conteúdo do direito à cidade se subordina à capacidade de realização dos direitos sociais e, ainda, às disputas políticas sobre as agendas prioritárias, que têm na arena democrática seu campo de mediação. É, portanto, portador de uma dinâmica própria, viva. Ainda que limitada pelos próprios direitos constitucionalmente garantidos, pode variar, qual uma valsa, conforme mudam os consensos sociais.

4. DIREITO À CIDADE E DIREITO À INTERNET: UMA APROXIMAÇÃO

É exatamente nesse caldeirão que o direito à internet se apresenta como uma nova fronteira a ser desbravada. Se os direitos sociais tiveram seu apogeu na 2° geração (ou dimensão) de direitos fundamentais, no quadrante atual, em que a humanidade adentra a 4ª geração, esse novo direito social – assim entendido porque dotado das mesmas características dos direitos sociais, econômicos e culturais do período da Revolução Industrial – ganha destaque, exatamente porque se tornou (ainda mais) indispensável, no contexto da pandemia da Covid-19, para a fruição dos demais direitos sociais.

Telemedicina, teletrabalho, educação em ambiente virtual (à distância ou síncrona), acesso a benefícios sociais, à previdência, a *shows* e exposições culturais *online*, tudo de-

---

3. LEFEBVRE, Henry. *O direito à cidade*. Trad. T. C. Netto. São Paulo: Editora Documento, 1969.
4. SARLET, Ingo Wolfgang. *A eficácia dos direitos fundamentais*. 6. ed. Porto Alegre: Livraria do Advogado Editora, 2006, p. 298.

pende de acesso estável, em velocidade adequada, à rede mundial de computadores. Parte dessas atividades, hoje, não precisam mais do território para acontecer, de modo que, em princípio, a aproximação entre o direito à cidade e o direito à internet seria paradoxal.

Contudo este é o movimento que pode anteceder uma mudança profunda no tecido urbano, impactando simultaneamente o sentido do deslocar (e, portanto, a mobilidade e o transporte), o sentido do tempo cronológico (e, portanto, a disponibilidade de tempo livre para fruição na cidade) e as referências de organização especial até então dominantes em urbanismo, envolvendo o zoneamento das cidades, e em arquitetura, abrangendo o projeto das casas e seus modos de usar. Então, a garantia do direito à internet passaria a estar na base do direito à cidade porque sem internet, a disponibilidade de tempo para fruição do espaço urbano e para aproveitamento de suas virtudes individuais e comunitárias ficaria comprometido.

Próximo passo: buscar a sua positivação, da forma como os direitos fundamentais foram conquistados ao longo do tempo: com luta, ou, mais modernamente, com debate e mobilização social. Enquanto isso: extraí-lo, via interpretação, nas providências (administrativas e judiciais) em que a disponibilidade da internet for necessária à garantia de direitos sociais.

Do ponto de vista de infraestrutura, ele importa a adaptação das cidades para um ambiente de conexão permanente. E, na dinâmica de um direito social, numa modelagem que aproxime o acesso à internet a padrões semelhantes à água/esgoto, à energia elétrica e ao gás. E do ponto de vista da participação social, significa a necessidade de criação de esferas públicas virtuais.

O princípio da gestão democrática das cidades, no Brasil, foi consagrado como diretriz geral da política urbana por força do art. 2º, II, da Lei Federal 10.257/2001 (Estatuto da Cidade), sendo materializado, *in verbis* "por meio da participação da população e de associações representativas dos vários segmentos da comunidade na formulação, execução e acompanhamento de planos, programas e projetos de desenvolvimento urbano".

É longa a discussão sobre os fundamentos da teoria democrática. É possível destacar ao menos dois modelos teóricos que definem a democracia tal como se conhece contemporaneamente. O primeiro é a democracia representativa. O segundo, a democracia participativa. Os dois têm importância para a discussão sobre o direito à cidade porque o processo de mediação das diferenças e da pluralidade de perspectivas que habitam as cidades (e a esfera pública que elas tão bem proporcionam) tem lugar, como dito, na política democrática.

Norberto Bobbio traz um conceito bastante simples, porém útil a esta análise, do primeiro modelo, o representativo:

> A expressão democracia representativa significa genericamente que as deliberações coletivas, isto é, as deliberações que dizem respeito à coletividade inteira, não são tomadas diretamente por aqueles que dela fazem parte, mas por pessoas eleitas para esta finalidade[5].

---

5. BOBBIO, Norberto. *O Futuro da Democracia*. Trad. de Marco Aurélio Nogueira. São Paulo: Paz e Terra, 2000. p. 56.

Este é um modelo com problemas bastante conhecidos. Desde a crise dos Estados de Bem-Estar Social na Europa e nos Estados Unidos, crescem dois movimentos que atuam em paralelo, mas que, conjuntamente, estremecem as bases da representação clássica: a descrença na capacidade da democracia resolver problemas práticos – porque envolta em procedimentos institucionais demorados e, por vezes, ineficazes – e a dificuldade estrutural do sistema de representação de abarcar a multiplicidade de perspectivas, identidades e particularidades sociais do mundo contemporâneo.

Para enfrentar seus limites – e manter viva a legitimidade de um direito que seja expressão da soberania popular – um conjunto amplo de atores propôs a adoção de modelos participativos. Neles, reforça-se, aqui, o papel do cidadão, na medida em que se atribui um caráter normativo da autodeterminação comunicativa do seu poder de intervenção. Nas palavras de Jürgen Habermas:

> A justificação de existência do Estado não se encontra primariamente na proteção de direitos subjetivos privados iguais, mas sim na garantia de um processo inclusivo de formação da opinião e da vontade políticas em que cidadãos livres e iguais se entendem acerca de que fins e normas correspondem ao interesse comum de todos. Dessa forma espera-se dos cidadãos republicanos muito mais do que meramente orientarem-se por seus interesses privados[6].

Em síntese,

> [...] o propósito da concepção de democracia deliberativa é determinar um conjunto amplo de procedimentos e condições para os cidadãos formarem juízos sobre questões políticas fundamentais, os quais tenham a seu favor a pretensão de legitimidade e de aceitabilidade racional[7].

Este, também, é um modelo que tem enfrentado críticas, porque fez concessões exageradas a processos institucionais (i); e porque, sendo um modelo normativo, que enuncia um dever-ser, não parece dar conta de questões sociais como a desigualdade nas condições de fala dos cidadãos em nações como o Brasil (ii). Nesse sentido, fracassaria ao tentar corrigir as deficiências da democracia representativa, porque: a) processos institucionais não seriam – e não são! – capazes *per se* de induzir comportamentos; b) não há que se falar em participação efetiva se nem todos têm condições de acessar a esfera pública e interagir, comunicativamente, de forma a defender suas respectivas posições.

A pandemia da Covid-19 está sendo um teste difícil para a democracia de um modo geral. A um só tempo, ela reforça um sentido que vem se consolidando, de falta de confiança na democracia para resolver problemas práticos dos cidadãos[8]; cria um obstáculo

---

6. HABERMAS, Jürgen. Jürgen. *Direito e Democracia*. Trad. de Flávio Beno Siebeneichler. Rio de Janeiro: Tempo Brasileiro, 2003, v. 1, p. 41.
7. WERLE, Denílson Luiz. Democracia Deliberativa e os limites da Razão Pública. In: COELHO, Vera Schattan e NOBRE, Marcos (Org.). *Participação e Deliberação* – Teoria democrática e experiências institucionais no brasil contemporâneo. São Paulo: Editora 34, 2003. p. 137.
8. Uma nota alternativa pode ser lida na entrevista que Jürgen Habermas concedeu ao Le Monde, quando diz que a pandemia conduz a uma experiência incomum, na qual cidadãos são forçados pelas circunstâncias a refletir sobre como governos devem tomar decisões, e, ao mesmo tempo, como essas decisões devem estar baseadas em saber técnico (embora não se veja isso com tanta ênfase no Brasil). Disponível em: https://ateliedehumanidades. com/2020/04/12/fios-do-tempo-precisamos-agir-com-o-saber-explicito-de-nosso-nao-saber-entrevista-com-jurgen-habermas/amp/?fbclid=IwAR30ot3jXC07qLY_goPXZzVu5qFOxtmLtSVUVE7Px_XRTlNZxSH-OkQQfWk. Acesso em: 20 ago. 2020.

sem precedentes para a realização de eleições, que causam, invariavelmente, aglomerações; e dificulta a realização de encontros de natureza participativa, como audiências públicas, pelo mesmo motivo.

O primeiro ponto ainda é uma incógnita, embora tendências autoritárias pululem cá e lá, e existam boas razões para acreditar que este é um movimento que será persistente. O segundo ponto só será resolvido se houver aporte da tecnologia, mediante acesso à internet – e garantia deste direito. O terceiro ponto, paradoxalmente, também. A linguagem simples e as interfaces amigáveis das tecnologias de informação e comunicação (TICs) poderão oferecer uma ótima alternativa ao formalismo da participação tradicional, impulsionando sua prática[9].

E, claro, contribuir para o enfrentamento das desigualdades, por meio de plataformas de gestão de dados que estejam na base de indicadores aptos a contribuir com o aperfeiçoamento das políticas públicas.

5. À GUISA DE CONCLUSÃO

Nada será como antes. O mundo e a cidade como o mundo conheceu experimentará mudanças aceleradas. Tendências que se projetavam no horizonte serão antecipadas. O direito à cidade não passará incólume. Mais ainda, a maneira como as cidades são estudadas, planejadas e vividas será completamente diferente.

Não se diga que a Covid-19 abre oportunidades, porque elas sempre estiveram disponíveis. De qualquer forma, talvez a pandemia coloque a todos diante do desafio de resolver problemas cujo enfrentamento se evitou a todo custo, pelos mais variados motivos.

6. REFERÊNCIAS

BOBBIO, Norberto. *O futuro da democracia*. Trad. de Marco Aurélio Nogueira. São Paulo: Paz e Terra, 2000.

CARVALHO, Laura et al. *Covid-19 e Desigualdade no Brasil*. Experiment Findings. Abril/2020. Disponível em: https://ondasbrasil.org/wp-content/uploads/2020/04/COVID-19-e-desigualdade-a-distribui%-C3%A7%C3%A3o-dos-fatores-de-risco-no-Brasil.pdf. Acesso em: 1º out. 2020.

HABERMAS, Jürgen. Jürgen. *Direito e Democracia*. Trad. de Flávio Beno Siebeneichler. Rio de Janeiro: Tempo Brasileiro, 2003. v. 1.

LEFEBVRE, Henry. *O direito à cidade*. Trad. T. C. Netto. São Paulo: Editora Documento, 1969.

SARLET, Ingo Wolfgang. *A eficácia dos direitos fundamentais*. 6. ed. Porto Alegre: Livraria do Advogado Editora, 2006.

---

9. Veja-se o que se fez em Miami Lakes, Florida, EUA, uma cidade de 31 mil habitantes: *Conducting City Government on Zoom: Mayor Manny Cid*. Disponível em: https://commonedge.org/conducting-city-government-on-zoom-mayor-manny-cid/?fbclid=IwAR2KHuaAEw_DTVYGodb-1g6OrPMn0_l5Gix6t-tosiJEHjJtx4GtbFCiKiNs. Acesso em: 25 abr. 2020. Antes que se questione a eficácia deste método em cidades como São Paulo, basta lembrar que é possível repensar a dinâmica de participação sob um enfoque descentralizado.

ULTRAMARI, Clovis, SALDIVA, Paulo e LEVY, Wilson. A Covid-19 e as Cidades Inteligentes. *Folha de S. Paulo*, seção Tendências e Debates de 17.06.20. Disponível em: https://www1.folha.uol.com.br/opiniao/2020/06/a-covid-19-e-as-cidades-inteligentes.shtml. Acesso em: 1º out. 2020.

WERLE, Denílson Luiz. Democracia Deliberativa e os limites da Razão Pública. In: COELHO, Vera Schattan e NOBRE, Marcos (Org.). *Participação e deliberação* – Teoria democrática e experiências institucionais no brasil contemporâneo. São Paulo: Editora 34, 2003.

IMPACTOS DA COVID-19
NA REDAÇÃO DOS FUTUROS CONTRATOS

Estela L. Monteiro Soares de Camargo

Especialista em Direito Tributário pelo Centro de Estudos de Extensão Universitária. Graduada em Direito pela Pontifícia Universidade Católica, em 1980. Diretora Presidente da Mesa de Debates de Direito Imobiliário – MDDI, exercendo sua coordenação desde 1998. Membro do Conselho Consultivo da IBRADIM – Instituto Brasileiro de Direito Imobiliário. Coordenadora Geral das Comissões do IBRADIM – Instituto Brasileiro de Direito Imobiliário. Diretora Jurídica do Clube de Campo de São Paulo. Membro do Conselho Curador da Fundação Dorina Nowill para Cegos.

Thalita Duarte Henriques Pinto

Especialista em Negócios Imobiliários pela FAAP em 2005. Graduada em Direito pela Universidade de São Paulo (USP) em 2003. Professora da Pós-graduação em Direito Imobiliário da FGVlaw. Coordenadora geral adjunta das comissões do IBRADIM. Associada da Mesa de Debates de Direito Imobiliário (MDDI) e sócia do escritório Huck, Otranto e Camargo Advogados.

"O Poder Judiciário precisa ensinar aos brasileiros que qualquer contratação há que ser tratada com seriedade e que a pessoa não deve se lançar a avenças sem deter um mínimo de condições de cumprir o que ajustara; nem se há, outrossim, como parece estar virando regra, que o mais forte na relação contratual saia apenado."[1]

Sumário: 1. Introdução. 2. Discussões e problemas enfrentados na pandemia. 3. Novas-velhas lições para contratos futuros. 3.1 Bases do contrato. 3.2 Equilíbrio do contrato. 3.3 Negócio jurídico processual. 4. Conclusão.

1. INTRODUÇÃO

O acordão que abre nossa reflexão foi proferido em junho de 2020, logo, durante a pandemia decorrente da Covid-19 (Doença do Coronavírus – 2019, do inglês, *Corona Virus Disease* – 2019).

A ação em questão, entretanto, foi distribuída bem antes da decretação da pandemia e versava sobre o desfazimento de uma venda e compra, erroneamente tratada como se promessa de venda e compra fosse. Tratava-se de uma venda e compra, com pacto de alienação fiduciária.

---

1. Trecho do voto proferido pelo Relator Desembargador L.B. Giffoni Ferreira, da 2ª Câmara de Direito Privado do Tribunal de Justiça de São Paulo (Apelação Cível 1003005-70.2019.8.26.0576, da Comarca de São José do Rio Preto).

A sentença reconheceu o direito do comprador de desistir do negócio e determinou a devolução de 75% dos valores pagos até então. O Tribunal de Justiça de São Paulo deu provimento à apelação do vendedor, invertendo (e agravando) os ônus da sucumbência.

Não vamos entrar no mérito da causa acima mencionada, por mais tentador e interessante que seja, mas sim no trecho do voto do Relator, o Des. Giffoni Ferreira, que ressalta a força do contrato, afastando a intervenção do Judiciário, para se alterar o que foi livremente contratado.

Mais do que isso, o ilustre relator do acórdão aqui mencionado chama a atenção das partes: leiam o contrato! As obrigações ali assumidas deverão ser cumpridas, nos termos acordados.

Pois bem, aqui começa nossa reflexão: ao celebrar uma contratação, as partes devem agir com boa fé e lealdade, estabelecendo direitos e obrigações, que deverão ser cumpridas tal como avençadas.

Ocorre que entre a assinatura do contrato e a execução do mesmo, muita coisa pode acontecer: as condições inicialmente previstas podem se alterar, tornando o contrato desequilibrado e de difícil execução, para ambas as partes, ou pelo menos para uma delas. Pode acontecer uma catástrofe natural, como um terremoto, um tsunami, ou ainda, uma guerra, uma pandemia, enfim, fatos importantes e relevantes o suficiente para tornar as condições de execução do contrato muito diferentes da época em que a avença foi contratada.

E recentemente experimentamos e vivenciamos tal fenômeno. A pandemia decorrente da Covid-19, que determinou o fechamento de estabelecimentos e o distanciamento social, acarretou uma parada geral na economia, com consequências tão danosas, que ainda estão sendo mensuradas.

Logo na primeira quinzena do reconhecimento da pandemia no Brasil, com o fechamento compulsório de escritórios, lojas, shopping centers, restaurantes, bares e lanchonetes, entre outros, pipocaram ações judiciais, buscando suspender o pagamento dos aluguéis e a redução dos encargos.

É bem verdade que algumas liminares foram concedidas, para suspender o pagamento de alugueis ou até dos encargos da locação, mas outras foram indeferidas e outras tantas estabeleceram um desconto no valor do aluguel, que variava de 10% a 90%.

De toda forma, numa coisa a grande maioria das decisões judiciais convergia: a importância de as partes negociarem, já que os efeitos da pandemia a todos atingiram.

Cientes da função pública de seu *múnus,* muitos advogados alertaram seus clientes: é sempre melhor uma negociação, onde as partes podem buscar, de forma direta e concreta, a retomada do equilíbrio das relações e das obrigações de parte a parte.

Porém, em alguns casos, por diversas razões, esse acordo não pôde ser alcançado.

E, diante dessas dificuldades trazidas pela pandemia, propomos uma reflexão sobre a elaboração futura de contratos, buscando que os mesmos sejam cumpridos satisfatoriamente para as partes, inobstante as intempéries a que estamos sujeitos.

2. DISCUSSÕES E PROBLEMAS ENFRENTADOS NA PANDEMIA

Para que se possa melhor refletir sobre as cautelas para contratos futuros, importante revermos ainda que brevemente as principais questões e debates trazidos pela Covid-19.

Dentre os casos imobiliários que mais suscitaram contendas, destacamos as relações locatícias, especificamente as de finalidade não residencial.

Com efeito, sendo relações de trato continuado e afetadas diretamente por decretos de fechamento, muitos foram os casos de renegociação e, infelizmente, também aqueles levados à análise do Judiciário.

Apesar de ainda estarmos bem distantes de esgotar o tema e de pacificar um entendimento pelo Judiciário, já temos diversos artigos e decisões sobre as principais teses suscitadas.

Nesse contexto, gostaríamos de trazer algumas considerações sobre três institutos que têm sido recorrentemente mencionados nesses artigos e que balizaram algumas decisões: (i) força maior e caso fortuito, (ii) desequilíbrio econômico superveniente (teorias da imprevisão e da onerosidade excessiva) e (iii) boa-fé objetiva.

Destacamos que não é o propósito deste artigo uma avaliação crítica do cabimento de um ou outro instituto nas discussões, com um olhar focado em passado-presente, mas colher informações sobre a aplicação dos mesmos para construir relações contratuais aperfeiçoadas, com uma visão, portanto, voltada para o presente-futuro.

Passando ao primeiro deles, força maior e caso fortuito, temos que suas bases e tratamento encontram fundamento no art. 393 e seu parágrafo único do nosso Código Civil[2] e têm seu assentamento principal na impossibilidade de cumprimento de determinada obrigação.

Importante ter em mente que boa parte das discussões se aplica à maioria dos contratos, mas, dadas as peculiaridades de cada tipo contratual, há que se ter em mente essas particularidades na análise.

De fato, embora a pandemia possa causar a impossibilidade de cumprimento de determinadas obrigações ou a frustração da finalidade do contrato em caráter definitivo[3], em muitos outros casos seus efeitos são apenas transitórios e, portanto, não pode ser invocada como causa para isenção de responsabilidade pelo devedor.

---

2. Art. 393. O devedor não responde pelos prejuízos resultantes de caso fortuito ou força maior, se expressamente não se houver por eles responsabilizado.
   Parágrafo único. O caso fortuito ou de força maior verifica-se no fato necessário, cujos efeitos não era possível evitar ou impedir.
3. A esse respeito, confira-se o seguinte trecho de acordão relatado pelo Des. Francisco Loureiro: "obrigações de fazer infungíveis que exigem a presença física do contratante (cantor que dará um show, orquestra sinfônica que fará um concerto, ator que atuará em uma peça de teatro) com data certa se tornaram impossíveis, levando à extinção do contrato sem perdas e danos imputáveis a qualquer das partes" (TJSP, 1ª Câmara de Direito Privado, AI 2101293-81.2020.8.26.0000, r. Des. Francisco Loureiro, j. 11.06.2020).

Ora, quando pensamos numa relação locatícia, salvo condição particular e específica a determinado caso, o fechamento do estabelecimento por determinado prazo não caracteriza por si só um impedimento definitivo[4].

Como bem salientou o Professor José Fernando Simão:

"Se a prestação é exequível, porém de maneira mais custosa ao devedor, não estamos diante da força maior em seu sentido clássico. Isso porque há uma figura específica para resolver exatamente essa situação. Há categoria própria."[5]

E aqui chegamos a outro instituto: o desequilíbrio econômico superveniente, previsto em nosso ordenamento primordialmente nos arts. 317 e 478 do Código Civil Brasileiro[6].

Se, de um lado, na maioria das locações os impactos da pandemia não são suficientes para aplicação do art. 393 de nosso Código Civil, não se pode ignorar que determinações públicas de fechamento de estabelecimentos são eventos imprevisíveis e que podem gerar o desequilíbrio econômico de um contrato de locação.

Dissemos "podem" porque não necessariamente causam o desequilíbrio, havendo que se analisar a situação caso a caso, comprovando o efetivo desbalanceamento das bases do contrato. Nesse sentido:

"sucede que a pandemia não pode ser utilizada genericamente, a priori, ou em abstrato, como eximente de responsabilidade de força maior para todo e qualquer contrato. *Indispensável avaliar qual a natureza da prestação devida pelo contratante, em cada tipo contratual, e se a pandemia provocou a impossibilidade de cumprimento, permanente ou temporária, (art. 393 CC) ou o desequilíbrio do contrato* (art. 378 ou 317 CC ou 6º. V CDC)"[7].

Por fim, passamos ao terceiro instituto. A boa-fé contratual, prevista no art. 422 do Código Civil Brasileiro[8], voltou a ser muito mencionada nos debates da Covid-19, inclusive com a finalidade de fundamentar um direito-dever de renegociar.

A esse respeito, vale a lição do querido (e sábio) André Abelha sobre a tese do dever de renegociar: "seja por concordar com a tese e se considerar obrigado, ou simplesmente

---

4. "*Locação de imóvel não residencial.* Tutela cautelar em caráter antecedente. Hipótese em que a locatária almeja a suspensão da exigibilidade dos aluguéis ou a sua redução. Descabimento. *A queda, por certo período, do faturamento da locatária, empresa de grande porte, neste momento, não caracteriza caso fortuito ou força maior hábil a autorizar a intervenção judicial no negócio jurídico firmado pelas partes.*" (TJSP, 34ª Câmara de Direito Privado, AI 2068208-07.2020.8.26.0000, r. Des. Gomes Varjão, j. 22.04.2020, destaques nossos).

5. SIMÃO, José Fernando. '*O contrato nos tempos da Covid-19*'. *Esqueçam a força maior e pensem na base do negócio.* Migalhas, 2020, p. 3-4. Disponível em: https://www.migalhas.com.br/coluna/migalhas-contratuais/323599/o--contrato-nos-tempos-da-covid-19--esquecam-a-forca-maior-e-pensem-na-base-do-negocio. Acesso em: 11 jul. 2020.

6. Art. 317. Quando, por motivos imprevisíveis, sobrevier desproporção manifesta entre o valor da prestação devida e o do momento de sua execução, poderá o juiz corrigi-lo, a pedido da parte, de modo que assegure, quanto possível, o valor real da prestação.

   Art. 478. Nos contratos de execução continuada ou diferida, se a prestação de uma das partes se tornar excessivamente onerosa, com extrema vantagem para a outra, em virtude de acontecimentos extraordinários e imprevisíveis, poderá o devedor pedir a resolução do contrato. Os efeitos da sentença que a decretar retroagirão à data da citação

7. TJSP, 1ª Câmara de Direito Privado, AI 2101293-81.2020.8.26.0000, r. Des. Francisco Loureiro, j. 11.06.2020, destaques nossos.

8. Art. 422. Os contratantes são obrigados a guardar, assim na conclusão do contrato, como em sua execução, os princípios de probidade e boa-fé.

por uma questão de sabedoria, não hesite: negocie, negocie, negocie, e fuja da loteria que um litígio representa"[9].

Essa, sem dúvida, foi uma lição importante que aprendemos com a pandemia. E será que essa renegociação pode ser menos ou mais fácil a depender da forma como os contratos são elaborados? Será possível definir métricas para situações imprevisíveis (e também para outras não tão imprevisíveis)?

Embora ainda pouquíssimo testada (e logo atropelada pela pandemia), será que não podemos conciliar aprendizados da Covid-19 com determinadas disposições da Lei da Liberdade Econômica (Lei 13.874/2019), de forma a permitir que as partes estabeleçam regras claras visando a manutenção do equilíbrio contratual (ou seu reequilíbrio), evitando uma intervenção do judiciário ou, ao menos, norteando essa intervenção?

3. NOVAS-VELHAS LIÇÕES PARA CONTRATOS FUTUROS

Com essas questões em mente e norteadas pelos princípios gerais de nosso ordenamento, que estão por trás das discussões trazidas pela Covid-19, podemos buscar elementos que propiciam a construção de novos contratos, mais estáveis e firmes a eventuais novas situações imprevisíveis.

Nesse cenário, passamos à análise desses elementos.

3.1 Bases do contrato

Desde as primeiras aulas de Direito, aprendemos que os contratos devem espelhar a real vontade das partes.

Se espelhar, de um lado, pode significar representar, de outro, significa também mostrar, evidenciar. Assim, importante que conste no contrato o que levou as partes a contratarem.

Aqui nos referimos essencialmente às condições preliminares ou *consideranda* de um contrato, muito bem desenvolvidas em contratos atípicos, mas muitas vezes esquecidas em contratos que, apesar de típicos, têm diversas peculiaridades em sua negociação.

Assim, é muito importante que se deixe claro porque A e B estão assinando um contrato, com todos os detalhes possíveis, para que o objetivo delas seja alcançado e preservado.

Nesse sentido e tratando especificamente da redação dos acordos decorrentes da Covid-19:

> "analisar de forma macro o negócio e entender por completo o instrumento contratual de locação é de extrema importância na hora de estipular as condições pelas quais serão concedidos os benefícios que os locatários pleiteiam. Tal medida tem a finalidade de proteção não somente do locador, que

---

9. ABELHA, André. *Quatro impactos da Covid-19 sobre os contratos, seus fundamentos e outras figuras*: precisamos, urgentemente, enxergar a floresta. Migalhas, 2020. Disponível em: https://www.migalhas.com.br/coluna/migalhas-edilicias/325495/quatro-impactos-da-covid-19-sobre-os-contratos-seus-fundamentos-e-outras-figuras-precisamos-urgentemente-enxergar-a-floresta. Acesso em: 21 jul. 2020.

aceita o pedido de ajuste feito pelo locatário, mas também para o locatário, que não deve se descui-dar, ao minutar os termos aditivos ou documentos pelo qual serão descritas e firmadas as condições ajustadas."[10]

Vejam que se determinada condição precedente do contrato tiver sido substancialmente alterada, o contrato não poderá mais atingir seu objetivo. Pelo menos não da forma como inicialmente pactuada.

É o que costumamos denominar de "bases do contrato". Se tais bases estiverem explicitadas de forma clara e objetiva e se tais bases tiverem sido substancialmente alteradas, teremos elementos para justificar e nortear a revisão do contrato ou sua resolução, conforme o caso.

Tratando das origens da teoria da imprevisão, muitos autores citam o famoso caso da coroação de Eduardo VII, quando as sacadas dos prédios foram alugadas, a peso de ouro, para propiciar aos locatários uma boa visão do cortejo real. Ocorre que, por razões de segurança, houve alteração de rota e o cortejo não passaria nas sacadas alugadas.

Supondo que o contrato de locação das referidas sacadas tivesse vinculado seu efeito à sua finalidade (assistir ao cortejo real), tal contrato estaria desfeito, por não ter atingido o objetivo das partes ao contratarem.

Como se vê, essa sugestão se alinha, de um lado, com disposições de nosso Código Civil Brasileiro no sentido de permitir uma intervenção ao contrato, mas, ao mesmo tempo, prestigia o interesse e intenção das partes ao contratar.

Deixar absolutamente em aberto ao Judiciário, que não participou do negócio, uma intervenção, é ter a certeza de que a decisão dificilmente atenderá à intenção original das partes.

E não por culpa do Judiciário. A não ser que o juiz tivesse poderes sobrenaturais ou de viagem no tempo, não se pode exigir de alguém que enxergue a situação originária quando as partes já estão em litígio e cada uma tentando defender o seu lado.

Recomendável, portanto, que as bases do contrato possam ser percebidas e capturadas por quem for interpretar o contrato durante sua execução. A intenção das partes deve estar bem evidente e clara na leitura do instrumento, o que aliás, é tratado no art. 112 do Código Civil Brasileiro.[11]

3.2 Equilíbrio do contrato

Como consequência direta das bases do contrato, temos os cenários de equilíbrio e desequilíbrio contratual.

Ora, num contrato bilateral e comutativo, as partes têm direitos e obrigações. Excluídas relações específicas que, por lei, têm tratamento diferenciado (como as relações

---

10. ROLFSEN, Bianca; DE MORAES, Eduardo R. Vasconcelos; PICCELLI, Paulo Athie; MOURA, Raul Calábria Macarrão. Covid-19: análise prática e teórica sobre os direitos e deveres das partes nos contratos em curso. In: ISMAEL, Luciana e VITALE, Olivar (Coord.). *Coletânea IBRADIM Impactos da Covid-19 no direito imobiliário* (livro eletrônico). Porto Alegre: Paixão, 2020, p. 58.

11. Art. 112. Nas declarações de vontade se atenderá mais à intenção nelas consubstanciada do que ao sentido literal da linguagem.

de consumo), podemos dizer que as partes têm liberdade para contratar, assumindo obrigações que deverão ser cumpridas, tal como acordadas, o nosso antigo conhecido *pacta sunt servanda*.

Vale lembrar que nem sempre os contratos nascem perfeitamente equilibrados em termos de direitos e obrigações. Em determinadas circunstâncias, uma parte pode assumir ônus maior do que a outra, por razões variadas, mas esse é o equilíbrio daquele negócio.

Pois bem, definido o equilíbrio que resultou naquele contrato, no momento de sua assinatura, podemos enfrentar situação adversas, imprevisíveis, independentes da vontade ou responsabilidade da parte, que abalam substancialmente o equilíbrio original do contrato (vide a atual pandemia!).

Ora, não se espera que os contratos contenham previsão expressa sobre todo e qualquer evento superveniente. Não há imaginação que consiga superar a realidade.

E, para isso, temos os institutos tratados no capítulo anterior, principalmente as regulações quanto ao desequilíbrio econômico superveniente (arts. 317 e 478 de nosso Código Civil, em especial).

Mas, para que sua aplicação possa ser feita de forma coerente e adequada ao negócio entabulado e à nova situação que surgiu, imprescindível que, como consequência natural à evidenciação das bases do contrato, estejam claras as condições de equilíbrio daquele negócio em específico.

Sobre esse tópico, vale lembrar de um outro exemplo, esse bem mais recente do que o caso da coroação de Eduardo VII: trata-se da compra da participação societária da famosa rede Victoria Secrets. O contrato, assinado quando a Covid-19 não tinha tomado a proporção que hoje conhecemos, previa expressamente uma eventual pandemia e tratava de seus efeitos sobre o contrato.

Aliás, em nossa história, vivemos situações bastante instáveis por décadas, culminando com os mais variados e criativos planos econômicos (para não dizer de muitos pesadelos econômicos). Não à toa, contratos em geral, inclusive os de locação, começaram a trazer regras para reforçar a importância da aplicação da correção monetária ou regras para preservar o valor da moeda, com minúcias.

Com o passar do tempo e a estabilização econômica, muitas dessas regras foram se simplificando, mas ainda podem ser percebidas na maioria dos contratos de locação.

Ainda que não se cobre dos advogados o poder de prever o futuro, a recomendação é que o contrato contenha métricas que, ao menos, definam seu equilíbrio, assim como formas de mitigar eventual desequilíbrio.

E aqui vemos um ponto de encontro saudável entre as normas de intervenção do Judiciário e as disposições introduzidas no Código Civil pela Lei da Liberdade Econômica (Lei n.º 13.874/2019). As partes podem prever no contrato os riscos que cada uma está assumindo e os riscos que deverão ser ressalvados, bem assim os termos de seu equilíbrio e reequilíbrio.

3.3 Negócio jurídico processual

Um outro elemento que pode favorecer bastante o enfrentamento de situações como a pandemia e de outros eventos imprevisíveis, é o negócio jurídico processual previsto no art. 190 do Código de Processo Civil[12].

Nas lições de Freddie Didier Jr.:

> "negócio processual é o fato jurídico voluntário, em cujo suporte fático se confere ao sujeito o poder de regular, dentro dos limites fixados no próprio ordenamento jurídico, certas situações jurídicas processuais ou alterar o procedimento."[13]

Desta forma, as partes podem não apenas prever uma etapa de mediação obrigatória (como forma de garantir um esforço negocial), como prever, inclusive, mecanismos para buscar o reequilíbrio contratual de forma mais eficiente e adequada a cada negócio.

Mas, para que os procedimentos decorrentes do uso de negócio jurídico processual sejam realmente efetivos, a clara delimitação da intenção das partes, das bases do negócio e de sua equação de equilíbrio original será imprescindível.

4. CONCLUSÃO

E concluímos nossa reflexão voltando ao trecho do acórdão relatado logo no início deste artigo: "qualquer contratação há que ser tratada com seriedade e que a pessoa não deve se lançar a avenças sem deter um mínimo de condições de cumprir o que ajustara".

Se o objetivo é evitar discussão e garantir que o negócio seja cumprido tal qual foi contratado, devem as partes explicitar, de forma clara e objetiva, sua intenção, definindo métricas (completas ou, ao menos, norteadoras) para que o contrato se mantenha paritário ao longo de sua execução.

Longe de esgotarmos o tema, acreditamos que a definição precisa das bases do contrato e de suas condições de (re)equilíbrio, aliada ao bom uso do conceito dos negócios jurídicos processuais, já seria um bom começo!

---

12. Art. 190. Versando o processo sobre direitos que admitam autocomposição, é lícito às partes plenamente capazes estipular mudanças no procedimento para ajustá-lo às especificidades da causa e convencionar sobre os seus ônus, poderes, faculdades e deveres processuais, antes ou durante o processo.
13. DIDIER JR, Freddie. Negócios jurídicos processuais atípicos no Código de Processo Civil de 2015. *Revista Brasileira da Advocacia*, v. 1 – 2016. Disponível em: http://www.mpsp.mp.br/portal/page/portal/documentacao_e_divulgacao/doc_biblioteca/bibli_servicos_produtos/bibli_boletim/bibli_bol_2006/RBA_n.01.04.PDF. Acesso em: 21 jul. 2020.

O MAL AGORA ESTÁ NA SUPERFÍCIE

Carlos Augusto Mattei Faggin

Doutor e Professor Livre-Docente pela FAU/USP. Especialização em Harvard e no Institute For Housing Studies em Rotterdam. Formado pela Faculdade de Arquitetura e Urbanismo da USP. Presidente do Conselho de Defesa do Patrimônio Histórico, Artístico e Turístico do Estado de São Paulo – CONDEPHAAT. Foi Professor de Projeto e História da Arquitetura da Universidade Mackenzie e da Faculdade de Arquitetura e Urbanismo da Universidade Católica de Santos. Foi Diretor Técnico da Associação Brasileira dos Escritórios de Arquitetura (AsBEA) e Vice-Presidente do Instituto dos Arquitetos do Brasil (IAB-SP).

Lasciate ogni speranza, voi che entrate

(Abandonai todas as esperanças, vós que entrais)

Advertência existente na porta do Inferno na *Divina Commedia*, obra de Dante Alighieri[1], escrita entre 1304/ 1321)

Sumário: 1. Uma pandemia. 2. O inferno de Dante. 3. Veneza e a peste. 4. Metrópoles e outras cidades. 5. Centralidade. 6. Áreas degradadas. 7. Sub-habitações. 8. Novos programas de necessidades.

1. UMA PANDEMIA

O impacto provocado pela pandemia da Covid-19 que infectou no planeta 16 milhões de pessoas e provocou 650 mil mortes até o final de julho de 2020, não tem precedentes no Brasil nos últimos 100 anos. São números assustadores, mas pequenos se comparados com a Gripe Espanhola (iniciada no estado norte-americano de Kansas) que, entre 1920 e 1922, infectou 500 milhões de pessoas no mundo todo (25% da população mundial) e provocou 50 milhões de mortes. No resto do mundo talvez as mortes provocadas pela Primeira e pela Segunda Guerra Mundial possam ter sido tão impactantes.

Há no mundo de hoje cerca de três dezenas de diferentes endemias que assolam os cerca de 7,8 bilhões de seres humanos que habitam nosso planeta. Isso sem contar a fome e as condições de pobreza extrema, também elas endêmicas, em que vive metade dessa população. Quero com isso dizer que a humanidade convive desde o início da sua existência na Terra sob a ameaça das endemias, das doenças e dos ataques de vírus, de bactérias, de insetos e de animais. E tem sobrevivido! Em jogo também esteve, não apenas a sua sobrevivência, mas também a permanência de seus valores sociais e culturais, igualmente ameaçados. Essa pode ser a primeira pandemia que nossas gerações tem contato, mas não é e nem será a última pandemia.

---

1. Dante Alighieri (Firenze 1265, Ravena 1321).

Como sabemos os vírus e as bactérias não andam e não voam. Para a sua disseminação é necessário que eles sejam transportados de uma pessoa para a outra. No caso da Covid-19 esse vetor é o próprio ser humano. Dessa forma podemos compreender que onde houver mais pessoas e aglomerações, haverá mais vírus e mais contaminação. Da mesma maneira quando a proximidade entre as pessoas for maior, tanto maior será o risco de contaminação. As máscaras e o distanciamento de segurança protegem com eficiência porque impedem que a saliva de uma pessoa infectada atinja outra pessoa: a boca e o nariz são as portas de entrada da Covid-19. Mas nenhum desses procedimentos é mais eficiente do que a vacina. E ela está em pesquisa simultânea por mais de 100 laboratórios diferentes espalhados pelo mundo. As previsões são de que no início de 2021, uma ou mais vacinas estejam já disponíveis.

2. O INFERNO DE DANTE

O mundo ocidental cristão tem no seu imaginário um modelo do que será o seu destino depois da morte, que foi desenhado e sistematizado por Dante Alighieri na *Divina Commedia*, escrita entre 1304 e 1321 e considerado o poema mais importante do mundo. Dante em sua obra alegórica percorre o Inferno, o Purgatório e o Paraíso, na companhia do poeta Virgílio[2] a quem muito admirava.

Dante imaginava que o Inferno era subdividido em nove círculos concêntricos. No primeiro inferno, o *Limbo*, estavam os pagãos e no nono estavam os traidores e com eles as "pessoas que haviam envenenado outras pessoas ou nada tivessem feito para evitar esses envenenamentos" (vírus e bactérias não eram conhecidos). Ali também estavam "as autoridades que tinham escolhido a neutralidade em tempos de crise", na companhia de Lúcifer. A síntese que Dante fez dos papéis sócio-políticos na *Commedia* é impressionante!

A ocorrência do Corona Vírus, Covid-19 no mundo coloca duas semelhanças com a proposta poética de Dante com os vilões atuais: *os que haviam envenenado seus semelhantes e os que não haviam tomado partido na crise estão no Inferno*. Mas há, porém, uma grande contradição estampada nas nossas cidades e vilas: o mal não está enterrado como estava o Inferno na *Divina Commedia*: *o mal agora está na superfície*. Nós convivemos com esse mal todos os dias no mundo todo, na forma da pandemia, vírus invisíveis e uma crise sem um fim determinado, a matar de forma crescente e descontrolada um grande número de pessoas.

O cenário ideal para a instalação da pandemia é a cidade. As cidades, porém, não existiram sempre, foram inventadas a cerca de 5000 anos atrás em decorrência de uma grande mudança socioeconômica na região mesopotâmica, no vale dos rios Tigre e Eufrates (nos atuais Irã e Iraque). A sua existência está vinculada à arquitetura e decorre do uso e do domínio de materiais mais duráveis como tijolos, madeira e pedra, principalmente. A arquitetura, por sua vez, é uma ciência muito conservadora: basta dizer que os tijolos de barro que usamos hoje em dia já eram usados pelos sumérios a 5000 anos atrás. Álvaro Siza afirma que "os arquitetos não *inventam* nada, apenas *transformam* o que já existe em função dos problemas que encontram ao longo da história"[3].

---

2. Publio Vergilius Maro (Mantova 70 aC, Napoli 19 dC).
3. SIZA, Alvaro. *Um olhar sobre o arquivo de Alvaro Siza na Fundação Serralves*. Serralves: Porto, 2020.

3. VENEZA E A PESTE

Poucos anos depois do lançamento da *Divina Commedia,* em 1348 a cidade de Veneza foi vítima da primeira pandemia da sua história, a Peste Negra. A sua origem e o seu epicentro estavam na Ásia e nas maiores cidades chinesas, Beijing e Shanghai. A sua propagação para Veneza a o resto da Europa se deu pelas rotas comerciais terrestres e marítimas, as Rotas da Seda e do Açúcar, descritas com precisão por Marco Polo[4] em seu livro *Il viaggio di Marco Polo – Il MIlione,* escrito em 1298. Como essa, mais outras 20 pandemias se abateram sobre Veneza, a última delas em 1630 quando um terço dos moradores da cidade foram mortos pela Peste Negra. Para saudar o fim da pandemia, em 1631, foi erguida em Veneza a igreja da *Madona della Salute,* projeto de Andrea Palladio. O mundo ocidental perdeu cerca de 200 milhões de pessoas e o oriente 25 milhões, vítimas da peste, nos quase 300 anos decorridos entre 1348 e 1631.

A cidade de Veneza, já naquela altura era bela e famosa, importante política e comercialmente. A pergunta que fazemos é: que mudanças a arquitetura e o urbanismo da cidade sofreram como consequência de tantas Pestes? O que foi feito para facilitar a vida dos venezianos e ajudar a prevenir a ocorrência de outras manifestações da Peste? No equipamento e nos serviços domésticos o que se nota é a difusão dos sistemas de água e de esgoto por toda a cidade, a construção de emissários submarinos para o lançamento do esgoto em alto mar e a organização da coleta de lixo. Pequenas janelas foram criadas para dar acesso, nos bares e restaurantes, para garrafas de vinho e pratos de alimentos e, naturalmente, para o dinheiro necessário para pagá-los: até hoje existem essas portinholas, *buccheti.* Nas roupas as máscaras feitas com *papier maché* e as roupas especiais usada pelos médicos e pelos funcionários da saúde pública tornaram-se populares também e hoje fazem parte dos desfiles e das fantasias do seu famoso carnaval.

A cidade, do ponto de vista urbanístico, viu aumentar o número e a área das praças e demais espaços públicos. Criaram-se os *larghi,* alargamentos promovidos nos cruzamentos principais da cidade, obtidos pela demolição das construções existentes nas quatro esquinas de modo a dar maior vazão de público e reduzir o congestionamento e a aglomeração de pedestres nas horas de pico, nas regiões das feiras-livres e de maior comercio e em torno dos edifícios e dos serviços públicos. Novas pontes foram construídas para aumentar a vazão dos usuários na travessia dos diversos canais da cidade. O serviço de transporte público também foi intensificado pelo uso de embarcações maiores. Sanatórios e hospitais foram construídos tanto para a prevenção quanto para a cura das pessoas contaminadas. A quarentena acabou por ser usada definitivamente nas vias terrestres e marítimas que serviam Veneza: os forasteiros eram obrigados a permanecer 40 dias internados nos postos de fronteira antes de serem autorizados a entrar na cidade. O passaporte foi criado como documento onde eram feitas a anotações das quarentenas e as autorizações dos salvo-condutos para os espaços de acesso e circulação. A existência de São Roque (protetor contra a peste e as epidemias) tem seus dados biográficos envoltos em mistério e dá a impressão de ter sido criado como figura emblemática de *marketing,* na prevenção contra a peste. São Sebastião, soldado e capitão do Império Romano e nascido

---

4. Marco Polo, (Veneza 1254, Veneza 1324).

no século IV, primeiro da era cristã no império, tem seu nome lembrado como padroeiro, por sua saúde e resistência física e assim como protetor contra a guerra, a fome e a peste.

4. METRÓPOLES E OUTRAS CIDADES

As cidades brasileiras, especialmente as metrópoles serão aquelas que mais esforços terão que desenvolver para absorver os novos usos e programas decorrentes da ação das pandemias na sua morfologia. Tomo o caso de São Paulo, onde vivo, como exemplo dessas circunstâncias e dessas necessidades. Por aqui costumamos reconhecer que existem onze cidades conturbadas, dentro da área urbana do município com seus 12 milhões de habitantes. Sem contar os demais municípios que compõem a região metropolitana. Dessa forma a vida urbana e o exercício das funções básicas na cidade, o morar, o trabalhar e o lazer convivem harmonicamente desde que todas essas necessidades possam ser realizadas numa única dessas onze regiões urbanos, dentro da metrópole. Mas poucos paulistanos conseguem essa proeza. Os problemas urbanos surgem quando o morar e o trabalhar, por exemplo, estão em subnúcleos urbanos diferentes. Isso porque a sua realização passa a depender da mediação do transporte público ou privado, e por isso surge então a necessidade de empregar de duas a quatro horas para os deslocamentos. A perda econômica, física e mental e de rendimento do trabalho é muito grande e chega a inviabilizar financeiramente alguns desses serviços.

A solução para isso é fragmentar ainda mais a cidade pelo aumento do número de subnúcleos de tal maneira que os deslocamentos possam ser hierarquizados. Metrô e trens urbanos serão utilizados para ligar os subnúcleos não confinantes, ônibus de maior ou menor porte serão utilizados para ligar os subnúcleos vizinhos e bicicletas ou percursos a pé serão consagrados para movimentos dentro dos subnúcleos. Os automóveis particulares vão perder a sua importância na medida que o estacionamento nas vias públicas deverá ser definitivamente proibido.

A recentemente reeleita prefeita de Paris, *Anne Hidalgo*, dá para a sua nova proposta urbanística para a cidade o nome de *Cidade de 15 Minutos*. Ou seja, uma cidade de escala metropolitana subdividida em tantos subnúcleos quantos necessários para que o morador leve apenas 15 minutos de bicicleta ou a pé para chegar de casa ao trabalho ou aos equipamentos de lazer: serão como células de 1500m de raio. Dessa forma a população estará sempre mais integrada aos seus bairros, onde encontrará a satisfação de todas as suas necessidades e todos os serviços necessários para a fruição ampla e perfeita da vida urbana.

Claro que a experiência que estamos tendo, todos, de desenvolver as nossas atividades sociais e profissionais de modo crescente por videoconferências já nos permite perceber que a possibilidade de realizar em parte ou totalmente nossas tarefas pessoais sem sair de casa torna-se mais e mais viável. O contraponto dessa tendência é reconhecer que a vida em sociedade impõe o convívio social até porque é isso que distingue a nossa cultura: o convívio e a interação social são os principais veículos culturais. Só o tempo é que vai nos dar a verdadeira medida de equilíbrio e ponderação entre o presencial e o distante em cada uma das nossas exigências, que é também um dado cultural. Recomendo um livro sobre esse assunto: *A Dimensão Oculta, de Edward T. Hall.*

Essa nova cidade com seus subnúcleos, a *Cidade Nuclear*, vai determinar uma profunda mudança no zoneamento e nas disposições das funções e usos urbanos. Com certeza as zoneamento exclusivo vai tender a desaparecer. Os usos residenciais e de serviço serão integrados, como já eram integrados informalmente antes da pandemia e tornaram-se impositivos durante o enfrentamento dessa crise que vivemos no confinamento.

Se falarmos de hierarquização de meios de transporte e de mobilidade em um país com as dimensões do Brasil teremos também que considerar ainda outros modos de transportes mais adequados para grandes e medias distancias. A ligação entre metrópoles poderá ser realizada por ferrovia, hidrovia, rotas marítimas ou aéreas pela combinação do tipo de carga com a distância e com o custo. Da mesma forma o transporte de passageiros. Sem dúvida o transporte terrestre, individual ou coletivo passa a ser uma alternativa econômica em alguns desses casos.

Evidentemente a criação de redes hierarquizadas de transporte público vai nos inter-rurbanas e intraurbanas vai beneficiar a qualidade do meio ambiente das cidades na medida que teremos uma maior eficiência no uso das diversas fontes de energia já disponíveis. Quem de nós deixou de observar, durante a quarentena o aumento da qualidade do ar, a possibilidade de observarmos o céu em noites claras, o silêncio que envolve a cidade de dia e a noite e a possibilidade de realizar o que eu chamo de urbanismo tátil, decorrente de novos contatos pessoais com a cidade e seus tecidos? Não podemos perder o que já ganhamos!

5. CENTRALIDADE

Dentro desse novo modelo, das *Cidade Nucleares*, caberá definir e determinar como serão e quais serão esses novos centros dos subnúcleos. Temos dois modelos conhecidos por conta da nossa história: o modelo da América espanhola que determinava que a praça central das cidades era a Praça de Armas, onde ficava o cabildo e o paiol.

E o modelo da América portuguesa que determinava que a praça central nas cidades era onde ficava a matriz, o principal edifício religioso. A *joint venture* estabelecida entre a monarquia portuguesa e a Companhia de Jesus foi a responsável por esse modelo na colônia, que não é o mesmo de Portugal. Curioso lembrar que São Paulo diferentemente do modelo português abrigou na sua praça central, desde sempre, um colégio: o Pátio do Colégio era a nossa centralidade. Mas a pergunta é: qual será o modelo da nova centralidade dos subnúcleos. O comercio? A cultura? Os serviços públicos, os *hubs* de transporte? Com certeza alguns subnúcleos urbanos já abrigam uma centralidade consagrada e que com certeza será mantida, mas outras centralidades terão que ser propostas e projetadas.

6. AREAS DEGRADADAS

Permaneço em São Paulo para analisar suas áreas degradadas, Paraisópolis e Heliópolis principalmente. Durante a pandemia essas regiões, pouco atendidas pelo governo, mostraram ter uma estrutura social desenvolvida na busca de solução para os problemas de convivência e no enfrentamento das dificuldades e dos perigos médico-sanitários da pandemia na proteção aos seus moradores. Isso aponta para a urgência da regularização fundiária de seus lotes e construções. Simultaneamente complementar com os serviços urbanos básicos: saúde, educação, transporte e segurança. Em seguida incorporar essas áreas e suas centralidades definitivamente à cidade.

7. SUB-HABITAÇÕES

Por acaso leio hoje nos jornais de São Paulo, que a estatística mostra que temos por aqui um déficit habitacional de 475 mil unidades considerado o ano de 2019. Isso equivale a considerar que há cerca de 2,38 milhões de pessoas vivendo em sub-habitações em São Paulo. Por um outro lado já é conhecido que temos 400 mil unidades residências ou de serviço vazias em São Paulo. Sem pensar muito bastaria abrigar essas mais de 400 mil famílias nas unidades vazias. Há meios para isso.

A nossa Constituição determina que o direito de construir não é prerrogativa do proprietário de terrenos, mas é uma concessão do Estado. Esse direito está condicionado ao uso social da construção. Naturalmente as unidades vazias não atendem ao uso social da construção, devendo, portanto, serem devolvidas ao poder público, para em seguida serem ajustadas e reformadas para receber o novo uso e abrigar essa população carente. A dificuldade pratica é a morosidade do processo de reintegração da propriedade desses imóveis às prefeituras locais para a reversão de uso. Esses imóveis na sua maior parte estão localizados nas áreas mais centrais da cidade e por isso já beneficiados pela localização e centralidade desses futuros subnúcleos.

8. NOVOS PROGRAMAS DE NECESSIDADES

Para moradores e trabalhadores das metrópoles e das cidades, já há mudanças em funcionamento que serão com toda a certeza incorporados à vida doméstica e profissional. Os espaços internos deverão privilegiar as áreas sociais, em prejuízo das áreas íntimas nos programas domésticos. As áreas sociais deverão conter espaços destinados as atividades profissionais. As áreas construídas serão menores, tanto dos apartamentos quanto dos escritórios e já são uma tendência a se consagrar, especialmente por conta do elevado valor da terra nos grandes centros. Materiais de acabamento principalmente laváveis, instalações hidráulicas e elétricas melhor dimensionadas para atender à crescente robotização das casas e escritórios. Não me arrisco mais sobre a previsão do futuro. Só *Jules Verne*[5] na sua fascinante obra literária foi capaz de prever o futuro com grande segurança e sem falhar, sobre o que viria a acontecer no século XX. Eu nada sei sobre o que virá, vou parar por aqui!

Menos beijos e menos abraços, por enquanto!

---

5. Jules Gabriel Verne, Nantes1828, Amiens 1905.

DELIBERAÇÕES DOS COTISTAS EM FUNDOS DE INVESTIMENTO IMOBILIÁRIO PÓS-PANDEMIA DA COVID-19

Fernanda Costa Neves do Amaral

Mestranda em Direito Comercial pela Pontifícia Universidade Católica de São Paulo (PUC). Especialização em Direito Empresarial Econômico pela Fundação Getúlio Vargas. Graduada em Direito pela PUC em 1995. Professora do Curso de Investimentos Imobiliários do Insper SP. Membro da Mesa de Debates de Direito Imobiliário (MDDI) e do Núcleo de Novos Negócios do Secovi. Advogada atuante na área imobiliária, com ênfase em negócios estruturados e mercado de capitais.

Sumário: 1. Introdução. 2. Os fundos de investimento imobiliário. 3. As decisões colegiadas no FII. 4. Conclusão. 5. Referências.

1. INTRODUÇÃO

A recomendação de isolamento social feita pela Organização Mundial da Saúde e pelos órgãos públicos por conta da pandemia causada pela Covid-19 acabou propiciando, aos Fundos de Investimento Imobiliário (FII), a utilização e o incremento de modalidades de tomada de decisão dos cotistas que eram buscadas há algum tempo.

O impedimento de realização de reuniões presenciais, para evitar aglomeração e contaminação pelo vírus durante o período, incentivou os administradores de FII a convocar assembleias virtuais e aumentar a utilização do procedimento de consulta formal, com assinaturas digitais, conquistando a adesão de cotistas que antes não tinham o costume de se manifestar ou comparecer às assembleias presenciais.

A mudança é positiva para o investimento, e traz mais legitimidade e representatividade aos cotistas, além de possibilitar decisões que antes se mostravam pouco viáveis, como as decisões relativas a matérias que demandam quórum de aprovação por maioria qualificada, tais como a alteração de política de investimentos e regulamento, substituição do administrador, aprovação de conflito de interesses, e outras decisões importantes.[1]

Nos FII, a maioria qualificada corresponde a 25% (vinte e cinco por cento) das cotas emitidas, quando o FII tiver mais de 100 cotistas, e 50% (cinquenta por cento) mais um, quando o FII tiver menos de 100 cotistas.

---

1. De acordo com § 1º do artigo 20 da Instrução CVM 472, de 31 de outubro de 2008 (que disciplina os FII, ICVM 472), as matérias sujeitas a quórum qualificado são: i) alteração do regulamento, ii) destituição ou substituição do administrador e escolha de seu substituto; iii) fusão, incorporação, cisão e transformação do fundo; iv) dissolução e liquidação do fundo, quando não prevista e disciplinada no regulamento; v) apreciação do laudo de avaliação de bens e direitos utilizados na integralização de cotas do fundo; vi) aprovação dos atos que configurem potencial conflito de interesses e vii) majoração da taxa de administração.

De acordo com a Anbima – Associação Brasileira das Entidades dos Mercados Financeiro e de Capitais, os fundos imobiliários atingiram a marca de um milhão de cotistas em setembro de 2019. *"O recorde foi alcançado no primeiro semestre deste ano e representa mais que o dobro do número de contas ativas no mesmo período de 2018 (400,2 mil)."* [2]. E dentre os FII com maior número de cotistas, sete FII já contam com mais de 125 mil cotistas.[3]

A tomada de decisões em FII com esse número de cotistas, principalmente aquelas que requerem quórum qualificado, acabavam se mostrando pouco factíveis, algumas vezes inviabilizando mudanças benéficas ao fundo e aos cotistas.

Por isso, os novos procedimentos adotados durante a pandemia da Covid 19 são bem vindos, e indicam uma mudança que pode ter caráter duradouro, representando nova prática e aprimorando os mecanismos de governança já existentes para os FII.

2. OS FUNDOS DE INVESTIMENTO IMOBILIÁRIO

Criados em 1993 por meio da Lei 8.668, de 25 de junho (Lei 8668/93), os FII atingiram marca relevante de cotistas apenas 20 (vinte) anos depois. Em março de 2013[4], os FII contabilizavam 100 mil cotistas. O avanço a partir de então é considerável, e mostra uma popularização do investimento, entre investidores antes não familiarizados com o mercado de capitais.

A criação dos FII teve como objetivo o incentivo ao desenvolvimento do mercado imobiliário, representando alternativa de financiamento para o setor.

Da Exposição de Motivos da Lei 8.668/93, nota-se essa preocupação, e a indicação de que *"o projeto se mostra oportuno e conveniente, na medida em que contempla a criação de importante instrumento de captação de recursos para reativação da indústria imobiliária, contribuindo diretamente para o enfrentamento da questão habitacional e refletindo sobre a atividade econômica em geral, dado o extraordinário efeito multiplicador da construção civil."*[5]

Segundo o legislador, o modelo jurídico adotado para a constituição dos FII e para a respectiva propriedade e gestão, inspirou-se não só no direito pátrio, no que diz respeito à propriedade fiduciária, como no direito europeu, notadamente no direito suíço, no qual os fundos imobiliários não possuem personalidade jurídica, sendo os respectivos bens adquiridos pela sociedade administradora em seu próprio nome, mas sob a inscrição no registro imobiliário da propriedade em nome do fundo.

O Projeto da Lei 8.668/93 visou trazer para o direito brasileiro, instrumento jurídico que proporcionasse segurança à iniciativa empresarial e ao público que direcionar sua poupança para o mercado de investimentos imobiliários, e *"como forma de acesso a recursos com características de permanência e de prazos mais longos, os Fundos de Investimento*

---

2. Disponível em: https://www.anbima.com.br/pt_br/noticias/fundos-imobiliarios-atingem-a-marca-de-1-milhao--de-cotistas.htm. Acesso em:30 jul.2020.

3. Disponível em: https://fiis.com.br/artigos/fiis-mais-100-mil-cotistas/. Acesso em:30 jul.2020.

4. Disponível em: http://bastidoresdabolsa.blogspot.com/2013/04/fundos-imobiliarios-atingem-100-mil.html.Acesso em:30 jul. 2020.

5. https://www.camara.leg.br/proposicoesWeb/prop_mostrarintegra;jsessionid=4BDE263F357FA1182AB1E-7B96BA06245.proposicoesWebExterno1?codteor=1139600&filename=Dossie+-PL+2204/1991.Acesso em: 30 jul. 2020.

Imobiliário viabilizariam a implantação de empreendimentos de maturação mais lenta, tais como prédios comerciais, "shopping centers", hotéis, conjuntos residenciais destinados a locação ou revenda, e até, eventualmente, a projetos de infraestrutura e armazenagem, tais como portos, aeroportos, edifícios-garagem, silos, e outros."

Os FII então foram definidos na Lei 8.668/93 como uma comunhão de recursos, sem personalidade jurídica, captados no sistema de distribuição de valores mobiliários, com o propósito de aplicação em empreendimentos imobiliários.

Constituem-se como condomínios fechados, ou seja, sem possibilidade de resgate de cotas.

O FII é representado por sua instituição administradora[6], que deterá a propriedade fiduciária dos ativos que comporão seu patrimônio, estabelecendo a lei que[7] tais bens e direitos não se comunicam com o patrimônio da administradora, assim como não respondem direta ou indiretamente por suas obrigações, não podendo ser dados em garantia de seus débitos, ou responderem pela execução de débitos da administradora, vedada a constituição de quaisquer ônus reais.

O administrador deve dispor dos bens adquiridos para compor o patrimônio do FII na forma e para os fins estabelecidos no regulamento ou em assembleia de cotistas, respondendo em caso de má gestão, gestão temerária, conflito de interesses, descumprimento do regulamento do fundo ou de determinação da assembleia.

A Comissão de Valores Mobiliários (CVM) é a autarquia responsável pela supervisão e regulação dos FII, que atualmente são disciplinados pela Instrução CVM 472, de 31 de outubro de 2008 (ICVM 472) que ampliou, em relação ao que era previsto na Lei 8.668/93, o rol de ativos que podem compor o seu patrimônio.

A partir da edição da ICVM 472, além do investimento direto em imóveis e direitos reais sobre imóveis, os FII podem adquirir títulos financeiros com base imobiliária, tais

---

6. Podem ser instituições administradoras dos Fundos Imobiliários, de acordo com o artigo 28 da ICVM 472 os bancos comerciais, bancos múltiplos com carteira de investimento ou carteira de crédito imobiliário, bancos de investimento, sociedades corretoras ou sociedades distribuidoras de valores mobiliários, sociedades de crédito imobiliário, caixas econômicas e companhias hipotecárias.

7. Art. 7º Os bens e direitos integrantes do patrimônio do Fundo de Investimento Imobiliário, em especial os bens imóveis mantidos sob a propriedade fiduciária da instituição administradora, bem como seus frutos e rendimentos, não se comunicam com o patrimônio desta, observadas, quanto a tais bens e direitos, as seguintes restrições:

I – não integrem o ativo da administradora;

II – não respondam direta ou indiretamente por qualquer obrigação da instituição administradora;

III – não componham a lista de bens e direitos da administradora, para efeito de liquidação judicial ou extrajudicial;

IV – não possam ser dados em garantia de débito de operação da instituição administradora;

V – não sejam passíveis de execução por quaisquer credores da administradora, por mais privilegiados que possam ser;

VI – não possam ser constituídos quaisquer ônus reais sobre os imóveis.

§ 1º No título aquisitivo, a instituição administradora fará constar as restrições enumeradas nos incisos I a VI e destacará que o bem adquirido constitui patrimônio do Fundo de Investimento Imobiliário.

§ 2º No registro de imóveis serão averbadas as restrições e o destaque referido no parágrafo anterior.

§ 3º A instituição administradora fica dispensada da apresentação de certidão negativa de débitos, expedida pelo Instituto Nacional da Seguridade Social, e da Certidão Negativa de Tributos e Contribuições, administrada pela Secretaria da Receita Federal, quando alienar imóveis integrantes do patrimônio do Fundo de Investimento Imobiliário.

como letras de créditos imobiliários, letras hipotecárias e letras imobiliárias garantidas, além de títulos e valores mobiliários vinculados a atividades imobiliárias, tais como certificados de recebíveis imobiliários, cotas de outros FII, cotas de fundos de investimento em participação e fundos de investimento em direitos creditórios que invistam em atividades imobiliárias, além de debêntures, ações e cotas de sociedades que invistam no setor imobiliário.

A regulamentação prevê uma série de obrigações para o administrador, relacionadas à gestão das atividades do FII, além da publicação de informações periódicas aos cotistas. O regulamento do FII deve conter alguns requisitos obrigatórios, tais como o objeto do fundo, os segmentos em que atuará e a natureza dos investimentos ou empreendimentos imobiliários que poderão ser realizados.

A especificação do grau de liberdade que o administrador se reserva no cumprimento da política de investimento deve estar enunciada no regulamento do FII, com a indicação das operações que fica autorizado a realizar independentemente de prévia autorização dos cotistas. Caso necessária tal autorização, cabe à assembleia de cotistas, daí a importância das deliberações e tomada de decisão para o bom funcionamento do FII.

3. AS DECISÕES COLEGIADAS NO FII

Assim como ocorre em um condomínio edilício, para citar um paradigma mais próximo aos cotistas do FII, a assembleia é o órgão máximo pelo qual se manifesta o condomínio, sendo também, o seu órgão deliberativo[8].

O condomínio congrega os poderes inerentes à propriedade comum a várias pessoas sobre um mesmo bem. Por lhe faltar personalidade jurídica, o condomínio é representado por uma determinada pessoa, no caso dos FII, pelo administrador, que o representa nos atos normais de administração. Para a tomada de decisão colegiada, cabe ao órgão deliberativo.

A ICVM 472 considera o correio eletrônico uma forma de correspondência válida entre o administrador e os cotistas, inclusive para convocação de assembleias gerais e procedimentos de consulta formal que, caso previsto no regulamento, poderá substituir as assembleias, se da consulta formal constarem os elementos informativos necessários ao exercício do direito de voto.

E desde que previsto no regulamento do FII, é possível aos cotistas votar por meio de comunicação escrita ou eletrônica.

Todos esses elementos já constavam da regulamentação dos FII, mas ainda não eram frequentemente praticados, gerando, conforme se mencionou, a pouca adesão dos cotistas às deliberações colegiadas.

A representatividade dos cotistas foi uma preocupação da CVM, ao alterar o quórum qualificado, que antes era, independentemente do número de cotistas do Fundo, de 50% (cinquenta por cento) mais uma das cotas emitidas. Em 2015, por meio da ICVM

---

8. AVVAD, Pedro Elias. *Condomínio edilício*. 3 ed. rev., atual. Rio de Janeiro: Forense, 2017. p. 149.

571, de 25 de novembro de 2015, que promoveu alterações na ICVM 472, os quóruns passaram a ser os atuais.

Por ocasião da audiência pública para efetuar essa mudança na regulação dos FII, a CVM pontuou, no respectivo relatório, que a alteração dos quóruns era importante em razão da dispersão da titularidade das cotas e do absenteísmo dos cotistas. Com base na análise de casos concretos, sugeriu a adequação dos quóruns à realidade da indústria brasileira de FII, tendo observado que em FII com até 100 cotistas, normalmente estes eram qualificados, e de mais fácil acesso pelo administrador. O foco de atenção eram os FII com base pulverizada de cotistas.

Para realizar o estudo, a CVM, segundo consta do relatório da audiência pública, coletou dados sobre a efetiva presença de cotistas em assembleias gerais e realizou estudo acerca da representatividade, em número de cotistas, dos titulares de 50% das cotas de emissão de FII pulverizados, dimensionando o esforço dos administradores para a mobilização de tais cotistas. Para a elaboração do estudo, solicitou aos administradores de todos os fundos com mais de 500 cotistas, na data base de setembro de 2013, a relação de cotistas e respectivas participações no total de cotas emitidas, tendo recebido informações relativas a 70 fundos.

Ao final, comentando sua iniciativa, a CVM pontua que a flexibilização do quórum qualificado aplicável à tomada de decisões em assembleias gerais de FII visa à sua adequação à realidade da indústria, para não impor um ônus e esforço excessivos aos administradores de fundos pulverizados, mas que isso não significa que não deverão ser despendidos esforços para facilitar a participação dos cotistas em assembleias gerais, por exemplo, por meio da adoção do mecanismo de consulta formal, realização de pedidos públicos de procuração e realização de assembleias à distância ou que utilizem meios eletrônicos de votação.

4. CONCLUSÃO

Passados alguns anos da iniciativa e da recomendação da CVM, a imposição do isolamento social finalmente conduziu à adoção de tais práticas.

Em março de 2020, a CVM informou aos administradores de FII que a B3 – Brasil, Bolsa, Balcão, ambiente onde ocorrem as negociações de cotas de FII, passará a disponibilizar uma nova plataforma eletrônica para voto a distância de fundos de investimento imobiliário, denominada Central de Inteligência Corporativa ("CICORP"). Segundo a CVM, a iniciativa promoverá uma maior universalização do acesso de investidores à governança prevista em regulação para os FII, agilizará processos relacionados às assembleias e consultas realizadas pelos fundos, e garantirá maior segurança, controle e visibilidade, aos investidores, assim como supervisão, pela CVM, sobre tais atos societários.

Implementados por falta de alternativa de realização de assembleias presenciais, por conta da pandemia da Covid-19, as modalidades remotas de tomada de decisão dos cotistas dos FII, seja por consulta formal com assinatura eletrônica ou assembleias virtuais, provavelmente se consolidará na indústria de fundos imobiliários, corroborando com a melhoria de sua governança, transparência e representatividade, e contribuindo para a manutenção do crescimento e credibilidade desse investimento no mercado imobiliário.

5. REFERÊNCIAS

AVVAD, Pedro Elias. *Condomínio edilício*. 3 ed. rev., atual. Rio de Janeiro: Forense, 2017.

BRASIL, *Exposição de Motivos do Projeto de Lei 8668*, 1993. Disponível em: https://www.camara.leg.br/proposicoesWeb/prop_mostrarintegra;jsessionid=4BDE263F357FA1182AB1E7B96BA06245.proposicoesWebExterno1?codteor=1139600&filename=Dossie+-PL+2204/1991.Acesso em: 30 jul. 2020 . Acesso em: 30 jul.2020.

BRASIL, Relatório de Análise – Audiência Pública SDM 07/14 – Processo CVM RJ 2012- 6197. CVM. 2014. Disponível em: http://www.cvm.gov.br/audiencias_publicas/ap_sdm/2014/sdm0714.html. Acesso em: 30 jul. 2020.

FUNDOS Imobiliários atingem 100 mil cotistas. Bastidores da Bolsa. 2013. Disponível em: http://bastidoresdabolsa.blogspot.com/2013/04/fundos-imobiliarios-atingem-100-mil.html.Acesso em: 30 jul. 2020.

FUNDOS imobiliários atingem a marca de 1 milhão de cotistas. Anbima, 2019. Disponível em: https://www.anbima.com.br/pt_br/noticias/fundos-imobiliarios-atingem-a-marca-de-1-milhao-de-cotistas.htm. Acesso em: 30 jul.2020.

SPERANDIO, *Bruno*. 7 FIIs com mais de 100 cotistas. fii.com.br. 2020. Disponível em: https://fiis.com.br/artigos/fiis-mais-100-mil-cotistas/. Acesso em: 30 jul. 2020.

CONSIDERAÇÕES SOBRE O MERCADO IMOBILIÁRIO PÓS-PANDEMIA

Flavio F. de Figueiredo

Pós-graduado em Avaliações e Perícias de Engenharia. Graduado pela Escola Politécnica da USP em 1980. Professor convidado em cursos de Pós-graduação da FAAP – Fundação Armando Álvares Penteado e do Mackenzie. Membro Titular do IBAPE – Instituto Brasileiro de Avaliações e Perícias de Engenharia, integra sua diretoria desde 1993, sendo atualmente Conselheiro. Membro Consultor da Comissão de Direito Urbanístico da OAB/SP, 2006/2018. Membro do Conselho Brasileiro de Construção Sustentável, desde 2007. Membro de Comissões de Peritos nomeadas pelos M.M. Juízes das Varas da Fazenda Pública de São Paulo para elaboração de Normas Técnicas e definição de diretrizes para avaliação de imóveis. Vice-Presidente do IBAPE – Instituto Brasileiro de Avaliações e Perícias de Engenharia – São Paulo – 2009/2011; 2011/2013. Coordenação da elaboração e revisão das Normas Técnicas de Perícias, de Grafoscopia e de Retificação de Registro Imobiliário do IBAPE. Acompanhamento de discussão e aprovação de Normas Técnicas para Avaliação da ABNT. Coordenador ou coautor dos seguintes livros: A Saúde dos Edifícios – CREA/SP e IBAPE/SP, 2003; Engenharia de Avaliações – Editora Pini, 2007; Perícias de Engenharia – Editora Pini, 2008; Vistorias na Construção Civil – Conceitos e Métodos – Editora Pini, 2009; Perícia Ambiental – Editora Pini, 2011; Perícias em Arbitragem – Editora Leud, 2012; Vistorias em Obras Civis – Editora Leud, 2018; Perícias em Arbitragens – 2ª edição ampliada – Editora Leud, 2018; Direito Imobiliário e Urbanístico – Temas Atuais – Editora Foco, 2019. Palestrante em empresas e entidades, tais como IBAPE, SECOVI, OAB, Procuradoria Geral do Estado e Escola Paulista da Magistratura. Diretor Figueiredo & Associados, antecedida por Daniel & Figueiredo, desde 1986. Consultor e Assistente Técnico em mediações, arbitragens e processos judiciais, desde 1981. Engenheiro Civil.

Adriano F. Macorin

Graduado pela Escola Politécnica da USP em 2009. Membro da Câmara Ambiental do IBAPE/SP – Instituto Brasileiro de Perícias e Engenharia de São Paulo. Consultor e Assistente Técnico em mediações, arbitragens e processos judiciais, desde 2010. Coautor dos seguintes livros e publicações Perícia Ambiental – Editora Pini, 2011; de Valoração de Área Ambiental – Ibape, 2015; Vistorias em Obras Civis – Editora Leud, 2018. Diretor Figueiredo & Associados, desde 2012. Engenheiro Ambiental.

Sumário: 1. Introdução. 2. Mercado imobiliário. 3. Alterações trazidas pela pandemia. 4. Impactos imediatos no mercado imobiliário. 5. Impactos a curto e médio prazos no mercado imobiliário. 6. Epílogo.

1. INTRODUÇÃO

Sem dúvida alguma, a pandemia da Covid-19 é a ocorrência mundial mais importante das últimas décadas.

Passada a fase de ficção científica, em que grande parte da população mundial terá vivido a experiência de isolamento temporário e de paralisação de atividades, que muitos denominaram quarentena, está sendo iniciado um processo de retomada.

Há várias especulações acerca desse processo e de como será o futuro.

Especialmente no que diz respeito a mercado imobiliário, muito se fala sobre impactos que poderiam ser motivados por modificações nas formas de trabalhar, morar e de comprar mercadorias, dentre outras.

2. MERCADO IMOBILIÁRIO

Embora tratado na maioria das vezes de forma genérica, como se fosse único, o mercado imobiliário é composto por vários mercados, muitos totalmente independentes entre si, quer por natureza de transação, quer por destinação ou localização dos imóveis.

As tendências de comportamentos de venda e locação podem ser distintas em determinado momento, assim como imóveis residenciais, corporativos ou destinados a lazer, por exemplo, também podem apresentar variações de valores e de liquidez totalmente dissociadas entre si. Da mesma maneira, as evoluções dos negócios em diferentes regiões, até mesmo dentro de uma cidade, podem ser muito diversas.

Por todos esses motivos, é muito perigosa a generalização do termo mercado imobiliário, quando se fala em tendências. Um bom momento para certos tipos de negócios ou segmentos pode não o ser para outros. Especialmente em tempos em que podem ocorrer mudanças, é imprescindível ter noção dessa realidade.

Além de saber que, em determinado instante, cada parcela do mercado pode apresentar diferentes comportamentos por tipo de transação e imóvel e para cada local, também é fundamental a noção de que as alterações futuras também podem ser muito distintas.

3. ALTERAÇÕES TRAZIDAS PELA PANDEMIA

Não é exagero dizer que a pandemia da Covid-19 pegou todo o mundo desprevenido. Pessoas e empresas foram obrigadas a mudar repentinamente seus modos de vida e operação, em razão da necessidade de isolamento social. Naturalmente, isso exigiu adaptações e improvisações, em um primeiro momento. Com a persistência da situação, as novas soluções foram sendo adaptadas e descobriram-se novos "modos de vida".

Muitas pessoas foram obrigadas a colocar em prática e a experimentar formas diversas das habituais de trabalhar, de comprar, de se divertir e até de morar. Algumas dessas mudanças podem até ter representado a realização de sonhos, jamais colocados em prática, em razão dos impactos que iriam representar nas rotinas. Alguns exemplos:

– muitos profissionais foram obrigados a trabalhar remotamente a partir de suas casas. Este movimento já era observado havia alguns anos, porém de forma tímida, pois muitas empresas tinham medo de perder o controle sobre as atividades de seus colaboradores, dentre outros motivos, e estes tinham receio de perder importância nas estruturas, por se tornarem invisíveis. Por outro lado, com os recursos tecnológicos disponíveis, muitas vezes é injustificável uma pessoa gastar horas de deslocamento, para ir e voltar de um escritório no qual passa o dia desempenhando tarefas que, em grande parte, poderiam ser feitas a partir de sua casa.

Em razão do longo período de duração da quarentena, por determinação do poder público, e posterior extensão decidida por várias empresas, foi observado movimento de mudança de famílias para imóveis mais adequados para essa nova rotina, mesmo imaginando que seria temporária;

– com a rotina alterada, por serem obrigados a trabalhar em casa e não poderem sair para atividades de lazer, muitos jovens solteiros e bem colocados no mercado de trabalho decidiram sair da casa dos pais e montar sua própria moradia, sobretudo por perceberem que precisavam ter espaço próprio e sossego para trabalhar e liberdade nos momentos de ócio;

– durante o recolhimento compulsório, várias famílias foram residir temporariamente em casas de campo ou de praia, ou em chácaras. Esses locais tendem a ser mais amplos ou agradáveis do que a casa de moradia habitual, além do sabor de novidade. Os tempos de deslocamentos para trabalho e estudos, que normalmente representam obstáculo importante para fixação de residência nesses locais, perderam relevância, em razão dessas atividades terem sido realizadas remotamente durante o tempo de recolhimento.

Para a maior parte da população, testar alterações como as aqui apresentadas como exemplo seria impossível ou não estava planejada. Portanto, sem esse recolhimento compulsório, jamais tantas pessoas viveriam simultaneamente experiências de mudanças radicais em suas rotinas, as quais podem ensejar o surgimento de novos anseios.

É esperado que o isolamento social seja reduzido ou eliminado, quando a pandemia tiver acabado. Com isso, não haveria razão para esperar que mudanças significativas permanecessem nas atividades pessoais e empresariais. No entanto, o que já se percebe é que as novas experiências de vida a que quase todos fomos submetidos por vários meses, voluntaria ou involuntariamente, mostraram novas formas de viver, que para alguns aparentaram ser mais agradáveis ou adequadas. Isto se aplica a moradia, local de trabalho, lazer, compras e até anseios de viagens.

No nosso entendimento, são essas as mudanças que poderão permanecer e ter impactos em diversos mercados, dentre os quais o imobiliário.

4. IMPACTOS IMEDIATOS NO MERCADO IMOBILIÁRIO

Há algumas décadas temos desenvolvido diversas pesquisas de mercado específicas, para subsídio a trabalhos de avaliações de imóveis. No momento atual, estamos observando algumas alterações no mercado que são decorrentes de impactos temporários e outras que já mostram efeitos de experiências vividas durante o recolhimento.

É importante observar que, paralelamente à pandemia, a taxa básica de juros do Brasil, que já estava em patamar historicamente baixo, foi bastante reduzida. Quando a taxa de juros sofre alterações, são normais movimentações em certas áreas do mercado imobiliário. Quando ocorre redução, é normal aumento na procura para compra, em razão da baixa rentabilidade proporcionada por aplicações financeiras tradicionais.

Assim, os movimentos observados no mercado decorrem de uma conjunção de fatores: experiências decorrentes de recolhimento e paralisação devidos à pandemia e redução de taxa de juros. Sem dúvida, a relevância de cada um desses fatores é muito distinta para cada tipo de imóvel e operação.

Por enquanto, essas modificações de procura estão tendo reflexos no estoque de imóveis prontos, em construção, ou em lançamento. Trata-se de produtos concebidos ou produzidos antes da pandemia. Naturalmente, esse movimento tem impacto nos preços, em razão de alterações na procura, que aquece a demanda em determinados segmentos e diminuiu em outros.

Observamos, inclusive, que imóveis que estavam sendo pouco valorizados pelo mercado subitamente passaram a ter procura relevante, enquanto outros, que constituíam verdadeiros objetos de desejo, estão esquecidos, com absoluta falta de demanda.

Apenas para ilustrar, seguem algumas constatações feitas em pesquisas de mercado que realizamos entre a decretação da pandemia, em março de 2020, e o início de retomada de atividades no Estado de São Paulo, em julho de 2020. É importante ressaltar que não se tratam de pesquisas abrangentes de todos os mercados, mas de trabalhos desenvolvidos para mercados e regiões específicas, sobretudo da região metropolitana de São Paulo e seus arredores.

– aumento de procura para compra ou locação, com reflexos positivos em preços: casas em condomínios, apartamentos com varandas ou vista, casas com espaço externo;

– aumento de procura para locação: galpões destinados a operações de logística e casas destinadas a lazer nas proximidades de grandes cidades, especialmente em condomínios ou loteamentos fechados;

– redução ou inexistência temporária de procura: escritórios, especialmente lajes corporativas, lojas em locais nos quais a atratividade comercial não seja excepcional e imóveis destinados a restaurantes.

Especificamente no que diz respeito a escritórios, a movimentação observada é curiosa, pois aponta simultaneamente para várias direções. Algumas empresas anunciam que pretendem desocupar andares ou prédios inteiros, prevendo que o trabalho remoto será a nova realidade para seus colaboradores. Outras sinalizam para a criação de espaços corporativos distantes dos grandes centros, antevendo novas formas de relacionamento e organização do ambiente. Há, ainda, aquelas que afirmam que irão precisar de mais espaço, em razão de ser necessária ampliação da distância entre seus colaboradores.

A duração do recolhimento compulsório e da paralisação de atividades pode não ter sido suficiente para que todas as nuances de cada experiência fossem percebidas. Também é necessário lembrar que várias rotinas foram alteradas ao mesmo tempo, sendo difícil a percepção das influências de cada alteração isoladamente. Exemplificando: em uma família, ao mesmo tempo os pais trabalharam em *home office*, os filhos tiveram aulas também em casa através de computadores e as atividades de esporte e lazer ficaram restritas ao ambiente doméstico. O simples retorno à normalidade – ou a algo mais próximo da normalidade- de algumas dessas atividades pode mudar totalmente o equilíbrio obtido durante a quarentena e redirecionar planos formulados naquele período.

Assim, pode ser que parte dessas alterações ou intenções seja efêmera e que o mercado para alguns imóveis volte à situação "pré-pandemia" em algum tempo, assim como outras modificações configurem tendências para o futuro.

Especialmente por esse motivo, não é recomendável que a simples observação do mercado atual e dos desejos expressos por alguns usuários e agentes do mercado seja tomada de forma exclusiva como balizadora para tomadas de decisões importantes, especialmente para concepção de novos produtos.

5. IMPACTOS A CURTO E MÉDIO PRAZOS NO MERCADO IMOBILIÁRIO

Como já mencionado, empresas e corporações viveram, ou estão vivendo, experiências novas, que podem criar desejos até então inimagináveis. Vemos esses desejos súbitos como as paixões, que disparam comportamentos momentâneos, muitos gerados sob emoção. Quando a razão passa a ocupar o espaço da emoção, é natural que haja uma seleção das vontades. No momento em que o conjunto de vontades individuais começa a tomar corpo, começam a ser delineadas as tendências.

Por isso, mais do que em outros momentos passados, é muito importante que as decisões sejam tomadas com base em análises técnicas de tendências, pois apenas no decorrer do tempo será possível identificar o que de novo veio para ficar e o que não passará de modismo. O que já se observa, de imediato, é que as análises de mercado imobiliário por investidores começam a ser modificadas, com novas considerações acerca de riscos e de oportunidades.

Todo processo de decisão, quer seja de desenvolvimento de novos produtos, quer de aquisição, locação ou desmobilização parcial, por exemplo, precisa ser cauteloso e racional. Cuidado especial precisa ser tomado para não seguir irracionalmente a "manada", pois o momento é propício para esse erro. No mercado imobiliário são muitas as histórias de escolhas coletivas, de produção ou de aquisição, que ocorreram dessa forma e acabaram trazendo prejuízos importantes para produtores e consumidores.

É natural que as empresas não poderão ficar com os braços cruzados, esperando a certeza absoluta. Arriscar faz parte da atividade empresarial que, no entanto, não é um jogo. Por este motivo, é preciso decidir e agir com cautela e com base em análises consistentes e solidamente fundamentadas, sem exagerar nas doses de otimismo ou pessimismo.

Por exemplo, no que diz respeito ao mercado de venda de imóveis novos, entendemos que inicialmente será necessária a realização de pesquisas e análises de desempenho de vendas, para detecção de eventuais novas necessidades do mercado. Essas informações poderão mostrar a necessidade de revisões em projetos que estão em desenvolvimento, bem como dar diretrizes para novos empreendimentos, para que estejam em sintonia com os anseios do mercado.

Ainda para ilustrar, no mercado de locação de imóveis comerciais já se mostram necessárias, dentre outras medidas, adaptações físicas em alguns imóveis para retomada das atividades, adequando-os para as alterações na demanda, além da necessidade de flexibilização em prazos contratuais e aluguéis, para que novas iniciativas sejam estimuladas, apesar das incertezas inerentes à viabilidade de novos negócios.

Como é possível que ocorram movimentos nos diversos mercados, tanto de comercialização ou locação de imóveis já construídos, como de novos empreendimentos, seus impactos poderão ser sentidos tanto em valores de imóveis já construídos, como naqueles de terrenos e glebas destinados a desenvolvimento.

A única certeza é que o impacto desses movimentos não será linear. Valorizações ou desvalorizações poderão ocorrer de formas distintas por tipo de imóvel e respectivos usos vocacionais, localização, época etc.

6. EPÍLOGO

A pandemia da Covid-19 certamente entrará para a história e, em razão da magnitude e da universalidade das providências que foram tomadas para se reduzir a velocidade de contágio, são esperados impactos duradouros nos modos de vida e trabalho de grande parte da população. Neste momento, em que as atividades estão sendo retomadas, ainda pairam muitas dúvidas sobre como será o futuro, mas há duas certezas: alterações ocorrerão e muito do que se fala é mera especulação, sem qualquer embasamento sólido e às vezes até com interesses comerciais.

No que diz respeito ao mercado imobiliário, modificações nos modos de vida pessoal, social e corporativo poderão ter impactos na concepção de novos produtos e nos valores de venda e aluguéis dos imóveis existentes.

As alterações que ocorrerem – se ocorrerem – atingirão os mercados em momentos diferentes. Como o mercado imobiliário tem inércia relativamente grande, tanto para concepção, como para produção de unidades, e as pessoas têm hábitos arraigados, muitas vezes transmitidos de geração para geração, certas mudanças poderão ocorrer de forma lenta e gradual.

Por esses motivos, será necessário monitoramento muito cuidadoso do mercado, para que não sejam tomadas decisões precipitadas, em razão até das alterações e ajustes de rumo inerentes a toda modificação que ocorre no mercado, especialmente aquelas mais relevantes.

A quantidade de variáveis é muito grande, o que impede a universalização de tendências. Dentre as variáveis, destacam-se, como já mencionado, localização, tipo de imóvel, perfil sócio econômico de usuários, dentre outras.

Em razão de todos esses fatores, apenas algumas semanas de paralisação mundial são certamente insuficientes para se fazer projeções razoavelmente precisas acerca do futuro da humanidade e seus reflexos de longo e médio prazo no mercado imobiliário.

No que diz respeito a curto prazo, pós paralisação, o que vislumbra é que será necessário acompanhamento de tendências e ajustes de valores em razão de acomodações na relação oferta *versus* procura.

Também alguns produtos que se encontram em fase de concepção ou implantação poderão sofrer modificações, para atender eventuais alterações no perfil de compradores ou locatários que venham a ser detectadas no mercado.

Os imóveis que já estão no mercado, ou que não sejam adequadamente adaptados a eventuais transformações no perfil da demanda poderão ter mais dificuldades de colocação, a menos que seus preços sejam corrigidos de forma que compense eventual defasagem de concepção em relação ao "desejo coletivo".

COVID-19 E SEUS IMPACTOS NOS COMPROMISSOS DE VENDA E COMPRA DE IMÓVEIS NO BRASIL

Henrique Rodrigues Anders

Mestre em Liderança pela Regent University, VA, Estados Unidos. Especialista em Transações Imobiliárias pela Fundação Getúlio Vargas (FGV/SP). Atende regularmente fundos de investimento imobiliário, indústrias, construtoras bem como gestoras de ativos e *family offices*. Possui forte atuação no setor imobiliário tanto em operações envolvendo tanto imóveis urbanos como rurais, com clientes nacionais e estrangeiros, em estruturações investimentos em participação societária, mercado de capitais e ativos imobiliários. Membro do Instituto Brasileiro de Direito Imobiliário – IBRADIM e da Mesa de Debates de Direito Imobiliário – MDDI. Advogado.

Sumário: 1. Pandemia da Covid-19 e seus efeitos jurídicos no Brasil. 2. Efeitos da Pandemia da Covid-19 nos Compromissos de Venda e Compra de Imóveis no Brasil. 3. Efeitos da Pandemia da Covid-19 nos Compromissos de Venda e Compra de Unidades em Incorporação Imobiliária. 4. Efeitos da Pandemia da Covid-19 nos Compromissos de Venda e Compra de Lotes em Loteamento. 5. Conclusão.

1. PANDEMIA DA COVID-19 E SEUS EFEITOS JURÍDICOS NO BRASIL

A pandemia da Covid-19 tem imposto à humanidade condições sem precedentes nos últimos 100 anos e, até o momento, é ainda marcada por grandes incertezas, especialmente em relação à sua duração e extensão, o que dificulta grandemente na identificação de seus reais efeitos e consequências.

Diferentes impactos nos diversos setores da economia mundial têm sido sentidos como consequências da pandemia da Covid-19 e das medidas de isolamento social e restrição de movimentação de pessoas e bens adotadas pelos países. Vemos redução da demanda mundial de determinados bens, e o aumento por outros, afetando diretamente os preços de commodities e outros bens, por conta das restrições na capacidade de oferta em diversos setores, países e regiões.

O mundo de economia globalizada, com forte e profunda interconexão de cadeias produtivas é uma realidade global praticamente inescapável, fazendo com que os efeitos decorrentes da pandemia e isolamento social sejam sentidos em todos os países.

Análises realizadas pela OCDE – Organização para a Cooperação e Desenvolvimento Econômico, demonstram que setores como turismo, cinemas, teatros, restaurantes, comércio e serviços pessoais, bem como a construção civil e as indústrias mais intensivas em mão de obra, são mais atingidos pelos os impactos de curto prazo sobre a atividade econômica global, decorrentes das medidas de isolamento social e restrições a deslocamento de pessoas[1].

Por outro lado, vemos também que a pandemia da Covid-19 trouxe reais oportunidades de aumento e crescimento a determinados setores da economia e atividades específicas tais como setores relacionados à tecnologia, transporte e entrega de bens, serviços prestados via internet, medicina por teleatendimento e outros.

Ao olhar as realidades regionais, semelhantemente, vemos as mesmas dificuldades dadas as diferentes vocações e aptidões comerciais e industriais de cada país e regiões. Assim, identificam-se diferentes consequências e tratamentos jurídicos para cada setor econômico, tornando-se imprescindível uma análise específica e individual da situação de cada país, região, setor econômico, sem se descartar a necessidade da análise dos casos específicos, já que, como dito acima, os efeitos da pandemia e do isolamento social e restrições ao transito de pessoas e bens, são distintos em cada caso.

No Brasil, tivemos a edição de diversas leis federais, estaduais e municipais, o que revela prontamente a necessidade de verificação de todas essas esferas para a análise de casos específicos. Focando no segmento imobiliário urbano, as principiais leis e normas editadas em decorrência da pandemia foram as seguintes, em ordem cronológica:

- Lei Federal 13.979/2020, publicada em 07.02.2020, que dispõe sobre as medidas para enfrentamento da emergência de saúde pública de importância internacional decorrente do coronavírus responsável pelo surto de 2019;
- Decreto 10.282/2020, publicado em 20.03.2020, alterado pelo Decreto 10.329/2020, publicado em 29.04.2020, que regulamentam a Lei 13.979/2020, para definir os serviços públicos e as atividades essenciais.
- Lei Federal 14.010/2020, publicada em 12.06.2020, que dispõe sobre o regime jurídico emergencial e transitório das relações jurídicas de direito privado no período da pandemia do novo coronavírus, tratando de diversas áreas do direito e introduzindo, entre outras alterações, mudanças nas regras de prescrição e decadência, nos mecanismos de realização de assembleias, nas relações de consumo, no usucapião, nos condomínios edilícios, no regime concorrencial e na lei geral de proteção de dados.

Em apertado resumo, as leis e regulamentos acima, foram relevantes ao mercado imobiliário urbano à medida em que:

A Lei Federal 13.979/2020 definiu juridicamente os conceitos de *"isolamento"* e *"quarentena"*, bem como abriu a possibilidade de adoção de medidas de isolamento, quarentena, restrição de entrada e saída do país, locomoção intermunicipal e interestadual, requisição de bens e serviços de particulares (mediante pagamento posterior de indenização justa), entre outras medidas, especialmente na área de saúde, visando especialmente o combate à pandemia da Covid-19.

---

1. IPEA – Carta de Conjuntura 47 – 2° Trimestre de 2020: https://www.ipea.gov.br/cartadeconjuntura/wp-content/uploads/2020/04/CC47_NT_Com%C3%A9rcio-externo-Covid-19_02.pdf.

Os Decretos Federais 10.282/2020 e 10.329/2020, definiram os serviços públicos e as atividades essenciais, dentre eles a produção, distribuição, comercialização e entrega, de produtos e materiais de construção, bem como as atividades de construção civil, obedecidas as determinações do Ministério da Saúde.

Finalmente, a Lei Federal 14.010/2020 é o resultado do Projeto de Lei 1.179/2020, amplamente discutido pela comunidade jurídica, esta lei, finalmente, estabeleceu juridicamente o marco de início da pandemia da Covid-19 no Brasil, como sendo o dia 20.03.2020.

Sob aspectos imobiliários urbanos, a Lei Federal 14.010/2020 estabeleceu que a suspensão ou impedimento dos prazos prescricionais, a partir 12.06.2020 até 30.10.2020, suspensão essa que atinge os prazos de carência das incorporações imobiliárias, dentro do qual é lícito aos incorporadores imobiliários desistir do empreendimento, bem como o prazo constante do cronograma de execução do projeto de loteamento e desmembramento, para efeitos de caducidade da aprovação do projeto e o prazo de 180 dias para apresentação do projeto de loteamento ao cartório de registro de imóveis (sob pena de caducidade da aprovação).

Ressaltamos que há também grande número de normas, leis e decretos editados nos âmbitos estaduais e municipais, os quais deverão ser considerados em análises de casos específicos.

2. EFEITOS DA PANDEMIA DA COVID-19 NOS COMPROMISSOS DE VENDA E COMPRA DE IMÓVEIS NO BRASIL

Como mencionado acima, as leis e normas federais brasileiras não estabeleceram alterações específicas em relação aos contratos de compromissos de venda e compra de imóveis, os quais se mantêm regulados pela legislação já existente, antes da pandemia da Covid-19.

Dessa maneira, como contratos celebrados, válidos e legalmente vinculantes às partes, de modo geral, devem ter seus termos e condições observados e respeitados, a despeito da pandemia da Covid-19, já que não foi editada norma específica no sentido de suspender direitos e obrigações deles decorrentes, ou mesmo de flexibilizá-los.

Nosso sistema jurídico brasileiro preza pelo princípio da conservação dos negócios jurídicos, como decorrência da função social dos negócios jurídicos, nesse sentido, o art. 478 do Código Civil Brasileiro estabelece que em contratos de execução continuada ou diferida, se a prestação de uma das partes se tornar excessivamente onerosa, com extrema vantagem para a outra, em virtude de acontecimentos extraordinários e imprevisíveis (pandemia), poderá o devedor pedir a resolução do contrato[2].

Assim, uma vez em vigor as normas gerais que regulam os contratos e, especificamente, os compromisso de venda e compra de imóveis, temos que o regramento sobre fatos fortuitos e de força maior são aplicáveis a esses contratos, contudo, desde

---

2. Lembrando que contratos de venda e compra, incluindo os respectivos compromissos, são contratos bilaterais, portanto, não se aplicam a eles a regra do art. 480, do Código Civil Brasileiro.

que demonstrado o efeito da pandemia da Covid-19, evento de força maior, na relação contratual específica.

Vale lembrar que, o Código Civil Brasileiro definiu especificamente o caso fortuito ou de força maior como sendo o fato necessário, cujos efeitos não era possível evitar ou impedir. Nessas hipóteses, uma vez comprovado o efeito ou vínculo direto do fato de força maior (pandemia) ao contrato de compromisso de venda e compra de imóvel, pode-se, em tese, invocar o art. 393 do Código Civil Brasileiro que estabelece:

> *"Art. 393. O devedor não responde pelos prejuízos resultantes de caso fortuito ou força maior, se expressamente não se houver por eles responsabilizado."*

A partir do texto do art. 393 do Código Civil Brasileiro, temos que as partes contratantes, têm a possibilidade de se responsabilizarem, no contrato, por prejuízos resultantes de caso fortuito ou força maior. Daí a necessidade, nos casos específicos de realizar atenta análise dos instrumentos contratuais, para verificar se nenhuma das partes se responsabilizou nesse sentido, o que excluiria, de pronto, a possibilidade de socorro ao contrato ou à lei, para eximir essa parte de sua responsabilidade.

Pela conjugação da regra do art. 478, com a do art. 393, do Código Civil Brasileiro, temos que em caso de inadimplência de contratos de compromisso de venda e compra de imóveis (sem considerar relações de consumo), o remédio legal seria a resolução do contrato, sem aplicação de multas contratuais, desde que comprovado o impacto direto e justificável dos efeitos da pandemia da Covid-19, na relação contratual. Lembramos, ainda que, nos casos de quitação do valor do preço pelo compromissário comprador, esse tem a possibilidade de adjudicação do bem, nos termos do art. 1.418, do Código Civil Brasileiro.

A jurisprudência dos tribunais brasileiros já tem apontado / confirmado que cumpre à parte interessada demonstrar a dimensão dos reflexos da pandemia no seu caso particular, para que possa invocar a pandemia da Covid-19 como causadora da rescisão contratual[3], verificando-se que *"a pandemia não pode ser utilizada genericamente, ou em abstrato, como eximente de responsabilidade de força maior, ou de desequilíbrio para todo e qualquer tipo de contrato"*[4].

Frise-se que o devedor cuja inadimplência se deu, ou iniciou antes do início dos efeitos do caso fortuito ou força maior, não se beneficia das regras do Código Civil Brasileiro, de não responsabilização pelos prejuízos causados por tal inadimplência. O período da pandemia da Covid-19, no Brasil, legalmente, iniciou em 20 de março de 2020.

---

3. Nesse sentido, vide TJ-SP, AI 2148015-76.2020.8.26.0000, ementa: "Tutela de urgência – Pandemia – Medida requerida pela Autora, ora Agravante, com a finalidade de obter moratória e preservar contrato de compromisso de venda e compra de imóvel – Alegação de que quitaria o contrato com a venda do seu atual imóvel, o que não conseguiu em virtude da pandemia – *Ausência de elementos que sustentem a assertiva* – Ademais, não se divisa risco ao perecimento do direito – Ausência dos requisitos do artigo 300, do Código de Processo Civil – Recurso improvido."

4. Excerto do acórdão: TJ-SP, Agravo Interno Cível 2126936-41.2020.8.26.0000/50000, ementa: "Agravo interno. Revisão contratual. *Impossibilidade de pagamento das parcelas pelo comprador não comprovada.* Ausência de desequilíbrio contratual por força da pandemia. Inaplicabilidade da teoria da imprevisão. Fatos previsíveis à época da celebração do contrato. *Ausência de elementos probatórios* da absoluta incapacidade financeira do comprador. Manutenção da liminar. Recurso improvido."

Contudo, compromissos de venda e compra de imóveis, usualmente, são contratos em que as partes têm forte interesse na manutenção de sua relação contratual. Dessa maneira, o que temos orientado e observado, não apenas durante o período da pandemia da Covid-19, como em situações diversas, em que as prestações de parte a parte foram dificultadas por motivos externos às partes, é que as partes analisem a fundo os efetivos impactos dessas circunstâncias a cada parte e que, de boa-fé, negociem as condições para que o contrato se mantenha.

Diante desses elementos e frente às dificuldades impostas pela pandemia da Covid-19, o verdadeiro mantra ecoado pela comunidade jurídica em relação a compromissos de venda e compra de imóveis, especialmente quanto aqueles que contêm prestações continuadas e diferidas, é de que as partes negociem e negociem, até que encontrem termos e condições que sejam aceitáveis e viabilizem a manutenção da relação jurídica contratual, formalizando-as da maneira mais adequada, usualmente por aditivos contratuais, evitando, ao máximo, levar essas questões ao Poder Judiciário.

Caso a via judicial seja inevitável, as partes, compromitentes vendedores e compromissários compradores, para que tenham seus respectivos pleitos atendidos, no sentido de que seja reconhecida a ocorrência de fato fortuito ou de força maior, baseados em contrato pelo qual a parte interessada não tenha se obrigado a responder pelos prejuízos resultantes de tais condições, deverão apresentar provas, especialmente, pautadas por três aspectos:

- *Inevitabilidade* dos fatos ocorridos, no caso a pandemia da Covid-19 e a impossibilidade das partes em evitar os efeitos negativos diretos na relação contratual;

- *Necessidade* dos atos praticados, no caso, a inadimplência da obrigação contratual, seja o atraso ou obstrução na entrega do imóvel ou a inadimplência no pagamento do preço pelo imóvel;

- *Externalidade*, isto é, os fatos a que se atribui configurarem fato fortuito ou de força maior são externos às atividades da parte interessada, isto é, que o contrato, quando celebrado, não poderia ter tido como prever que tal situação ocorreria, portanto, essa situação seria externa à relação contratual, embora tenha provocado efeitos absolutamente comprometedores ao cumprimento do contrato.

Presentes os elementos acima, temos a possibilidade da caracterização do caso fortuito ou de força maior à relação contratual específica, devendo restar demonstrada a presença de elementos imprevisíveis e extraordinários, causadores de desequilíbrio na relação contratual, ocorridos após sua conclusão, de modo a excluir o nexo de causalidade entre o ato (inadimplência) e o dano ou prejuízo, na medida em que o evento inevitável, necessário e externo provocou a ocorrência do dano ou prejuízo.

3. EFEITOS DA PANDEMIA DA COVID-19 NOS COMPROMISSOS DE VENDA E COMPRA DE UNIDADES EM INCORPORAÇÃO IMOBILIÁRIA

Sendo espécie específica de contrato de compromisso de venda e compra de imóveis, tratando-se de unidades em incorporações imobiliárias, de modo geral, se aplicam os mesmos preceitos mencionados no item 1 deste artigo. Contudo, há que se observar as regras específicas aplicáveis a esses contratos, já que, nessa situação, temos basicamente dois elementos que trazem maior complexidade, quais sejam: a existência de relação de consumo, portanto aplicabilidade do Código de Defesa do Consumidor, bem como a observância à chamada Lei dos Distratos (Lei Federal 13.786/2018), que alterou a Lei das Incorporações Imobiliárias (Lei Federal 4.591/64) para regrar os distratos de compromissos de venda e compra de unidades em incorporações imobiliárias.

Como já mencionado, tanto a construção civil como o fornecimento de materiais a ela foram eleitos como serviços essenciais, isto é, indispensáveis ao atendimento das necessidades inadiáveis da comunidade, assim considerados aqueles que, se não atendidos, colocam em perigo a sobrevivência, a saúde ou a segurança da população. Ainda assim, é inafastável que a construção civil e sua cadeia produtiva, consequentemente a atividade dos incorporadores imobiliários, sofreram com os efeitos da pandemia da Covid-19.

Por outro lado, a pandemia da Covid-19 causou a uma enormidade de rescisões e suspensões de contratos de trabalho, causando a perda de muitas posições de emprego, afetando negativamente boa parte das atividades econômicas, substancialmente, causando falências e encerramento de atividades, inclusive aquelas acessórias ou necessárias à construção civil e outras atividades consideradas como essenciais pela legislação brasileira.

Assim, na prática, tanto compromitentes vendedores, como compromissários compradores de unidades em incorporações imobiliárias, de modo geral, sofreram ou vêm sofrendo, em maior ou menor medida, direta ou indiretamente, impactos negativos decorrentes da pandemia da Covid-19, o que tem causando tensão às relações contratuais, com potenciais inadimplementos de parte a parte.

Frente a esse cenário, há que se ressaltar que os compradores de unidades em incorporação imobiliária são considerados consumidores, para efeitos da legislação consumerista e, como tal, são tidos como parte mais sensível na relação contratual.

Ora, pelo Código de Defesa do Consumidor, consumidores gozam de facilitação na defesa de seus direitos em processos judiciais, o que inclui a inversão do ônus da prova, a seu favor, quando, a critério do juiz, suas alegações forem consideradas como verossímeis ou quando forem hipossuficientes, segundo as regras ordinárias de experiências, isto é, por exemplo, quando incapazes de produzir provas relativas a questões que sejam da área de atuação dos fornecedores, em nosso caso, os incorporadores imobiliários.

É interessante observar que, embora os consumidores gozem da prerrogativa de verossimilhança de suas alegações em juízo, a comprovação dos efeitos da pandemia da Covid-19 em eventual inadimplência não diz respeito a fato do bem de consumo em si (a unidade imobiliária e sua produção). Dessa maneira, a mera alegação de que a pandemia teria impactado negativamente ao consumidor, levando-o à inadimplência, não seria suficiente para afastar a aplicabilidade das penalidades contratuais para o caso de rescisão do compromisso de venda compra da unidade imobiliária[5].

---

5. Nesse sentido: TJ-SP, AI 2115917-38.2020.8.26.0000, ementa: "Agravo de instrumento. Ação de *rescisão de contrato de compra e venda de imóvel*. Renegociação da dívida. Decisão que deferiu a suspensão do pagamento das prestações por 60 dias, em razão da pandemia do coronavírus. *Singela invocação do fato, sem evidências mínimas do comprometimento da renda dos compromissários compradores no período do isolamento social decretado pelas au-*

Ora, mencionadas regras relativas aos casos de caso fortuito e força maior, estabelecidas pelo Código Civil Brasileiro, são aplicáveis às relações de consumo. Portanto, há que se balancear nos casos concretos os efeitos da pandemia da Covid-19, tanto ao incorporador como ao compromissário comprador das unidades imobiliárias, para que se alcance a melhor solução a tais impactos, em cada caso específico.

A reunião dos elementos comprovadores dos efeitos negativos efetivamente sofridos pelas partes, em decorrência da pandemia da Covid-19, na renegociação dos termos e condições contratuais é especialmente importante considerando os diferentes efeitos causados pela pandemia a diferentes setores e atividades econômicas, de modo a evitar que a pandemia não se torne pretexto para oportunismos ou crie situações que não sejam realmente carecedoras de intervenções nas relações contratuais já estabelecidas.

Daí a importância tanto a incorporadores imobiliários, como a compromissários compradores de unidades em incorporação, de reunir da forma mais ampla e cabal possível, elementos de prova aptos a demonstrar os efetivos efeitos da pandemia da Covid-19 em relação a seu inadimplemento, caso venha a ocorrer ou já ocorrido.

Assim, considerando que a atividade da construção civil e aquelas assessórias à construção civil, foram especialmente protegidas pela legislação brasileira especialmente editada para combate dos efeitos econômicos da pandemia, elegendo tais atividades como de caráter essencial, torna-se ainda mais sensível aos incorporadores a necessidade de obtenção de provas aptas a demonstrar o efetivo impacto negativo da pandemia da Covid-19, na realização de suas incorporações e consequente impossibilidade de entrega das unidades imobiliárias nos prazos, termos e condições contratadas.

Com relação ao prazo de tolerância de 180 dias para entrega das unidades, além do prazo inicialmente previsto em contrato, estabelecido pelo art. 43-A da Lei das Incorporações Imobiliárias, o qual deve ser expressamente pactuado, de forma clara e destacada no respectivo compromisso de venda e compra, mais uma vez, para que a entrega das unidades após esse prazo de tolerância seja aceitável, incorporadores deverão estar munidos de comprovação efetiva dos impactos negativos da pandemia em suas atividades, a fim de renegociar a entrega atrasada das unidades de suas incorporações imobiliárias, bem como valerem-se da possibilidade de eximir-se da responsabilidade por prejuízos causados, por motivo de fato fortuito ou força maior, judicialmente, se necessário.

Feitas as considerações acima, entendemos que o mais aconselhável a incorporadores imobiliários e compromissários compradores que enfrentem dificuldades em adimplir suas obrigações contratuais decorrentes dos compromissos de venda e compra das unidades imobiliárias em incorporações, é que, pautados pelos princípios de boa-fé e lealdade, munidos da comprovação/demonstração cabal dos impactos sofridos por cada parte decorrentes da pandemia da Covid-19, busquem canais de diálogo e negociação, visando viabilizar a manutenção de suas relações contratuais em termos e condições que sejam mutualmente aceitáveis, evitando-se ao máximo levar essas questões ao Poder

---

toridades. Hipótese em contrário que se evidencia. Compromissários compradores que quitaram as prestações até o final de abril de 2.020. Força maior que ademais atingiu também a agravante. Insubsistência da moratória judicial outorgada. Revogação. Recurso provido".

Judiciário, ao qual deve-se recorrer nos casos em que o atingimento de consenso não seja possível pelas vias negociais.

Alertamos que mesmo com a caracterização da pandemia da Covid-19 como caso fortuito ou de força maior no caso específico, esta caracterização não afasta as demais obrigações ordinárias das incorporadoras, tais como o dever de informação, pelo Código de Defesa do Consumidor[6].

Em casos de resolução contratual de compromissos de venda e compra de unidades em incorporação imobiliária, haverá que se levar em consideração a aplicabilidade das regras introduzidas pela já mencionada Lei dos Distratos, que de modo geral fixou os patamares das indenizações e restituições devidas por incorporadores aos compromissários compradores, nos casos de resolução dos respectivos compromissos de venda e compra.

Quanto à aplicabilidade do Enunciado nº 534 do STJ[7] às resoluções contratuais sujeitas ao Código de Defesa do Consumidor, o qual determina a imediata restituição das parcelas pagas pelo promitente comprador – integralmente, que já nos foi objeto de questionamento por clientes, entendemos que, em hipótese de configuração de caso fortuito ou de força maior, este Enunciado não é aplicável, dado que não se trata de hipótese de rescisão por culpa exclusiva do promitente vendedor, mas sim pelo fato inevitável e irresistível do fortuito ou da força maior.

4. EFEITOS DA PANDEMIA DA COVID-19 NOS COMPROMISSOS DE VENDA E COMPRA DE LOTES EM LOTEAMENTO

Semelhantemente aos compromissos de venda e compra de unidades em incorporações imobiliárias, os compromissos referentes a lotes em projetos de loteamentos, são considerados como relações de consumo, portanto sujeitos às mesmas nuances do Código de Defesa do Consumidor, bem como têm suas rescisões reguladas pela Lei dos Distratos, que alterou a Lei de Parcelamento do Solo Urbano ou Lei dos Loteamentos nesse sentido.

Com efeito, a mencionada Lei Federal 14.010/2020 que suspendeu os prazos decadenciais já iniciados, ou impediu aqueles ainda não iniciados, de 12.06.2020 até 30.10.2020, por consequência, suspendeu ou impediu os prazos decadenciais estabelecidos pelo parágrafo primeiro, do art. 12, e pelo art. 18, da Lei Federal 6.766/79, quanto aos prazos de execução constante dos cronogramas de execução dos projetos aprovados de loteamento e desmembramento, bem como para apresentação dos respectivos projetos ao registro de imóveis competente. Porém, uma vez registrado o projeto de loteamento e iniciadas as vendas, passamos à esfera contratual.

---

6. Nesse sentido: STJ – RESP 1582318 – (RJ 20150145249-7) – Ementa: "Recurso Especial. Civil. Promessa de compra e venda de imóvel em construção. Atraso da obra. Entrega após o prazo estimado. Cláusula de tolerância. Validade. Previsão legal. Peculiaridades da construção civil. Atenuação de riscos. Benefício aos contratantes. CDC. Apelação subsidiária. *Observância do dever de informar.* Prazo de prorrogação. Razoabilidade."

7. STJ – Enunciado 534: Na hipótese de resolução de contrato de promessa de compra e venda de imóvel submetido ao Código de Defesa do Consumidor, deve ocorrer a imediata restituição das parcelas pagas pelo promitente comprador – integralmente, *em caso de culpa exclusiva do promitente vendedor/construtor, ou parcialmente,* caso tenha sido o comprador quem deu causa ao desfazimento.

Na esfera contratual dos compromissos de venda e compra de lotes em projetos de loteamento, entendemos igualmente recomendável aos loteadores e compromissários compradores em dificuldades para adimplir suas obrigações, que, sempre embutidos de boa-fé e lealdade, munidos da comprovação / demonstração cabal dos impactos sofridos por cada parte decorrentes da pandemia da Covid-19, busquem, ao máximo o diálogo e a negociação, para assim viabilizar a manutenção de suas relações contratuais em termos e condições mutualmente aceitáveis, lembrando que a via judicial deve ser buscada apenas em casos extremos, em que não seja possível o consenso entre as partes.

Lembremos também que a questão de que a pandemia da Covid-19 não é inerente à produção do bem de consumo em si (lote), afasta a possibilidade pelo consumidor de valer-se judicialmente de mera alegação de que a pandemia teria impactado negativamente ao consumidor, levando-o à inadimplência, para afastar a aplicabilidade das penalidades contratuais para o caso de rescisão do compromisso de venda compra do lote.

Não obstante, sendo a venda de lotes em projetos de loteamento abarcada pelo Código de Defesa do Consumidor, cabe aqui também ressaltar o dever de informação do fornecedor, nesse caso o loteador, que deve o mais prontamente possível, e no melhor de sua capacidade, manter os seus consumidores, compromissários compradores, informados sobre os acontecimentos ligados à pandemia da Covid-19 e seus impactos no andamento da produção dos lotes comercializados.

Em casos de resolução contratual de compromissos de venda e compra de lotes em projetos de loteamento, haverá que se levar em consideração a aplicabilidade das regras introduzidas pela já mencionada Lei dos Distratos, que de modo geral fixou os patamares das indenizações e restituições devidas por incorporadores aos compromissários compradores, nos casos de resolução dos respectivos compromissos de venda e compra.

5. CONCLUSÃO

Em síntese:

- É inquestionável que a pandemia da Covid-19 não era um fato previsível cujos efeitos não eram possíveis de se evitar ou impedir, o que a caracteriza, nos termos da nossa legislação como um fato fortuito ou de força maior;

- A legislação brasileira, até o momento, não prevê norma que estabeleça a suspensão ou flexibilização dos direitos e obrigações decorrentes de compromissos de venda e compra de imóveis;

- A legislação brasileira, até o momento, não afasta a aplicabilidade aos compromissos de venda e compra de imóveis em geral, bem como de unidades em incorporação imobiliária ou de lotes em projetos de loteamento, das normas relativas a fatos fortuitos e de força maior, contudo, as partes envolvidas devem, mesmo em contexto consumerista, demonstrar o efetivo efeito negativo causado pela pandemia da Covid-19 na relação contratual específica, para se valerem das regras relativas a casos fortuitos e de força maior;

- É de fundamental importância que compromitentes vendedores de imóveis, incorporadores, loteadores e respectivos compromissários compradores, ao enfrentar situações de potencial inadimplência contratual, busquem ao máximo, negociar, sempre em boa fé e lealdade, os novos termos que sejam reciprocamente aceitáveis, visando a manutenção da relação contratual, tendo a via judicial como medida extrema;
- Uma vez inevitável a via judicial, a parte interessada deverá comprovar a ocorrência de efeitos negativos decorrentes da pandemia da Covid-19 na relação contratual, de modo a gerar desequilíbrio contratual imprevisto e extraordinário, por fato posterior à celebração do contrato;
- Caracterizado o fato fortuito ou de força maior, judicialmente, a parte interessada deverá ser eximida de sua responsabilidade por danos ou prejuízos dele decorrentes, nos termos do contrato sendo resolvido.

O PÓS-COVID-19 E A POSSE: O NOVO USO DAS ÁREAS PRIVATIVAS – O ESPAÇO RAREFEITO

Ivandro Ristum Trevelim

Doutor em Direito Civil pela Universidade de São Paulo (USP). Mestre em Direito Civil pela Universidade de São Paulo (USP). Pós-Graduado em Direito Empresarial pela Pontifícia Universidade Católica de São Paulo (PUC-SP). Pós-Graduado em Negócios Imobiliários pela Fundação Armando Alvares Penteado (FAAP). Formado em Direito pela Universidade de São Paulo (USP). Presidente da Comissão de Imóveis Rurais e Contratos Agrários do IBRADIM (Instituto Brasileiro de Direito Imobiliário).

É preciso frequentemente recolhermo-nos em nós mesmos. (...)
Misturemos, todavia as duas coisas: alternemos a solidão e o mundo.
A solidão nos fará desejar a sociedade e esta nos reconduzirá novamente
a nós mesmos; elas serão antídotas, uma à outra: a solidão, curando nosso horror à
multidão, e a multidão, curando nossa aversão à solidão.

Sêneca, Da Tranquilidade da Alma

Sumário: 1. A posse e as relações locatícias comerciais. 2. Conceito de posse. 3. A posse direta e indireta. 4. Desdobramento da posse no contrato de locação. 5. Consequências pós-covid-19 e impactos no uso de imóveis comerciais e escritórios. 6. Considerações finais e questões persistentes. 7. Referências.

1. A POSSE E AS RELAÇÕES LOCATÍCIAS COMERCIAIS

Embora nos primórdios romanos a locação se confundia com a compra e venda, consoante ensinamento de Álvaro Villaça Azevedo, regulando-se pelas mesmas regras jurídicas, com a evolução histórica distinguiu-se a locação desta, apresentando suas características próprias, tendo a natureza jurídica de um contrato típico, bilateral, oneroso, comutativo, consensual, não solene e principal[1].

Conforme a clássica definição formulada por Orlando Gomes, a locação é o contrato pelo qual "uma das partes se obriga, mediante contraprestação em dinheiro, a conceder à outra, temporariamente, o uso e gozo de coisa não fungível"[2].

Tradicionalmente, a doutrina indica, e a legislação acompanha, a inclusão entre as obrigações do locador, a entrega da coisa a ser locada em estado a servir ao uso a que se destina, mediante a outorga da posse sobre a coisa, bem como assegurar o uso de forma pacífica do imóvel a ser locado. Por outro lado, destaca entre as obrigações do locatário o pagamento da contraprestação (aluguel) na data aprazada, usar a coisa como o bom pai de família, como se de sua propriedade fosse, e arcar com o pagamento das demais

---

1. Azevedo. *Curso de Direito Civil*. Contratos típicos e atípicos. Saraiva, p.144-145. v. 4.
2. GOMES, Orlando. *Contratos*. Forense, p. 274.

despesas e encargos da locação, tais como, limpeza, conservação, manutenção, custos dos concessionários de serviços públicos (como água, luz), entre outros.

Contratualmente, também usual estabelecer que o locatário igualmente arque com todas as despesas e responsabilidade atinentes ao desenvolvimento de suas atividades no local, observando ademais fielmente todas as imposições formuladas pelo Poder Público, como a obtenção prévia de todas as licenças e alvarás necessários a execução das atividades no imóvel locado, aprovação prévia junto à Municipalidade da obras e adaptações que necessita realizar, e manter tais licenças vigentes e atualizadas também em vista da evolução da legislação municipal, estadual e federal aplicável.

Tal incumbência de concretizar as medidas e ações necessárias, para o desenvolvimento de suas atividades tornam muito mais relevante no período que se atravessa da pandemia causada pelo chamado Novo Corona Vírus, que desencadeou a denominada Covid-19. Dentre a vastidão de consequências causadas pela pandemia, as quais não teríamos espaço suficiente para tratar nessa oportunidade, uma de grande importância que se coloca é a readequação do uso do espaço nos imóveis comerciais, dado ser onde a atividade econômica primordialmente se desenrola.

Assim, focaremos neste aspecto específico da posse e respectivo uso do espaço e ocupação física dos imóveis comerciais, não abordando outros aspectos igualmente relevantes, como os temas da saúde pública, trabalhista, técnico, regulatório, entre outros. O presente não pretende esgotar o assunto, que comporta aprofundamento em várias outras áreas do direito, mas sim lançar as principais questões que se colocam e fomentar o debate.

Se em um primeiro momento, como mostra a vivência, foi decretado e ocorreu o distanciamento e o isolamento social para evitar o alastramento do vírus e o desenvolvimento da Covid-19, com a manutenção em grande parte das pessoas em suas próprias residências, estabelecendo o regime do teletrabalho (o chamado home office), quando se tornar possível a superação deste quadro imposto de distanciamento\isolamento, como se dará essa posse e ocupação dos espaços comerciais de escritório? Haverá mudança, novas formas para as pessoas desenvolverem suas funções profissionais, ou ao contrário rapidamente se voltara a algo muito próximo do que havia antes da pandemia?

Certamente ainda não temos, nesse momento em que estamos vivendo e que todo os países em maior ou menor grau atravessam, visibilidade em saber ao certo como será exatamente o porvir, e como se dará o trabalho nos espaços comerciais. Qualquer tentativa será uma mera suposição, pois o cenário muda a cada poucas horas e muito pouco se sabe sobre a doença e ou a rapidez que se alcançará uma vacina ou ao menos um tratamento eficaz.

Por outro lado, já surgem opiniões no sentido que ao menos, o distanciamento e isolamento das pessoas, em maior ou menor grau, a depender das condicionantes e, particulares e situação de cada caso e de cada atividade trazidos pela pandemia, poderá ocorrer o aceleramento da tendência de as pessoas recorrerem ao teletrabalho com mais frequência, dado os inconvenientes existentes impostos pela vida moderna nos centros urbanos, como o tempo que se perde preso nos engarrafamentos, nos longos deslocamentos no transporte público, entre outros.

2. CONCEITO DE POSSE

Como fundamente dessa ocupação dos imóveis comerciais e escritórios, temos que a relação entre as pessoas e imóveis e coisas, se dá através da posse.

Por posse podemos conceituar, seguindo o ensinamento de Girard, e de acordo com as fontes romanas, o exercício da propriedade manifestada pelos seus sinais exteriores, compreendendo normalmente um fato material e voluntário, com dois elementos, um elemento material chamado *corpus* e um fato intencional denominado *animus*, habitualmente chamado de *animus domini*, no qual há intenção de se manifestar como proprietário (intenção de possuir)[3], correspondendo, portanto, à visão de clássica de Savigny.

Com Ihering, passa a ser a posse entendida como a exteriorização da propriedade, não sendo necessário, nessa visão, o poder efetivo nem o poder iminente sobre a coisa. Assim, a exteriorização é o estado normal da coisa, aquele em que a coisa se encontra normalmente para atender a sua destinação econômica de servir aos homens[4].

O nosso Código Civil teria conferido o conteúdo eminentemente objetivista (segundo a visão de Ihering) aos artigos 1.196 e 1.197, que guardam a definição da posse, não sem possibilitar também que esta se desdobre em direta e indireta, conforme a atual redação no Código Civil abaixo:

> Art. 1.196. Considera-se possuidor todo aquele que tem de fato o exercício, pleno ou não, de algum dos poderes inerentes à propriedade.

> Art. 1.197. A posse direta, de pessoa que tem a coisa em seu poder, temporariamente, em virtude de direito pessoal, ou real, não anula a indireta, de quem aquela foi havida, podendo o possuidor direto defender a sua posse contra o indireto.

3. A POSSE DIRETA E INDIRETA

Marco Aurélio Bezerra de Melo ensina que, por termos adotado em nosso Código Civil a teoria objetiva de Ihering (que, em linhas gerais considera ser a posse a exteriorização da propriedade), seria possível conceber o desdobramento da posse entre duas pessoas. Uma exercendo a posse direta – a que mantém o contato físico com a coisa – e outra, a posse indireta – a pessoa que desdobrou temporariamente a sua posse[5].

Para Maria Helena Diniz, com base na doutrina de Ihering, ocorreu no nosso sistema jurídico o desdobramento da posse no que concerne ao seu exercício (proprietário concede a posse a outro, mantendo os poderes inerentes ao domínio). "Há duas posses paralelas e reais: a do possuidor indireto que cede o uso do bem e a do possuidor indireto que o recebe, em virtude de direito real, ou pessoal, ou de contrato (...) somente a teoria objetiva de Ihering possibilitaria esse desdobramento, pois para que haja posse basta que se proceda com relação ao bem como o faz o proprietário, já que a posse é a visibilidade

---

3. GIRARD, Paul Frédéric. *Manuel Élémentaire de Droit Romain*, p. 164-265.
4. RAVAIL, Pierre-Julien. *De L'object de la possession*. Essai sur le droit romain, l'ancien droit français et le droit actuel, p. 4.
5. MELO, Marco Aurélio Bezerra de. *Direito das coisas*, p. 35.

do domínio. Assim, o possuidor direito, que o recebe numa destinação econômica, utiliza-o como faria o proprietário"[6].

As posses direta e indireta sempre coexistem, sendo a direta concedida em todos os casos a título temporário, consistindo em relação jurídica transitória.

Nesse sentido, o artigo 1.197 do Código Civil determina que "a tradição da coisa faz com que se opere a bipartição da natureza da posse". Deve, portanto, haver "coexistência de direitos diversos sobre uma mesma coisa (...)", implicando a posse direta "sempre uma apreensão efetiva da coisa, enquanto a indireta, a rigor, se considera tal porque é assim admitida pelo sistema. Por isso já se tem aventado mesmo a ideia de ser a posse indireta uma ficção jurídica"[7].

Assevera Silvio de Salvo Venosa que a divisão em posse direta e indireta "foi a solução encontrada pela lei para contornar situação em que o simples exame do *animus* e do *corpus* mostrou-se insuficiente"[8].

No ensinamento de Washington e de Dabus Maluf, "todas as vezes que o direito ou a obrigação de possuir caiba a outra pessoa que não o proprietário, a posse se desdobra e se apresenta sob duas faces, sendo direta para o que detém materialmente a coisa, e indireta para o proprietário, para o que concedeu ao primeiro o direito de possuir". A situação possessória é então desdobrada. A posse direita tem caráter temporário, por força do artigo 1.197 do Código Civil de 2002; o principal efeito da posse direta é possibilitar a sua defesa com os interditos possessórios – o possuidor direto pode intentar ação possessória até contra o próprio possuidor indireto[9].

Assim, surge o desdobramento da posse plena em posse direta e posse indireta, podendo, como lembra Gonçalves, "haver desdobramentos sucessivos". Essa dinâmica é compatível apenas com a doutrina de Ihering. Indica Gonçalves: "observe-se que o ato de locar, de dar a coisa em comodato ou em usufruto, constitui conduta própria de dono, não implicando a perda da posse, que apenas se transmuda em indireta". Por isso, ambas, direta e indireta, têm a mesma qualidade e são jurídicas. Lembra Gonçalves que a questão da qualificação surge apenas quando da diferenciação entre posse justa e injusta e posse de boa-fé e má-fé (arts. 1.200 e 1.201 do Código Civil de 2002)[10].

No Brasil, a discussão a respeito de como qualificar a posse segundo a teoria subjetiva tornar-se-ia superada, com a visão de posse desenvolvida por Ihering, pois em nosso país a posse se subdividiria, conforme acima indicado, em direta e indireta, sendo ambas posses, não causando impacto relevante analisar qual o substrato do *animus* dos possuidores, pois ambas as posses são legítimas e amparadas pela proteção possessória.

---

6. DINIZ, Maria Helena. *Curso de direito civil brasileiro*. v. 4, direito das coisas, p. 54-55.
7. R. Limongi França. *A posse no código civil*, p. 16.
8. VENOSA, Silvio de Salvo. *Código Civil comentado*, V. XII, p. 33.
9. BARROS, Washington de e MALUF, Carlos Alberto Dabus. *Curso de direito civil*: direito das coisas, p. 38.
10. GONÇALVES, Carlos Roberto. *Direito civil brasileiro*: Direito das coisas, p. 80-82.

4. DESDOBRAMENTO DA POSSE NO CONTRATO DE LOCAÇÃO

Temos assim, ocorre também o desdobramento da posse no contrato de locação, mediante a sua celebração, e respectiva tradição da coisa locada para o contrato se aperfeiçoar, ocorrendo a imissão do locatário na posse direta do imóvel, restando a posse indireta ao locador.

No ensinamento de Orlando Gomes, a posse direta é detida pelo não proprietário for força de obrigação ou direito, sendo que a posse indireta é, portanto, mantida pelo proprietário, pois cedida a outra pessoa o seu alcance direto e imediato. Para referido autor, "são possuidores diretos: o usufrutuário, o usuário, o titular de direito real de habitação, o credor pignoratício, o enfiteuta, o promitente comprador, o *locatário* (*destaque nosso*), o comodatário, o depositário, o empreiteiro, o construtor (...)"[11].

Também para Chaves de Faria e Rosenvald, "o desdobramento da posse é fenômeno que se verifica quando o proprietário, efetivando uma relação jurídica negocial com terceiro, transfere-lhe o poder de fato sobre a coisa. Apesar de não se manter mais na apreensão da coisa (que está sobre o poder de fato do terceiro-contratante), o proprietário continuará sendo reputado possuidor, só que indireto. Assim por força de uma relação jurídica travada entre o proprietário e um terceiro, detecta-se o desdobramento da posse em direta e indireta. Exemplos fecundos podem ser lembrados com os contratos de locação (...). Em tais hipóteses, o proprietário (que permite que um terceiro apreenda a coisa) se mantem como possuidor indireto, enquanto o terceiro assume a posição de possuidor direto"[12].

No ensinamento de Silvio Rodrigues, enquanto perdurar o prazo da locação vigente, a ocupação e detenção da posse (direta) será justa. Por outro lado, findo o prazo, "não tem mais o locatário qualidade para conservar a coisa, devendo, por conseguinte, devolvê-la. A posse direta, que até então desfrutava e havia a título precário por força do contrato de locação, tornou-se injusta quando, ao término do contrato, o locador debalde reclama a devolução da coisa"[13].

Também Álvaro Villaça Azevedo aborda o desdobramento da posse, ao lembrar que, no caso de esbulho ao imóvel locado, o locatário não está eximido de "defender a posse como possuidor direto da coisa locada"[14].

Detendo a posse direita por força do contrato de locação, deve o locatário observar todas as diretrizes e regulamentos governamentais para exercer suas atividades.

Também na qualidade de detentor da posse direita do imóvel locado, usualmente por fora de dispositivo contratual, arca o locatário com as despesas e encargos da locação, como se proprietário fosse. Deve, assim, também zelar pelo imóvel, por sua manutenção e conservação, a fim de que o objeto da locação não se deteriore.

A título de exemplo, no contexto da pandemia do novo corona vírus, nesse sentido, foi emitida em 18.06.2020, a Portaria Conjunta 20 de 2020, pelo Ministério da Economia

---

11. GOMES, Orlando. *Direitos reais*, Forense, p. 46-47.
12. FARIAS, Cristiano Chaves de e ROSENVALD, Nelson. *Direitos reais*. Lumen Juris, p. 58.
13. RODRIGUES, Silvio. *Curso de direito civil*. Dos contratos e das declarações unilaterais de vontade, v. 3, p. 215.
14. AZEVEDO., Álvaro Villaça *Curso de Direito Civil*. Contratos típicos e atípicos, v. IV. Saraiva, p. 148.

e pelo Ministério da Saúde, estabelecendo medidas de prevenção, controle e mitigação dos riscos de transmissão da Covid-19 nos ambientes de trabalho.

Ademais, outros dispositivos estaduais e municipais regrando o funcionamento de estabelecimento comerciais durante a pandemia também devem ser observados. A observação também dos protocolos internacionais e da Organização Mundial de Saúde também deve ocorrer.

Edifícios, por sua vez, terão que se preparar e adaptar com todas as medidas de segurança contra o contágio para possibilitar o retorno dos trabalhadores. Os aspectos acima se colocam no contexto corrente das informações veiculadas até o momento, sujeitos a constantes alterações, e, portanto, comportando modificações a cada momento.

5. CONSEQUÊNCIAS PÓS-COVID-19 E IMPACTOS NO USO DE IMÓVEIS COMERCIAIS E ESCRITÓRIOS

Muito se tem discutido, para além dos aspectos jurídicos acima indicados sobre a posse tendo por objeto os imóveis comerciais e escritórios, sobre como deverá ocorrer a ocupação destes espaços de trabalho após a superação do período de pandemia e da Covid-19.

A verdade, no entanto, é que no atual estágio da situação pandêmica, não é possível prever exatamente como será essa ocupação. Atualmente, o teletrabalho (*home office*) que foi implantado como forma de resguardo dos trabalhadores, e o isolamento e distanciamento como forma de enfrentamento do vírus, poderia estar sendo entendido como permanente, um caminho sem volta. Mas é possível durante a crise, ter certeza ou visibilidade do que acontecerá realmente quando for esta superada?

Dada o atual estágio do desenvolvimento da pandemia em nosso país, e suas dimensões continentais que levam a ocorrência de não uma, mas diversas pandemias, como ocorreu no continente europeu, o retorno aos escritórios ainda pode demorar mais, o que traz ainda mais incerteza na provisão de como será o porvir.

A manutenção da situação de teletrabalho também reflete o desejos dos funcionários e trabalhadores pois indicam que podem realizar suas funções de casa, sem aparente prejuízo à qualidade e produtividade, bem como para aqueles que tem filhos, a dificuldade de não ter as escolas em funcionamento, e portanto de ter que ficar em casa com as crianças.

O teletrabalho foi portanto uma necessidade imediata, para assegurar a saúde tanto individual e como coletiva, mas isso significará também, quando for possível reconquistar a normalidade de viver sem a ameaça do vírus, que ocorrerá este retorno eterno, que pode nunca ocorrer, com os trabalhadores pretendendo continuar a trabalhar a partir de casa definitivamente?

Sabemos que antes do advento da pandemia já havia sido detectada esta tendência gradativa pela utilização do *home office* de forma crescente pelas pessoas, em determinadas condições e empresas, notadamente como forma de promoção da qualidade de vida, especialmente por se evitar perda de tempo, energia com horas parado em congestionamentos, possibilitando igualmente maior tempo de convivência com familiares.

No entanto, esta tendência até então se desenvolvia mais lentamente, e acabou por acelerar-se extraordinariamente pelo surgimento também extraordinário da pandemia. A pandemia, assim, precipitou a introdução abrupta, imediata e generalizada (para grande parte das atividades praticadas a partir de escritórios) do *home office*.

Corroborando para o sucesso da experiência, as próprias empresas passaram a relatar os efeitos positivos da medida, sinalizando que os espaços corporativos poderão ser readaptados, não para acomodar a totalidade de seus colaboradores de uma só vez, mas ao contrário, o espaço passaria a ser destinado mais a ambientes de reuniões para poucas pessoas, treinamentos, eventos, enfim, melhorar a convivências entre as pessoas.

No entanto, já é possível sentir na prática algumas dificuldades também resultantes do trabalho a partir da residência, como o próprio distanciamento em si para a construção da integração tão importante para a vida corporativa, além das dificuldades óbvias também inerentes à captação de novos projetos e clientes.

Certo que o contato pelas plataformas digitais de reuniões a distância apresenta limites, podendo-se argumentar que no médio e longo prazo dificilmente se sustentará o contato frio e distante através de uma tela de computador, em comparação com a possibilidade de empatia e transmissão de conhecimento possibilitada pelo contato presencial real.

Mas a dúvida persiste, e o aperto e mão, maneira física e símbolo tradicional de se formalizar um novo contato e até um o fechamento de um negócio, quando será possível seu retorno. Ou, ao contrário, restará abolido esta forma de cumprimento social que carregava até então tantos significados.

Ainda assim, a percepção de que nem todos funcionários precisam estar ao mesmo tempo no ambiente de trabalho também começa a ser aventada.

Todavia, pode-se se questionar também se todas as impressões que estamos tendo agora, durante a pandemia, enquanto ainda estamos todos vivenciando-a, perdurarão uma vez superadas as dificuldades atuais de convívio coletivo.

A título de exemplo, percebe-se também uma tendência a aquisição de moradias no interior, nos arredores dos grandes centros urbanos, que muito se justifica dadas as circunstâncias atuais, porém continuará a fazer sentido quando o convívio não mais trouxer tantos riscos agregados? Persistirá essa busca na normalidade, ou a tradicional equação do custo benefício voltará a ser analisada mais atentamente, também frente a multiplicidade de opções que somente os grandes centros urbanos propiciam?

Dentro os cenários que se cogitam para os espaços corporativos ocupados pelas empresas, temos alguns a destacar, (i) como a possível redução em si do número de escritórios ocupados, quer pela detenção da posse direta, por locatários ou seus próprios proprietários, como desenvolvido acima; (ii) ambiente com espaçamento maior entre coisas e pessoas; (iii) uma busca por ambientes mais salutares, com redução na proporção de pessoas por metro quadrado de área útil; (iv) maior interconexão entre o ambiente de trabalho e o ambiente da habitação.

6. CONSIDERAÇÕES FINAIS E QUESTÕES PERSISTENTES

Como possível verificar, propositalmente lançamos diversas questões que ainda hoje se colocam sobre o mercado de imóveis comerciais e escritórios, e que ainda não se vislumbram as respostas exatas, dado ainda presentemente vivenciando os efeitos da pandemia, pois não foi possível alcançar a exata extensão das suas consequências.

Os indicativos presentes apontam para a instalação de tendência no sentido do *espaço rarefeito*, com as pessoas se distribuindo melhor nos ambientes contando mais espaço entre elas.

Não podemos, no entanto, esquecer que o ser humano somente experimentou a evolução, sucesso e desenvolvimento desde o seu surgimento, por ter sido capaz de se organizar em sociedade e trabalhar uns com os outros.

O sucesso do ser humano muito se deu em razão da sua capacidade de estabelecer a cooperação de forma que muitos conjugavam esforços para atingir o fim comum estabelecido

Lembra Yuval Harari que o homo sapiens é primordialmente um animal **social**, e que a cooperação social foi fundamental para a sobrevivência e crescimento da espécie humana, pois apresenta a capacidade única e singular de cooperar de forma flexível com um grande numero de outras pessoas – sendo esta a razão para sua dominância no mundo[15].

Assim, de igual forma pode-se dizer do trabalho e do valor que estar entre outras pessoas terá para o trabalhador. Parece pouco provável que os benefícios do convívio social se perderão de forma definitiva; necessário será porem aguardar até o controle da pandemia para vislumbrar a realidade que emergirá, e como será exercida a posse e a convivência profissional nos ambientes corporativos de trabalho.

7. REFERÊNCIAS

AZEVEDO, Álvaro Villaça. *Curso de Direito Civil* – contratos típicos e atípicos. São Paulo: Saraiva, 2019. v. 4.

BARROS, Washington; MALUF, Carlos Alberto Dabus. *Curso de Direito Civil* – Direito das coisas. 42. ed., São Paulo: Saraiva, 2012.

DINIZ, Maria Helena. *Curso de direito civil brasileiro* – Direito das Coisas. 22. ed. rev. atual. São Paulo: Saraiva, 2007. v. 4.

FARIAS, Cristiano Chaves de Farias; ROSENVALD, Nelson. *Direitos reais*. 4. ed. Rio de Janeiro: Lumen Juris, 2007.

HARARI, Yuval Noah. *A brief Story of Humankind*. Londres: Vintage, 2011.

FRANÇA, R. Limongi. *A posse no Código Civil (noções fundamentais)*. São Paulo: José Bushatsky Editor, 1964.

GIRARD, Paul Frédéric. *Manuel Élémentaire de Droit Romain*. 4. ed. Paris: Arthur Rousseau Éditeur, 1906.

GOMES, Orlando. *Contratos*. 16. ed. Rio de Janeiro: Forense, 1995.

GOMES, Orlando. *Direitos reais*. 12. ed. Rio de Janeiro: Forense, 1996.

GONÇAVES, Carlos Roberto. *Direito civil brasileiro* – Direito das coisas. 6. ed. São Paulo: Saraiva, 2011. v. 5.

MELO, Marco Aurélio Bezerra de. *Direito das coisas*. Rio de Janeiro: Lumen Júris, 1999.

---

15. HARARI, Yuval Noah. *A brief Story of Humankind*. Vintage, p. 26-28.

RAVAIL, Pierre-Julien. *De l'object de la possession* – Essai sur le droit romain, l'ancien droit français et le droit actuel. Paris: Arthur Rousseau, 1899.

RODRIGUES, Silvio. *Direito Civil* – Dos contratos e das declarações unilaterais de vontade. São Paulo: Saraiva, 1994. v. 3.

VENOSA, Sílvio de Salvo. In: AZEVEDO, Alvaro Villaça (Coord.). *Código Civil comentado* – Direito das Coisas. São Paulo: Atlas, 2003. v. XII.

ACOLHIMENTO DO *HOME OFFICE* NO CONDOMÍNIO EDILÍCIO

Jaques Bushatsky

Pró-Reitor da Universidade Corporativa. Coordenador de Locação, *Shopping Centers* e Compartilhamento de Espaços da OAB/SP. Coordenador da Comissão de Locação do IBRADIM. Foi Procurador do Estado de São Paulo e chefiou a Procuradoria da Assembleia Legislativa do Estado de São Paulo. No SECOVI – SP é membro do Conselho Jurídico da Presidência, Diretor de Legislação da Locação, Fundador e diretor da MDDI. Sócio correspondente da ABAMI para São Paulo. Advogado.

Sumário: 1. Introdução. 2. As relações de trabalho se transformaram. 3. O que é morar, residir? 4. As soluções apontadas pela legislação de uso urbano. 5. Condomínios edilícios com destinação residencial. 6. Futuro? A necessária interpretação contemporânea das regras.

1. INTRODUÇÃO

No dia 13 de julho de 1.789 o Rei Luis XVI escreveu o que via acontecer ao seu redor: "rien", nada. Mas, as forças econômicas e sociais avolumavam-se há tempos e internacionalmente, a energia revolucionária era imensa e palpável e, no dia seguinte cairia a Bastilha, símbolo da Revolução Francesa.

Podemos, hoje em dia, até nos espantar ou reclamar[1], mas não nos é admitido fechar os olhos. Especificamente, nem que isso consista nota menor em toda a análise da movimentação sócio cultural econômica, pergunta-se: como acolheremos as novas relações econômicas – e os novos hábitos – nos condomínios edilícios destinados à residência?

2. AS RELAÇÕES DE TRABALHO SE TRANSFORMARAM

Sociólogos, economistas, profissionais de recursos humanos, especialistas em direito laboral já discutem, há tempos, a transformação das relações de trabalho[2]. A interconexão fácil e constante, as novas necessidades de produção, as novas especialidades, a globalização e a nova partilha de afazeres entre as regiões e os países, a valorização crescente

---

1. Quem sabe, com John Lennon: "nobody told me there'd be days like thes. Strange days indeed".
2. [...] Os trabalhadores físicos não podem ir para casa, porque se trabalham na linha de montagem devem ir à fábrica. Os trabalhadores intelectuais trabalham com a informação e graças à internet se recebe informação em qualquer lugar. Portanto, é totalmente inútil que um jornalista vá à redação para trabalhar. Pode trabalhar de casa. É totalmente inútil que milhares de pessoas saiam de manhã de casa, andem quilômetros, gastem gasolina, gastem dinheiro, poluam, tenham acidentes mortais para fazer no escritório aquilo que poderiam fazer em casa. Portanto, toda a organização do trabalho das empresas ainda é feita sob a base da fábrica, da linha de montagem que não existe mais. (MASI, Domenico. 'O desemprego é uma construção social'. *Jornal O Estado de São Paulo*, caderno geral, maio de 2019. Disponível em: https://alias.estadao.com.br/noticias/geral,o-desemprego-e-uma--construcao-social-afirma-o-domenico-de-masi,70002841231. Acesso em: 30 jul. 2020).

do trabalho intelectual estão em pauta, mostrando que o profissional pode ser – muitas vezes – tão (ou mais) eficiente em casa quanto nos escritórios da empresa.

A Consolidação das Leis do Trabalho, em redação que vige desde 2011[3], prevê no seu artigo 6º que "não se distingue entre o trabalho realizado no estabelecimento do empregador, o executado no domicílio do empregado e o realizado a distância, desde que estejam caracterizados os pressupostos da relação de emprego". Mais, exatamente para viabilizar essa nova relação, o parágrafo único do dispositivo dispõe que "os meios telemáticos e informatizados de comando, controle e supervisão se equiparam, para fins de subordinação jurídica, aos meios pessoais e diretos de comando, controle e supervisão do trabalho alheio".

Bem por isso a compreensão jurisprudencial, valendo ilustrar:

Ementa: Home Office – Ausência de fiscalização e consequente controle de jornada – Incidência de Exceção Legal. *O sistema de trabalho conhecido como home office é juslaboralmente bem aceito e já está até regulamentado, por meio da Lei 12.551/11, que alterou o artigo 6º/CLT.* O atual padrão normativo visa equiparar os efeitos jurídicos da subordinação exercida por meios telemáticos e informatizados à exercida por meios pessoais e diretos. Nessa ordem de ideias, não se distingue entre o trabalho realizado no estabelecimento do empregador, o executado no domicílio do empregado e o realizado à distância, desde que estejam caracterizados os pressupostos da relação de emprego. [...][4].

Legislação e jurisprudência trabalhistas acompanharam a evolução sócio econômica, deram efetiva primazia à realidade.

Realmente, o IBGE constatou que na Região Sudeste, de 2017 para 2018, passou de 1,4 milhão para 1,8 milhão de pessoas trabalhando em casa (exclusive os empregados domésticos). Indica-se que o Brasil seja o terceiro país do mundo onde mais cresce o home office, método até pelo Estado[5] praticado – e preconizado, quando sequer se imaginava possível a pandemia que mais recentemente forçou as pessoas a ficarem em casa. Os gráficos[6] são esclarecedores:

Distribuição percentual das pessoas ocupadas no setor privado no trabalho principal, exclusivo nos serviços domésticos, *por local do estabelecimento* – Brasil – 2018:

---

3. BRASIL. Lei 12.551/2011. Alteração à Consolidação das Leis do Trabalho (CLT).
4. TRT-3. Processo 00727-2013-018-03-00-1. 4ª Turma. Rel.: Vitor Salino de Moura Eça. Belo Horizonte-MG, julgado 09.09.2015.
5. D'AGOSTINO, Rosanne. Tecnologia e falta de mobilidade estimulam 'home office' nos tribunais. G1, 2014. Disponível em: http://g1.globo.com/concursos-e-emprego/noticia/2014/03/tecnologia-e-falta-de-mobilidade-estimu-lam-home-office-nos-tribunais.html. Acesso em: 17 jul. 2020; SOARES, Andréia. Governo do Estado quer adotar 'home office' para parte dos servidores. *Folha de Vitória*, 2017. Disponível em: https://www.folhavitoria.com.br/politica/blogs/de-olho-no-poder/2017/12/governo-do-estado-quer-adotar-home-office-para-parte-dos-servidores/. Acesso em: 17 jul. 2020; COUTINHO, Karina Camargos. *Home office se expande e treina mais servidores em sua nova fase.* Tribunal de Contas do Estado de Minas Gerais, 2018. Disponível em https://www.tce.mg.gov.br/noticia/Detalhe/1111622863. Acesso em: 17 jul. 2020.
6. Disponível em: https://biblioteca.ibge.gov.br/index.php/biblioteca-catalogo?view=detalhes&id=2101694.

Gráfico 17 - Distribuição percentual das pessoas ocupadas no setor privado no trabalho principal, exclusive nos serviços domésticos, por local do estabelecimento - Brasil - 2018

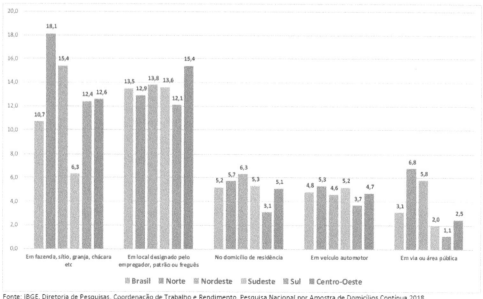

Fonte: IBGE, Diretoria de Pesquisas, Coordenação de Trabalho e Rendimento, Pesquisa Nacional por Amostra de Domicílios Contínua 2018.

Percentual das pessoas ocupadas no setor privado no trabalho principal, exclusivo nos serviços domésticos, *segundo o local do estabelecimento* – Brasil e Grandes Regiões – 2018:

Os trabalhadores no domicílio de residência apresentaram maior participação na Região Nordeste (6,3%), onde 1,0 milhão de pessoas exerciam atividade nesse local, em relação a 2017, a Região Sudeste registrou a maior expansão, passando de 1,4 milhão para 1,8 milhão de pessoas.

Fonte: IBGE, Diretoria de Pesquisas, Coordenação de Trabalho e Rendimento, Pesquisa Nacional por Amostra de Domicílios Contínua 2018.

3. O QUE É MORAR, RESIDIR?

É simples perceber que o conceito até aqui admitido de "residência" engloba o estar e os atos conexos como pernoitar, descansar, ter lazer, realizar as atividades inerentes à satisfação das necessidades básicas da pessoa, mas não encampa o trabalho.

Está na obra clássica de rei Plácido e Silva que:

> Residência. Formado de residente, do latim residens, particípio presente do verbo residere (parar, deter-se, estar ocioso), exprime, propriamente, o lugar em que a pessoa para ou se detém para descanso, tendo-o como moradia ou habitação, seja em caráter transitório ou permanente. Desse modo, residência indica a casa ou o prédio em que a pessoa está parada, permanece nas horas de descanso ou a ela vai para fazer suas refeições e dormir. É, portanto, o lugar de parada ou de permanência, não importa se em caráter transitório ou efetivo[7].

Entretanto, convém fincar quão natural é a alteração do uso da residência e, evidentemente, da respectiva compreensão com o passar dos anos.

"Primitivamente, a casa era, além de abrigo da família, verdadeiro santuário, onde se adoravam os antepassados coimo deuses, verdadeiras propriedades de família", ensinou o professor Álvaro Villaça Azevedo.[8]

Na época colonial, e os trechos a seguir foram colhidos no esplêndido estudo de Leila Mezan Algranti[9]:

> [...] em Minas Gerais, por exemplo, uma única cobertura abrigava a casa, os quartos de hóspedes, a moenda e até o próprio engenho, diferente do padrão do Nordeste, com suas construções isoladas, gravitando ao redor da casa-grande, que possivelmente permitiam maior privacidade no interior das casas". Mais adiante: "... trabalho e lazer confundiam-se no dia a dia dos colonos, sobretudo dos senhores, que, enquanto administravam seus negócios e cuidavam do funcionamento da casa, dedicavam-se a outras atividades, algumas delas manuais.

É curioso que:

> No interior dos sobrados maiores [...] várias atividades se desenvolviam, evitando o deslocamento de seus moradores. Entretanto, tinha-se o cuidado de separar as diversas atividades. A loja, ou escritório, instalada no primeiro pavimento, evitava que estranhos se introduzissem nos espaços de convívio da família. [...]. No segundo andar, instalavam-se a sala e os quartos de tamanhos geralmente reduzidos [...].

Ou seja, não é de hoje que se objetiva evitar deslocamentos desnecessários, através do estabelecimento de moradia e trabalho num mesmo espaço, se percebe.

E, última citação do profundo estudo da professora Algranti: "De qualquer forma, o trabalho permeou o cotidiano dos indivíduos e trouxe dinamismo ao interior dos domicílios, fosse ele dirigido para a subsistência e consumo dos moradores, fosse voltado para o mercado". Impossível, nessa citação dos costumes do século XVII, deslembrar

---

7. SILVA, De Plácido e. *Vocabulário jurídico*. 9. ed. Rio de Janeiro: Forense. 1986. 4v. p. 121, v. IV.
8. AZEVEDO, Alvaro Villaça. *Bem de família*. São Paulo: Bushatsky, 1.974, p. 10.
9. NOVAIS, Fernando A.; SOUZA, Laura de Mello e (organizadora de volume). Famílias e vida doméstica. *História da vida privada no Brasil*, 1: cotidiano e vida privada na América Portuguesa. São Paulo: Companhia de Bolso, 2018, p. 62 e s.

da manchete de jornal neste século XXI: "Mulheres fazem sabão caseiro para ajudar comunidade.[10]

E algumas situações corriqueiras devem ser lembradas, estejam ou não previstas em convenções: a par da manutenção de animais em apartamentos, além da instalação de aparelhos condicionadores de ar, o envelhecimento da população tem trazido para dentro dos prédios, crescentemente, serviços e profissionais de "home care", fisioterapeutas, auxiliares, enfermeiros. A desativação de escolas tem provocado a ida de professores a apartamentos dos alunos – ou, inversamente, a ida de alunos aos apartamentos dos mestres; auxiliares tornaram-se – sempre o foram – imprescindíveis, mas agora, em casa... Queira-se ou não, é fato: as atividades desenvolvidas nas unidades autônomas e em decorrência nas áreas comuns são diferentes das antigas, provocam maior circulação e pessoas e de equipamentos.

Desprendendo-nos do significante e nos atentando ao significado, identificaremos grande amplitude no termo "residência", que já englobou o exercício de várias atividades, a exprimir as modificações qualitativas dos padrões e dos elementos caracterizadores.

4. AS SOLUÇÕES APONTADAS PELA LEGISLAÇÃO DE USO URBANO

Não estranha que o caminho interpretativo se coadune com a solução de ao menos alguns dos problemas identificados por urbanistas e elencados em agenda após o encontro no Equador, em 2016, quando divulgado o Documento Final do III Habitat, sobre o qual Wilson Levy sintetizou: "o desenvolvimento urbano, nesse sentido, deve sofrer uma reorientação, de modo a se converter em algo capaz de viabilizar a superação desses entraves [...]".[11]

Ora, um dos objetivos traçados no III Habitat foi, exatamente, o enfrentamento dos desafios e o aproveitamento das oportunidades de desenvolvimento econômico inclusivo e sustentável, beneficiando a produtividade, a eficiência de recursos, a construção de economias locais (dentre outros alvos sempre elogiáveis). Vai daí, coadunar-se-ia o estímulo ao trabalho em casa, com as mais modernas metas urbanísticas.

Pois bem. No exercício de sua competência[12] municípios têm cuidado do tema e entendido a existência de trabalho em casa, embora ainda, parece, com certa timidez se olhada a atualidade econômica.

No município do Rio de Janeiro (Lei Complementar 111 de 1/02/2011) foi fixada como diretriz "a valorização das vocações e potencialidades dos bairros, de forma a promover sua revitalização e qualificação urbano-ambiental" e "o controle do adensamento de forma a otimizar os custos da infraestrutura, da comunicação e do abastecimento" e

---

10. BILÓ, Gabriela. Mulheres fazem sabão caseiro para ajudar comunidade. *Jornal O Estado de São Paulo*, 26.07.2020, p. A-17.
11. LEVY, Wilson. Direito à cidade, direito urbanístico, direito imobiliário: sinergia transformadora. In: Marcelo Manhães de Almeida e Wilson Levy (Coord.). *Temas fundamentais de direito imobiliário e urbanístico*. São Paulo: Quartier Latin. 2017. p. 321.
12. BRASIL. Constituição Federal. Art. 30. Compete aos Municípios: [...] VIII – promover, no que couber, adequado ordenamento territorial, mediante planejamento e controle do uso, do parcelamento e da ocupação do solo urbano.

claramente se previu que "art. 16. Os usos não residenciais serão localizados em áreas destinadas para este fim ou em áreas de uso diversificado, podendo ser aceito em zonas residenciais desde que seu funcionamento não represente incômodo ou perigo", contemplando-se "II – a coexistência de usos e atividades diversificados, compatíveis entre si com o uso residencial, evitando-se a segregação dos espaços, diminuindo os deslocamentos e contribuindo com o processo de descentralização das atividades econômicas".

Em São Paulo (Lei 16.402 de 22/03/2016) foi disposto no "art. 17. As Zonas Exclusivamente Residenciais (ZER) são porções do território destinadas ao uso exclusivamente residencial, com densidade demográfica baixa [...]".

Os usos residenciais são categorizados (art. 94 e seguintes), como o são os "não residenciais", sempre exigida a compatibilidade de usos, merecendo destaque algumas subcategorias: "(nR1): uso não residencial compatível com a vizinhança residencial"; "(nR1-5): serviços pessoais: estabelecimentos destinados à prestação de serviços pessoais de âmbito local"; "(nR1-6): serviços profissionais: estabelecimentos destinados à prestação de serviços de profissionais liberais, técnicos ou universitários ou de apoio ao uso residencial"; "(nR1-12): serviços de hospedagem ou moradia".

Interessa que a lei tenha previsto os parâmetros de incomodidade, exigindo atenção aqueles relativos a "art. 113. [...] I – ruído; II – vibração associada; III – radiação; IV – odores; V – gases, vapores e material particulado[13]".

Deve ser dito que as atividades somente serão instaladas mediante licença, conforme ambas as legislações ora tomadas por exemplo.

Observa-se, ainda, que "§3º Nas unidades habitacionais situadas em qualquer zona, exceto nas ZER, é facultado aos respectivos moradores o exercício de suas profissões, com o emprego de no máximo 1 (um) auxiliar ou funcionário, observados os parâmetros de incomodidade definidos para a zona ou via, dispensada a licença a que se refere o "caput"[14] deste artigo", situação semelhante à prevista no "§4º Nas unidades habitacionais situadas em ZER, é facultado aos respectivos moradores o exercício de atividades intelectuais, sem[15] receber clientes e sem utilizar auxiliares ou funcionários, observando os parâmetros de incomodidade definidos para as ZER, dispensada a licença a que se refere o "caput" deste artigo[16]".

Logo, a legislação de uso tende a contemplar o uso comum e adequado, permitindo atividades profissionais em complemento às tidas como puramente residenciais.

---

13. SÃO PAULO. Lei 16.402/2016, caput "Art. 113. Os usos residenciais e não residenciais deverão atender aos parâmetros de incomodidade relativos a: [...]".
14. SÃO PAULO. Lei 16.402/2016, caput "Art. 136. Nenhuma atividade não residencial – nR poderá ser instalada sem prévia emissão, pela Prefeitura, da licença correspondente, sem a qual será considerada em situação irregular".
15. De bom alvitre mencionar que tentar utilizar este permissivo porem recendo clientes e mantendo empregados caracteriza violação, como já decidido em caso fora de condomínio edilício, mas no bairro residencial de Pinheiros (SP): TJ-SP. Apelação 1033438-11.2018.8.26.0053. Relator Desembargador Borelli Thomaz, 13ª Câm. de Direito Público. Julgado 03.04.2019.
16. Op. Cit.

5. CONDOMÍNIOS EDILÍCIOS COM DESTINAÇÃO RESIDENCIAL

Nesse contexto, como ficam os condomínios edilícios e como agirão os condôminos (e possuidores)? Como se comportarão síndicos e gestores prediais? Será que eles acompanharão a tendência dos diretores, economistas, juízes trabalhistas, dos estadistas?

O Código Civil prevê que, no condomínio edilício, já na sua instituição, se disponha "o fim a que as unidades se destinam", sendo claro o direito do condômino exigir e sendo dever seu, "dar às suas partes a mesma destinação que tem a edificação" (inciso IV do artigo 1336).

Colhe-se nas Convenções de condomínio, a destinação (ou a natureza) de "residência", é essa que interessa agora, significaria, tão somente, destinar-se ao "*residere* (parar, deter-se, estar ocioso)" apontado no corpo da definição dada pelo emérito dicionarista jurídico?

E, são costumeiras as decisões jurisprudenciais, como o são os pareceres doutrinários, vedando[17] o desempenho profissional (excetuadas aquelas situações de repercussão minúscula[18] no edifício – uma ou outra aula, a produção de bordados, a escrita), sempre com base na estipulação da convenção: se ela reza que a natureza é residencial, que se more no prédio, mas que não se trabalhe ali. E morar não compreenderia trabalhar.

Parece solucionar-se a questão com a aplicação do que venha a ser o uso normal da propriedade, certo que na lição de Hely Lopes Meireles "a normalidade se afere em cada caso, levando-se em conta a utilização do imóvel, a destinação do bairro [...]"[19], vindo à pelo o critério – sempre lúcido – explicitado por Waldir de Arruda Miranda Carneiro, focado nos incômodos: "Será anormal, portanto, a utilização da propriedade que ultrapasse os limites dos incômodos que devam ser tolerados pelo homem comum, penetrando na esfera do dano ao sossego, à saúde ou à segurança dos vizinhos"[20]. Trazendo-se para o pensar ora exposto, o critério para aferição do uso normal residencial, estaria não *no que* se faz, mas *no que emana* do uso: barulho, trânsito, odores etc.

---

17. Ainda de 2004, outros tempos embora passados poucos anos desde então, mas quando pouco se falava de home office, a legislação trabalhista antes mencionada não existia, e existia, ainda o Egrégio 2°. Tribunal de Alçada Civil (como se vê, muito era diferente há 16 anos), se julgou: "Condomínio – Ação de obrigação de não fazer com preceito cominatório – Utilização de unidade condominial para fins comerciais – Condômino que exerce atividade voltada à administração de condomínios e recebe em seu apartamento clientela – Infração à convenção condominial – Caracterização – Cabimento. Restando perfeitamente demonstrado que, além da atividade que denominam como "intelectual", exerciam os réus, ora apelantes, atividade comercial e presente na convenção condominial proibição quanto à destinação diversa da ali assinalada, é certo que ocorreu a infração. Neste caso, correto exigir-se multa por ato infracional, bem como a abstenção de continuar a desenvolvê-la, nos termos da convenção. "(2° TAC-SP. Apelação sem Revisão 842.781-00/6. 8ª Câmara. Relator Doutor Rocha de Souza. Julgado aos 15.04.2004)
18. Como esta situação em que foram preservados saúde, segurança e sossego dos demais, mas se compreendeu atendida a destinação do edifício (a propósito, art. 1.336 – IV, do Código Civil): "Os réus, um casal de escritores (ele é jornalista; ela, editora), estabeleceram na mesma unidade em que residem a empresa Capitular Editora, e, pelo que se apurou até aqui, tal empresa não altera a destinação da unidade. É ela residência do casal; casal que, a exemplo de milhentos outros, traz serviço para casa e o executa em silencioso computador doméstico. Não há na casa dos agravados máquinas gráficas – além disso, vizinho nenhum se queixou de ruídos, de movimentação de pessoas, algum inconveniente. Pelo contrário, asseguram que não há tais transtornos" (TJ-SP. AI 232.984-4/1. Relator Edgard Rosa. 30ª Câmara de Direito Privado. Julgado 09.02.2011).
19. MEIRELLES, Hely Lopes. *Direito de construir*. 8. ed., São Paulo: Malheiros, 1990, p. 31.
20. CARNEIRO, Waldir Arruda Miranda de. *Perturbações sonoras nas edificações urbanas*. 4. ed. Belo Horizonte: Del Rey, 2014, p. 30.

Como solução do impasse que decorreria de classificar-se como residência somente o local em que "a pessoa está parada, permanece nas horas de descanso ou a ela vai para fazer suas refeições e dormir", visto que lá trabalhar seria proibido, persegue-se uma razoável nova interpretação, mantida a necessidade de atendimento à expectativa de uso da unidade pelo condômino, em moldes atuais e não de décadas atrás, sem embargo do respeito à convenção.

Afinal, com Rubens Carmo Elias Filho, exige-se:

> [...] que a convenção condominial seja interpretada, não de forma literal, mas de forma integrativa, em consonância com a vontade aparente do negócio jurídico, construindo entendimento que seria adotado por pessoas honestas e leais, de formação cultural semelhantes aos contratantes, de acordo com os usos e costumes do local onde foi celebrado[21].

Um interessante acórdão do Tribunal carioca talvez indique essas novas interpretações:

> Apelação Cível. Obrigação de fazer. Danos morais. Cobrança de cota condominial. Previsão em convenção de cobrança diferenciada entre unidades residenciais e comerciais, sendo esta convencionada no valor equivalente ao dobro das cotas relativas às unidades residenciais. Condômino-apelante que, comprovadamente, é proprietário e reside com seu cônjuge e filhos na unidade em questão. Realização de serviços tipo "home office" no interior da residência. Interpretação extensiva efetuada pelo Condomínio-réu do § 5º do art. 10 da sua Convenção para legitimar a majoração da cota referente à unidade do autor, equiparando-a a estabelecimento empresarial. Descabimento. Opção pela atividade laboral de forma remota que vem crescendo em todo país em razão do seu baixo custo e do ganho em comodidade para empregados ou micro e pequenos empresários, caracterizado pelo desenvolvimento de atividades que se utilizam de ferramentas domésticas como computadores, internet ou, simplesmente, telefones. Inexistência de previsão expressa na convenção condominial quanto ao enquadramento da situação em tela como suscetível da cobrança diferenciada de cotas condominiais por adequação à atividade comercial. Danos morais não caracterizados. Mero aborrecimento. Súmula 75 deste Tribunal. Desprovimento de ambos os recursos [22].

Como se nota, o Tribunal foi firme ao considerar o trabalho em casa como ato normal, inerente à moradia.

É fácil entender a urgência de dar elasticidade à previsão convencional. Não será a primeira vez, bastando recordar, por exemplo, a imensa quantidade de condomínios cujas Convenções proíbem cachorros, mas nos quais esses passaram a ser aceitos. Interessa a mudança da compreensão pela jurisprudência até chegar à "flexibilização" da regra proibitiva, como se nota em julgado do Superior Tribunal de Justiça: "... Se a convenção proíbe a criação e a guarda de animais de quaisquer espécies, a restrição pode se revelar desarrazoada, haja vista determinados animais não apresentarem risco à incolumidade e à tranquilidade dos demais moradores e dos frequentadores ocasionais do condomínio".[23]

Ou as guerras provocadas quando as regras condominiais impeçam os fechamentos de varandas, mas estes findam admitidos; vedam alteração na fachada, mas essa é feita

---

21. ELIAS FILHO, Rubens Carmo. *Condomínio edilício*: aspectos de direito material e processual. São Paulo: Atlas. 2015. p. 132.

22. TJ-RJ. Apelação Cível 0002282-41.2015.8.19.0079. Relator Desembargador Gilberto Dutra Moreira, julgado 14.06.2016.

23. STJ. REsp 1783076/DF. Relator Ministro Ricardo Villas Bôas Cueva, Terceira Turma. Julgado 14.05.2019.

para instalação de aparelhos de ar condicionado, análise, hoje realizada com objetivo de garantir conforto ao condômino:

> [...] Instalação de aparelho de ar condicionado com alteração da fachada do edifício. Possibilidade. Condições do edifício e localização de sua unidade do apelante (18º andar). Alteração levada a efeito pelo apelante com a instalação de diminuto aparelho de ar condicionado, que não tem o condão de afrontar as disposições do artigo 1336, III, do Código Civil. A colocação do aludido aparelho visa a garantir maior conforto ao condômino morador de andar mais alto, que fica sujeito aos efeitos do maior grau de radiação solar e calor, ou seja, ele busca com tal providência garantir melhores condições de habitabilidade em sua casa, razão pela qual se entende que deve ser tolerada pelos demais condôminos. Fotografias trazidas pelo autor que demonstram que sequer há agressão significativa à fachada, que permita causar incômodo aos demais condôminos. [...][24].

Os exemplos acumulados na história dos condomínios são vários. Mais recentemente explodiu a controvérsia sobre a possibilidade do aluguel de unidades residenciais por curtíssima temporada, um ou dois dias a cada locação. Sem se adentrar na discussão, nestas notas interessa identificar aqueles que enxergaram o aspecto prático, de extremo interesse dos sujeitos (os condôminos locadores) dessa relação: a necessidade de auferir renda – essencial às vezes para o suporte até das despesas condominiais, quiçá mais relevante até, naquela discussão, que o aspecto legal da homenagem ao direito das locações, ao direito de propriedade (porquanto não enxergado na espécie o abuso proibido nos parágrafos do artigo 1.228 do Código Civil) ou ao não verem qualquer agressão aos direitos de outros condôminos, nem alteração da destinação do condomínio; sempre se concluindo a favor da possibilidade desses contratos por se entender – nada muito diferente da prática antiga – caberem essas locações na compreensão do uso residencial[25].

6. FUTURO? A NECESSÁRIA INTERPRETAÇÃO CONTEMPORÂNEA DAS REGRAS

Dessa forma, fundamental a par de profundas e novas análises jurídicas, a contemplação[26] prática desses novos costumes ou necessidades, presenciando-se, diga-se, estarem já há algum tempo as pessoas envolvidas agindo nesse sentido, seja estabelecendo novas regras no condomínio, seja adequando as respectivas administração e operação, seja construindo de novos modos e aceitando as novas necessidades dos condôminos, por lógico já contemplando esses novos costumes em suas convenções.[27]

---

24. TJ-SP. Apelação 1082916-46.2015.8.26.0100. Relatora Desembargadora Kenarik Boujikian. Julgado 14.07.2017.
25. E a jurisprudência adentrou no modo de usar a propriedade, diferenciando umas atividades de outras: "A locação por curto espaço de tempo não difere daquela temporalmente estendida. Em ambos os casos o locador aufere renda com seu imóvel, sem que isso desnature a utilização da unidade em si, que continua sendo destinada para fins residenciais. O fim comercial estaria configurado caso o locatário passasse a desenvolver atividade comercial no local, tal como um escritório, um ponto de vendas, uma loja etc. Não sendo esse o caso, o fim residencial não se altera pelo fato de mais de um locatário utilizar da mesmíssima forma o local caso fosse ocupado por um único locatário."
    TJSP. Apelação Cível 1009601-48.2016.8.26.0100. 38ª Câmara de Direito Privado. Relator Desembargador Hugo Crepaldi. Julgamento 26.10.2017. Disponível em: https://esaj.tjsp.jus.br/cjsg/getArquivo.do?cdAcordao=10924055&cdForo=0. Acesso em: 08 ago. 2019.
26. "cum grano salis".
27. As quais, por certo, em alguns anos merecerão novas leituras, afinal ninguém desejará ser que "A vida foi em frente, e você simplesmente não viu que ficou pra trás" (Dona Ivone Lara e Délcio Carvalho – "Acreditar").

Em resumo: a evolução dos costumes, da tecnologia, das necessidades e dos desejos sociais integram, obviamente, novos modos de morar e novos modos de usar a unidade condominial. Diante dessa evidência, o único meio de serem atendidas as necessidades e metas dos moradores, será através, senão da elaboração de novas convenções, por meio da leitura e compreensão das existentes, porém de novos modos, contemporâneos e coerentes com os usos atuais, com as razoáveis cautelas, exatamente para que os condôminos possam usar e gozar plenamente de suas propriedades

Como lidar, então, com o *home office* no condomínio? Por uma, interpretando-se com contemporaneidade os diplomas; por duas, atentando-se à legislação, mas sabedores da mutação hermenêutica, por certo calçada no moimento histórico; por três, materialmente, olhando-se de frente para essa evolução das práticas e costumes, acatando-se essa crescente necessidade dos moradores e organizando os prédios, o mais rapidamente possível – é evidente, mediante deliberação de condôminos – e instalando os equipamentos, efetivando as obras e contratando o pessoal, tudo o que se fizer necessário para propiciar o adequado atendimento, a boa prestação dos serviços que interessem aos condôminos, objetivo presente na lei, aliás.

ALGUMAS ESPECULAÇÕES SOBRE O PERÍODO SEGUINTE À PANDEMIA

Marcelo Manhães de Almeida

Pós-graduado em "Planejamento e Gestão Urbana" pela Escola Politécnica da USP. `Pós-graduado em "Negócios Imobiliários" pela Fundação Armando Álvares Penteado. Graduado pela Faculdade de Direto do Largo de São Francisco – USP. Vice-presidente da Mesa de Debates de Direito Imobiliário – MDDI. Diretor adjunto do Instituto Brasileiro de Direito Imobiliário Ibradim-SP. Membro do Condephaat – Conselho de Defesa do Patrimônio Histórico, Arqueológico, Artístico e Turístico do Estado de São Paulo. Vice-presidente da Fundação Liceu Pasteur, membro do IASP. Advogado.

Sumário: 1. O Coronavírus (Covid-19) em grandes centros urbanos carentes de infraestrutura básica. 2. O Coronavírus (Covid-19) como acelerador de novos comportamentos. 3. Encerramento.

Sem unidade e harmonia na condução do enfrentamento da pandemia, o Brasil viveu um lastimável processo de politização da crise que apenas contribuiu para estendermos ainda mais o período de propagação do vírus e agravar a consequente crise econômica que elevou o número de desempregados, provocou o fechamento de milhares de empresas e fez com que o governo federal, com o objetivo de combater os efeitos econômicos e sociais da crise, editasse medidas cujo impacto primário em 2020 alcançaram R$ 521,3 bilhões, sendo R$ 508,5 bilhões de novas despesas e R$ 12,8 bilhões de redução de receitas[1],

O ano de 2020 deixará uma cicatriz profunda na nossa história como sendo um ano que confirmou nossa orfandade em relação a lideranças que coloquem de lado seus interesses pessoais, suas vaidades e seus dogmas para atender, verdadeiramente, aos interesses da Nação.

Não bastasse a elite política adotar um debate eminentemente político-eleitoral e dicotômico sobre o coronavírus, a sociedade, por um lado – há de se reconhecer – agiu com profundo espírito solidário e acolhedor, mas por outro, atuou de forma egocêntrica e irresponsável.

Em relação ao primeiro aspecto, vários sinais de solidariedade foram demonstrados, inclusive as mais singelas e não menos importantes onde pessoas divulgaram para os seus vizinhos, mensagens como "Se você tem mais de 60 anos, eu posso ir ao mercado para você, sem custo, sem nada, apenas me chame", disponibilizando na sequência, o número de seu telefone e do seu apartamento.

Interessante notar que ao mesmo tempo em que se viu esse tipo de postura, outros, que integraram o que podemos nomear de "*GREI – Grêmio Recreativo Egoístas e Igno-*

---

1. Os dados atualizados foram divulgados no dia 2 de julho de 2020.
   Fonte: https://www.gov.br/economia/pt-br/assuntos/noticias/2020/julho/medidas-fiscais-no-combate-aos-efeitos-da-covid-19-alcancam-r-521-3-bilhoes.

rantes", teimaram em não entender a gravidade da situação e seguiram desrespeitando algumas regras básicas como o distanciamento social, o uso das máscaras, os cuidados especiais com a higienização e o isolamento das pessoas integrantes dos grupos de risco.

Nessa toada do enfrentamento às orientações médicas e sanitárias visando a não propagação do vírus, não foram raros os casos de promoção de eventos e festas que me levam à singela pergunta: por que? Por que as pessoas não atenderam o clamor pela saúde coletiva, mas ao contrário, revestidos de uma insana rebeldia, aglomeraram-se em festas e "baladas" sempre acompanhadas das respectivas publicações nas redes sociais?

Aliás, sobre a viciante necessidade de exteriorizar ao máximo a vida privada, de que valeria participar dessas festas se não fosse para publicar nas mídias sociais, as fotografias e vídeos? Imagens, diga-se, que revelam em muitos dos casos, a tristeza de uma euforia instantânea provocada na maioria das vezes, pelo consumo exagerado de álcool ou, pior, por outras drogas (ilícitas) como as chamadas "balas", "doces" e outras ridículas denominações dadas a essas deploráveis substâncias alucinógenas.

Para esses "membros do GREI", o que é uma "simples" Covid-19 em relação a se ter mais um seguidor na sua página, ganhar um "like" ou ter suas fotos e vídeos compartilhados pelos amigos virtuais? É o vale tudo para se sentir inserido no mundo (ainda que meramente virtual).

Ironia à parte, faço essa observação pois as especulações para o período pós pandemia sobre a Cidade e a aceleração do uso dos recursos digitais como estímulo ao trabalho à distância que faço adiante levam em conta essa dualidade de comportamento da nossa sociedade onde o individualismo se contrapõe ao interesse coletivo.

1. O CORONAVÍRUS (COVID-19) EM GRANDES CENTROS URBANOS CARENTES DE INFRAESTRUTURA BÁSICA

Em relação à Cidade, verificamos que a desatenção dos nossos governantes manifestada pela falta de políticas públicas de saneamento básico, de oferta de moradia digna e de um sistema eficaz de transporte público serviram para agravar as consequências da pandemia e das dificuldades em lidar com o isolamento social.

Como sabemos, a execução de obras subterrâneas não traduz votos na urna na medida em que são obras caras (portanto, consomem boa parte do orçamento público) que não ficam aparentes ao grande público e cujos benefícios não são imediatamente sentidos pelo eleitor.

Não é por menos que encontramos um cenário calamitoso e que provoca extrema preocupação quanto ao número de brasileiros que não tem acesso a água tratada e de domicílios sem coleta esgoto. É o que se verifica dos dados apresentados pelo Sistema Nacional de Informações sobre Saneamento.[2]

"Pelos dados do Sistema Nacional de Informações sobre Saneamento (SNIS – ano base 2016), o país ainda tinha 35 milhões de brasileiros sem acesso à água, mais de 100 milhões de pessoas sem coleta dos

---

2. Fonte: http://tratabrasil.org.br/images/estudos/itb/beneficios/Press_Release_-_Benef%C3% ADcios_do_saneamento_no_Brasil.pdf.

esgotos e somente 44,92% dos esgotos eram tratados. Isso significa que temos um enorme desafio para que o saneamento básico chegue a todos os brasileiros. Posição do país em comparação aos outros ao comparar bases de dados internacionais, 105 países apareciam à frente do Brasil em termos de acesso ao saneamento básico. Como exemplo, os índices das Américas do Sul e Central ultrapassavam 80% de acesso à saneamento; destaca-se também os indicadores de todos os países do Mercosul, que são superiores ao Brasil."

A situação fica ainda mais preocupante ao compararmos a situação do Brasil com a de outros países que priorizaram essa questão e que hoje, apresentam uma situação significativamente melhor do que a nossa. Vejamos alguns exemplos:

PAÍS	Acesso à água	Acesso aos serviços de esgoto tratado
Brasil	83,3%	51,9%
Jordânia	96,9%	98,6%
Iraque	88,6%	86,5%
Marrocos	85,4%	76,7%
África do Sul	93,2%	66,4%
China	95,5%	76,5%
Bolívia	90,0%	50,3%
Chile	99,0%	99,1%
México	96,1%	85,2%
Peru	86,7%	76,2%

(fonte: "tratabrasil.org.br"):

A questão que se coloca é bem clara: como combater pandemias em um país onde o saneamento básico se mostra tão precário? Como respeitar uma das orientações para se evitar o contágio, a saber, manter as mãos devidamente higienizadas, se nem toda a população é servida por água de qualidade?

Em recente trabalho publicado na revista científica Lancet Gastroenterol Hepatol[3], noticia-se que em 50% dos pacientes investigados verificou-se a existência do vírus (RNA viral) nas fezes onze dias após as amostras do trato respiratório terem sido negativas, fato esse que indica a replicação ativa do vírus no trato gastrointestinal, ou seja, a transmissão ainda poderia se dar, mesmo após não mais se verificar a presença do vírus no trato respiratório.

Portanto, não bastasse a necessidade da boa água para a higienização constante, o tratamento do esgoto também se mostra importante no combate à proliferação do vírus (além pelo fato de evitar outras doenças gastrointestinais infecciosas, febre amarela, dengue, malária etc.).

---

3. Artigo intitulado "Enteric involvement of coronaviruses: is faecal–oral transmission of SARS-CoV-2 possible?", https://www.thelancet.com/pdfs/journals/langas/PIIS2468-1253(20)30048-0.pdf.

Não menos preocupante é a carência de moradia digna que leva uma população superior a 11,4 milhões de brasileiros a morarem em favelas[4] conforme senso do IBGE relativo a 2010[5] e que certamente, nos dias hoje, o cenário é ainda pior.

Além das condições precárias dessas submoradias, verificamos o super adensamento nas regiões ocupadas por tais aglomerados subnormais conforme podemos verificar ao compararmos as populações da favela Paraisópolis e a do bairro vizinho, o Morumbi (em São Paulo). Nesse sentido, o *site* "Arch Daily", em artigo assinado por Matheus Hector Garcia, publicou em abril de 2020 que:

> "O levantamento do último Censo mostra que cerca de 32 mil pessoas moram no Morumbi em uma área de 11,4 quilômetros quadrados. Ou seja, Paraisópolis abriga 3 vezes mais pessoas em uma região 14 vezes menor, tendo uma densidade de 125 mil pessoas por quilômetro quadrado, enquanto no bairro vizinho são apenas 3 mil."

Ou seja, Paraisópolis chega a ser 40 vezes mais adensado que o bairro do Morumbi, sem a infraestrutura de saneamento adequado, tampouco, condições de moradia digna a atender o número de pessoas residentes na região, proporcionando assim, ambiente facilitador para propagação de doenças como a Covid-19.

Em São Paulo, soma-se a essas duas carências o fato da Cidade haver se espraiado em demasia e levado a população de baixa renda a morar nas franjas da Cidade e por conta disso, impor ao trabalhador comum, o sacrifício de dedicar 3 ou 4 horas do dia para fazer o trajeto casa / trabalho / casa, em condições bastante questionáveis quanto à qualidade do serviço ofertado, inclusive no que tange à higiene e conservação dos veículos.

Para tanto, espera-se que os as revisões dos Planos Diretores busquem fixar novas diretrizes urbanísticas que incentivem, ainda mais, a formação de novas centralidades de modo a que se tenha, em um raio de deslocamento menor, a satisfação das funções sociais da Cidade[6].

Vivendo a pandemia da Covid-19 em um ano de eleições municipais, seria uma forma de extrairmos algo de positivo desse momento se o Prefeito eleito (isso vale para todos os centros urbanos) atuasse, efetivamente, nesses três pontos críticos de modo a habilitar a Cidade a enfrentar, com menos dificuldades e riscos do que vivemos em 2020, as novas pandemias que virão no futuro.

---

4. O IBGE adota a nomenclatura de "aglomerados subnormais" cuja definição é a seguinte: Aglomerado Subnormal é uma forma de ocupação irregular de terrenos de propriedade alheia – públicos ou privados – para fins de habitação em áreas urbanas e, em geral, caracterizados por um padrão urbanístico irregular, carência de serviços públicos essenciais e localização em áreas com restrição à ocupação. No Brasil, esses assentamentos irregulares são conhecidos por diversos nomes como favelas, invasões, grotas, baixadas, comunidades, vilas, ressacas, loteamentos irregulares, mocambos e palafitas, entre outros. Enquanto referência básica para o conhecimento da condição de vida da população brasileira em todos os municípios e nos recortes territoriais intramunicipais – distritos, subdistritos, bairros e localidades –, o Censo Demográfico aprimora a identificação dos aglomerados subnormais. Assim, permite mapear a sua distribuição no País e nas cidades e identificar como se caracterizam os serviços de abastecimento de água, coleta de esgoto, coleta de lixo e fornecimento de energia elétrica nestas áreas, oferecendo à sociedade um quadro nacional atualizado sobre esta parte das cidades que demandam políticas públicas especiais. (https://www.ibge.gov.br/geociencias/organizacao-do-territorio/tipologias-do-territorio/15788-aglomerados-subnormais.html?=&t=o-que-e).

5. Fonte: https://agenciadenoticias.ibge.gov.br/agencia-noticias/2012-agencia-de-noticias/noticias/15700-dados--do-censo-2010-mostram-11-4-milhoes-de-pessoas-vivendo-em-favelas.

6. Traduzidas pela Carta de Atenas (1933) como sendo trabalho, moradia lazer e mobilidade.

Os candidatos a Prefeito em 2020 (e aos demais cargos executivos nas eleições de 2022) que não levarem para suas plataformas de campanha e programas de governo, propostas claras e objetivas de melhoria no sistema hídrico-sanitário, de oferta significativa de moradia digna e de implantação de um modelo urbanístico que possibilite um menor e melhor deslocamento da casa ao trabalho, mostrarão estarem absolutamente despreparados para Governar sua Cidade.

2. O CORONAVÍRUS (COVID-19) COMO ACELERADOR DE NOVOS COMPORTAMENTOS

Por determinação dos Governos Estaduais e da maioria das Prefeituras Municipais, o isolamento social, em maior ou menor grau, passou a definir um novo padrão de comportamento para uma boa parte da população.

Nesse sentido, o ensino à distância foi compulsoriamente implementado assim como o trabalho remoto, que já vinha sendo experimentado por alguns profissionais, mas com a pandemia, ganhou muitos novos adeptos e entusiastas.

Podemos notar três diferentes fases de comportamento com a chegada da pandemia e as medidas de isolamento social ditadas pelos poderes públicos.

A primeira fase, caracterizada pelo ineditismo de uma situação imposta de forma surpreendente e não planejada deixou a maioria das pessoas perplexa e desorientada, buscando informações sobre a doença, forma de contágio, letalidade, política de combate e de cura.

Para esta fase, notou-se o que expus inicialmente sobre o comportamento egoísta de boa parte da população. De forma precipitada e com viés evidentemente individualista, alguns saíram estocando comida, álcool em gel, bujão de gás e outros produtos. O que isso levou? Apenas ao aumento de preços e a desnecessária sensação de insegurança pela falsa expectativa da escassez dos produtos.

Em uma segunda fase, a situação foi se acomodando e muitos conseguiram dar conta de suas obrigações. Encontraram algum modo de dar assistência aos jovens que passaram a estudar remotamente, buscaram executar suas tarefas profissionais por meios telemáticos ou simplesmente à distância e, seguindo orientações de vários especialistas em comportamento e saúde mental, estabeleceram novas rotinas para não serem acometidos pela angústia e depressão.

Quanto ao ensino, não sabemos exatamente as consequências que essa vinculação ainda maior das 1ª e 2ª infâncias aos smartphones, tablets e computadores poderão provocar aos seus usuários na medida em que o uso ainda maior desses equipamentos produzirão, na mesma proporção, um distanciamento do convívio social e da interação real.

Mas essa é uma questão que já está apresentada à geração Y (ou geração *millennials*) e que se confunde com os questionamentos que fazemos em relação à formação da chamada "geração flocos de neve", cuja sensibilidade a tudo que contrariar suas visões do mundo, leva à irritabilidade, não aceitação à frustração e absoluta ausência de resiliência.

No trabalho, vários profissionais encontraram um modo ainda mais eficiente de executar seu trabalho na medida em que conseguiram ajustar rotinas para receber e entregar suas tarefas, bem como, realizar reuniões entre os membros da equipe de trabalho e com clientes por vídeo conferências.

Em se tratando de um período provisório, essas adaptações até funcionaram, mas ao transformar essa tendência do teletrabalho e do home office em um novo comportamento de caráter definitivo, a análise passa a ser bem diferente.

Há de se considerar quem tem espaço físico em sua residência para poder se isolar das demais atividades domésticas e não transferir para o horário de trabalho, pequenos ou grandes inconvenientes que podem surgir em um ambiente não profissional.

Durante o período de pandemia, houve muita complacência com situações como a de uma criança que entra no ambiente enquanto se está participando de uma videoconferência ou com interrupções como latidos do cachorro ou campainha anunciando a chegada do almoço por delivery.

Não bastasse, sendo um casal morador na residência, exige-se mais espaço físico para acomodar, convenientemente, os dois profissionais, inclusive sob o aspecto de privacidade do trabalho que esteja sendo realizado.

As repercussões trabalhistas são as mais variadas, partindo do fornecimento e fiscalização das condições de trabalho, à exata contratação do tipo de trabalho remoto que se está pactuando entre contratante e contratado, de modo a bem definir as responsabilidades de cada parte.

A mim me parece que o distanciamento das pessoas em relação à empresa onde trabalha provocará uma redução na formação de equipe e a desconstrução de uma "alma" da empresa.

A presença física revela o ânimo das pessoas, seu entusiasmo, suas frustrações e a peculiar conversa com os olhos; coisas que as câmeras de vídeo não conseguem passar com a mesma intensidade.

Voltando àquela dualidade de comportamento comentado no início deste texto, temo que o individualismo ganhe ainda mais espaço se as relações presenciais mingarem, o que de certo, não trará benefícios à sociedade, tampouco, à própria pessoa que estará vivenciando esse isolamento físico.

Em termos de mercado imobiliário, vislumbro que venhamos a ter um número considerável de profissionais que poderão (e em determinados casos, deverão) realizar suas tarefas de forma remota, não precisando assim, de um local fixo e determinado na empresa onde trabalham, fato esse que exigirá ajustes nas configurações dos imóveis corporativos que provavelmente prestigiará um espaço de convivência exatamente para suprir a redução do contato diário presencial daqueles que adotaram o trabalho remoto.

Por outro lado, noto que outros tipos de ocupações de imóveis poderão ser demandados; refiro-me às locações temporárias de espaços que o profissional que está atuando pelo sistema de home office (ou teletrabalho) poderá encontrar perto de sua residência; ou seja, esse profissional poderá alugar por um tempo específico (por hora ou por dia), uma sala ou um posto de trabalho e ter assim, a privacidade, a estrutura e a tranquilidade de executar seu trabalho remoto.

Ou seja, especulando sobre o mercado corporativo nos próximos anos, poderemos nos deparar com a seguinte situação: uma determinada empresa decide reduzir seu espaço físico em 30% pois cerca de 40% de seus colaboradores estão trabalhando à distância; essa empresa deverá prover esses seus colaboradores de recursos e condições para que possam exercer, remotamente, as suas tarefas.

Tais colaboradores, com esses recursos do "bolsa home office" fornecidos pela empresa, poderão optar por não trabalharem em sua residência mas sim, alugar, por hora ou por dia, salas ou postos de trabalho disponibilizados perto de sua residência.

Nos imóveis residenciais (refiro-me especificamente aos condomínios edilícios), algumas das áreas comuns hoje voltadas a lazer e convivência poderão ser transformadas em espaços para trabalho esporádicos de seus condôminos, sem permissão de recebimento de clientes no local.

3. ENCERRAMENTO

O ano de 2020 trouxe aos advogados que atuam no mercado imobiliário uma experiência especial nas negociações dos contratos imobiliários e na instauração de ações judiciais visando revisão de cláusulas contratuais, assim como serviu para provocar uma revisão de comportamento e adaptação a um modelo de trabalho que vinha sendo implementado mas que, com a pandemia, teve esse processo acelerado.

O trabalho e as reuniões remotas se mostraram eficientes, mas vale dizer, não suprem e não substituem, integralmente, o debate, a produtividade e a velocidade de informações e de opiniões que se tem com a presença física da equipe.

A flexibilização em relação ao teletrabalho ou ao *home office* parece ser irreversível e positivo, se implementada com ponderação e de forma planejada. Todavia, o cuidado com a formação da "alma" da empresa, com a oferta de condições ambientais adequadas para realização do trabalho e com a delimitação clara dos espaços de trabalho e da residência recomenda que o mundo virtual suplemente, mas não substitua, o mundo real-presencial.

A MANIFESTAÇÃO DE VONTADE DURANTE E APÓS A PANDEMIA E OS REGISTROS DE IMÓVEIS

Marc Stalder

Mestrando em Direito Imobiliário ("LLM, Real Estate Law") na Universidade de Illinois em Chicago ("John Marshall Law School"). Professor convidado dos cursos de pós-graduação em Direito Imobiliário da ESA OAB/SP e do COGEAE PUC/SP. Especialista em Direito Registral Imobiliário e em Direito Empresarial. Membro da MDDI – Mesa de Debates de Direito Imobiliário. Diretor Técnico e de Conteúdo da Academia Nacional de Direito Notarial e Registral. Membro do Instituto Brasileiro de Direito Imobiliário – IBRADIM. Advogado, sócio da área de imobiliário de Demarest Advogados.

A quantidade de novidades que tenho visto em tão curto espaço de tempo é assombrosa, mas, ao mesmo tempo, empolgante. A empolgação aumenta quando vejo que a velocidade não é diferente no âmbito do Direito Imobiliário, Direito Notarial e Direito Registral, onde as novidades legislativas comumente levavam décadas para acontecer. Medidas provisórias e provimentos aos montes, do Conselho Nacional de Justiça aos Tribunais Estaduais, regulando as mais diferentes nuances que afetam o Direito Imobiliário em muitas de suas diferentes vertentes.

Deixo as críticas de forma de lado, pois, apesar de legítimas, muitas vezes levam a lugar algum. Sobre a segurança, entendo que usar ou não uma regra de uma Medida Provisória enquanto não convertida em Lei é uma questão de menor relevância jurídica e muito maior relevância empresarial. Parece tratar-se da análise do ônus e do bônus de se aproveitar o momento. Também, a discussão a respeito de demandar ou não a matéria nela tratada, aquela urgência própria das medidas provisórias – e, sempre que me pergunto qual matéria de Direito Civil demandaria essa urgência, não consigo encontrar um tema que responda à pergunta positivamente – impõe refletir a respeito dos efeitos, que não alterariam, fundamentalmente, os efeitos do ato.

O meu objetivo, entretanto, é tratar de um dos aspectos dessa evolução vivenciada com tanta intensidade e que me causa maior inquietação, enfrentando o tema mesmo diante das limitações físicas e, as mais difíceis, das minhas próprias inerentes à minha posição de esforçado "operário do Direito"[1] e não de jurisconsulto.

Assim, na tentativa de tratar de um tema jurídico relevante num texto leve e objetivo, quero compartilhar a minha percepção a respeito da manifestação de vontade na acepção jurídica do termo. Tanto em razão de ser a manifestação de vontade o elemento principal de um dos pressupostos de validade dos atos jurídicos, quanto pelo fato de que

---

1. Evito perder a oportunidade de parafrasear meu amigo, admirável advogado Eduardo Tristão, que se intitula como operário do Direito, com a humildade própria dos grandes juristas.

a pandemia, sem dúvida alguma, nos fez experimentar novas formas de manifestação, acelerando o uso de ferramentas que, em condições normais, certamente não venceriam tantas barreiras e preconceitos com tamanha rapidez e desenvoltura.

Igualmente interessante e espantoso é ver com clareza que muitas dessas novidades permanecerão e, provavelmente com a mesma velocidade que passaram a ser utilizadas, irão se aprimorar, traçando um caminho sem volta nas relações pessoais, profissionais e, para o que importa para o tema que me propus enfrentar, nos negócios jurídicos que demandam o registro imobiliário como condição de sua eficácia.

O paradoxo de tanta novidade e evolução é a lei que fundamentalmente regula o assunto, a Lei dos Registros Públicos[2], com mais de quarenta e quatro anos de vigência e pouca maleabilidade em sua liturgia, justificável pela construção e proteção dos direitos reais, para recepcionar as novas formas de manifestação de vontade, o que implica em considerável amarra para as novas ferramentas já em uso.

Desde logo faço um parêntese sobre a mencionada evolução, para explicar a razão de eu não ter usado o termo inovação. Inovação não me parece ser um termo adequado em razão de que todas as mudanças não me parecem ser inovações e isso não é algo ruim, ao contrário. Ao menos por enquanto, o que existe é um esforço que, com todos os seus benefícios, apresenta nova forma para que seja alcançado um mesmo objetivo e a evolução dos mecanismos de um mesmo sistema – um jeito diferente para fazer a mesma coisa – não se confunde com uma inovação. Deixo o convite para a leitura a respeito em recente trabalho sobre o tema[3].

Interessa a manifestação inerente ao fato jurídico, configurada pela sua relevância jurídica e, especialmente, os seus efeitos no registro de imóveis.

Independentemente da forma, não vejo melhor fonte para sustentar a análise de novas ferramentas no ambiente de tamanha evolução senão os fundamentos nos princípios e nas normas legais fundamentais.

Parto do princípio constitucional da livre iniciativa econômica e de outro princípio constitucional mais geral, o princípio da liberdade. A liberdade garantida na Constituição Federal como direito fundamental individual de caráter subjetivo em abstrato é um conceito jurídico vazio, mas que se concretiza de diferentes formas. A liberdade de iniciativa econômica, a liberdade contratual e a liberdade de associação, inclusive ao condomínio edilício, em última instância, são algumas dessas liberdades.

Em reforço dessas circunstâncias já presentes em nosso ordenamento jurídico, a Lei 13.874, de 20.09.2019[4], estabelece normas de proteção à livre iniciativa e ao livre exercício de atividade econômica, inserindo princípios de interpretação em favor da liberdade econômica, da boa-fé e do respeito aos contratos, aos investimentos e à propriedade, todas as normas de ordenação pública sobre atividades econômicas privadas. A conhecida Lei da Liberdade Econômica estabelece os pressupostos da liberdade como

---

2. Lei dos Registros Públicos 6.015 de 31 de dezembro de 1973, em vigor desde 01 de janeiro de 1976.
3. A modernização dos registros públicos às margens da sua evolução, Revista Treino Livre, da Academia Nacional de Direito Notarial e Registral. Disponível em: https://drive.google.com/file/d/1HPMD3y6Cix0adJ8-9enxQonM-TA8DyBxE/view.
4. Declaração de Direitos de Liberdade Econômica.

uma garantia no exercício de atividades econômicas, da boa-fé do particular perante o poder público e da intervenção subsidiária e excepcional do Estado sobre o exercício de atividades econômicas.

Com base no princípio da autonomia da vontade que rege as relações no âmbito privado, no contexto da liberdade acima delineado e observadas as regras de capacidade, qualquer indivíduo possui liberdade para celebrar negócios jurídicos com objeto lícito, contrair direitos e obrigações. Nessa circunstância, um indivíduo que pretende realizar um contrato lícito deve manifestar a sua vontade de forma livre, sem vícios (erro, dolo, coação, estado de perigo e lesão), e com a consciência de que a contratação possui uma finalidade e que deve alcançá-la. Ou seja, estamos a tratar dos requisitos postos pelo artigo 104 do Código Civil, consistentes (i) no agente capaz, (ii) no objeto lícito, possível, determinado ou determinável, e (iii) na forma prescrita ou não defesa em lei.

Interessante notar que com alguma redundância, já que a forma não defesa em Lei é o que há de relevante no tratamento do assunto com o olhar para a liberdade plena, o Código Civil segue indicando que a validade da declaração de vontade não dependerá de forma especial, senão quando a lei expressamente a exigir[5]. Prevalece a liberdade, mas a lei poderá dar preferência a alguma forma especial em determinados negócios, exigindo, por exemplo, a forma escrita para um ato negocial específico sob pena de nulidade[6]. Ou seja, entendo que ao interpretar o nosso ordenamento jurídico a forma prescrita em Lei não poderia ser considerada uma redução ou interferência na liberdade, pois, em se tratando de direitos reais e a sua eficácia, as formalidades estabelecidas pela legislação (e.g. forma pública, reconhecimento de firmas) não afetariam em sua essência o negócio pretendido, apenas traduzem a forma a ser observada como condição de sua validade e eficácia. Parece que esticar o conceito de liberdade para abarcar a forma não é possível, cabendo à Lei hierarquicamente equivalente à Lei em vigor tal alteração.

Seguindo com a análise sem perder os alicerces nos conceitos fundamentais, os negócios jurídicos que decorrem da manifestação de vontade são classificados como unilaterais, bilaterais e plurilaterais. Os unilaterais, aqueles que se aperfeiçoam com uma única manifestação de vontade, podem ser receptícios e não receptícios, sendo essas as classificações dos atos em que a declaração de vontade tem de se tornar conhecida do destinatário para produzir efeitos (e.g. denúncia ou resilição de um contrato, revogação de mandato) e aqueles em que o conhecimento por parte de outras pessoas é irrelevante (e.g. testamento). Os bilaterais, aqueles que se perfazem com duas manifestações de vontade coincidentes sobre o objeto, o mútuo consentimento, pressupõem a existência de dois polos distintos, independentemente do número de pessoas que integre cada polo. Os plurilaterais, aqueles que envolvem mais de duas partes, ou seja, mais de dois polos distintos.

---

5. Código Civil, artigo 107: "A validade da declaração de vontade não dependerá de forma especial, senão quando a lei expressamente a exigir."
6. Código Civil, artigo 166: "Art. 166. É nulo o negócio jurídico quando: I – celebrado por pessoa absolutamente incapaz; II – for ilícito, impossível ou indeterminável o seu objeto; III – o motivo determinante, comum a ambas as partes, for ilícito; IV – não revestir a forma prescrita em lei; V – for preterida alguma solenidade que a lei considere essencial para a sua validade; VI – tiver por objetivo fraudar lei imperativa; VII – a lei taxativamente o declarar nulo, ou proibir-lhe a prática, sem cominar sanção."

Em qualquer hipótese, os atos praticados devem sempre se afastar de quaisquer circunstâncias que possam induzir à sua invalidade[7], abrangendo essa expressão a nulidade e a anulabilidade do negócio jurídico. Empregada para designar o negócio jurídico que não produz os efeitos desejados pelas partes, o qual pode ser classificado pela forma retro mencionada conforme o grau de imperfeição verificado.

A nulidade "é um vício que retira todo ou parte de seu valor a um ato jurídico, ou o torna ineficaz apenas para certas pessoas"[8]. Em outras palavras temos também a consideração de Maria Helena Diniz (idem) que conceitua a nulidade como "a sanção, imposta pela norma jurídica, que determina a privação dos efeitos jurídicos do negócio praticado em desobediência ao que prescreve". Citados juristas explicam a nulidade como uma sanção pelo descumprimento dos pressupostos de validade do negócio jurídico. O descumprimento dos pressupostos de validade faz surgir a possibilidade e em alguns casos o dever do reconhecimento da declaração de nulidade, objetivando restituir a normalidade e a segurança das relações jurídicas.

A nulidade poderá ser considerada absoluta, quando o ato será considerado nulo, inexistente; ou relativa, quando o ato será considerado anulável. Quanto ao momento de sua formação, a nulidade pode ser classificada como originária, quando se refere à nulidade que nasce com o próprio ato, sucessiva ou por causa superveniente. Quanto à sua abrangência, pode ser total, quando atinge todo o ato, contaminando-o por inteiro ou parcial, que atinge apenas parte do negócio, mantendo-se as demais disposições que, à luz do princípio da conservação[9], podem ser preservadas.

Os negócios imobiliários têm no assento no registro de imóveis o seu objetivo principal, pois a transferência do domínio somente se opera com o registro do título aquisitivo pelo oficial de registro de imóveis da circunscrição imobiliária competente nos termos do mais repetido e bem conhecido artigo do Código Civil, o artigo 1.245 do qual se depreende o ato de tradição da propriedade imobiliária. Tenho que a esmagadora maioria dos direitos reais são constituídos por meio de atos bilaterais que, obviamente, demandam a manifestação da vontade na forma apta não apenas para os fins de sua validade, mas, notadamente, para os fins da eficácia, consistente no alcance do registro imobiliário. Para esse fim, inúmeras formalidades são necessárias de serem observadas, devidamente cumpridas em respeito à liturgia do nosso sistema de registros públicos.

Adotamos o sistema romano-germânico de constituição dos direitos reais, o sistema da duplicidade formal (contrato ou título causal seguido da tradição ou da transcrição no registro público), sob a premissa da presunção relativa que admite prova em contrário, com a cessação dos efeitos tanto do título causal do registro como do registro em si, mediante ação direta ou não, ressalvados, em determinados casos, os direitos daquele que, de boa-fé, tem o imóvel preenchendo os requisitos da usucapião[10].

---

7. Código Civil, artigos 166 a 184.
8. SANTOS, Carvalho. In: Stolze e Pamplona, p. 429.
9. A respeito, vide Enunciado 22, do Conselho da Justiça Federal: "A função social do contrato, prevista no art. 421 do novo Código Civil, constitui cláusula geral que reforça o princípio de conservação do contrato, assegurando trocas úteis e justas."
10. Lei dos Registros Públicos, artigo 214, § 5º.

O princípio da inscrição significa que a constituição, transmissão e extinção de direitos reais sobre imóveis só se operam por atos *inter vivos* mediante sua inscrição no registro. Ainda que uma transmissão ou oneração de imóveis haja sido estipulada negocialmente entre particulares, é condição de sua validade a observância da forma adequada e de sua eficácia, a inscrição. A mutação jurídico-real nasce com a inscrição e por meio desta se exterioriza a terceiros, passando a gozar o ato inscrito da publicidade absoluta inerente ao registro imobiliário.

Para Afrânio de Carvalho "o princípio da inscrição justifica-se facilmente pela necessidade de dar a conhecer à coletividade a existência dos direitos reais sobre imóveis, uma vez que ela tem de respeitá-los. Quando duas pessoas ajustam uma relação real imobiliária, esta transpõe o limite dual das partes e atinge a coletividade por exigir a observância geral. Daí o apelo a um meio que, ao mesmo tempo, a traduza e a torne conhecida do público"[11].

A inscrição é sempre obrigatória, quer seja constitutiva, quer seja declaratória, pode ela ser promovida por qualquer dos interessados, tendo muitas delas como fundamento um título bilateral, outras título unilateral, a depender da natureza do ato.

Em nosso sistema atual a importância da tradição é inconteste, por seus efeitos e pela segurança jurídica que dela emana. Ou seja, não basta o consentimento das partes nos contratos para se adquirir o domínio ou outro direito real de uso, fruição, passagem ou garantia. O efeito constitutivo decorre da tradição ou "entrega", ainda que simbólica ou formal, para eficácia *erga omnes* do direito adquirido.

À parte desse contexto estreito, de regras centenárias severas e formalidades litúrgicas que se justificam, de maneira geral, pela segurança jurídica que proporcionam a bens e direitos de tamanha relevância e valor na estrutura de um Estado, está a realidade. Uma realidade que parece refletir uma somatória de diferentes fatores, desde os anseios das pessoas, até a evolução tecnológica, passando pelas questões econômicas e financeiras de cada um e de todos, a traduzir a forma como a sociedade encara os direitos reais e os transaciona. Uma realidade que se altera com cada vez mais velocidade, impulsionada com mais intensidade pelos efeitos da pandemia, e que luta para se encaixar e seguir atendendo as regras centenárias e as formalidades litúrgicas, que responde, com outro passo notadamente mais lento, mas responde.

Chega-se ao ponto de utilizarmos sistemas confiáveis para assinatura de contratos, com os meios eletrônicos de certificação dos poderes de seus subscritores, mas que não preenchem determinados requisitos para acessar o registro de imóveis. Por exemplo, o reconhecimento das firmas que, ausente, representa impedimento ao acesso do título ao registro de imóveis. Pior, se não há no nosso ordenamento jurídico a liberdade de forma para determinados atos, essa amarra passou a representar um enorme problema econômico pelo papel impeditivo que passou a ter nas transações imobiliárias.

Atentos às circunstâncias e às necessidades a serem atendidas, Tribunais de Justiça de todos os Estados passaram a editar as suas normas para viabilizar os atos notariais eletrônicos (os títulos que observam a forma pública), como primeiro e obrigatório

---

11. CARVALHO, Afrânio. *Registro de imóveis*. 2. ed. Rio de Janeiro: Forense, 2003, p. 182.

passo para assegurar a eficácia dos atos (o assento no registro imobiliário) até que em 26/05/2020 o CNJ[12] editou o Provimento nº 100 que, dispondo sobre prática de atos notariais eletrônicos utilizando o sistema e-Notariado, cria a Matrícula Notarial Eletrônica-MNE, revoga as normas estaduais a respeito na tentativa de padronização dos procedimentos e estabelece uma série de outras providências. O Provimento 100 do CNJ constitui grande e positivo avanço ao regulamentar o uso de instrumentos tecnológicos nas transações objetivando direitos reais, criando formas alternativas para que a liturgia do nosso sistema de registros públicos seja atendida.

A eficiência do serviço notarial e registral já era uma obrigação legal que, sem dúvida, ganha a necessária amplitude e o merecido alcance com a evolução pela adoção de ferramentas tecnológicas, pormenorizadamente descritas nos artigos 2º a 5º do Provimento. A partir do Provimento passamos a contar com a assinatura eletrônica notarizada, certificado digital notarizado, assinatura digital, biometria, videoconferência, ato notarial eletrônico, digitalização ou desmaterialização, papelização ou materialização, transmissão eletrônica, dentre outros, além da criação da CENAD: Central Notarial de Autenticação Digital, que consiste em uma ferramenta para os notários autenticarem os documentos digitais, com base em seus originais, que podem ser em papel ou natos-digitais.

Outra importante inovação consiste na obrigatoriedade, para a lavratura do ato notarial eletrônico, de o notário utilizar a plataforma e-Notariado com a realização da videoconferência notarial para captação da vontade das partes e coleta das assinaturas digitais, certo que a matéria da competência para a prática dos atos regulados pelo Provimento é absoluta e observará a circunscrição territorial em que o tabelião recebeu sua delegação, à luz do artigo 9º[13], da Lei nº 8935/94. A competência territorial foi tratada no artigo 19[14] do Provimento nº 100, ressalvando, na hipótese de existência de um ou mais imóveis de diferentes circunscrições, no mesmo ato notarial, que será competente para a prática de atos remotos o tabelião de quaisquer delas.

Esse dispositivo é de crucial importância, pois diz respeito à assinatura de atos notariais eletrônicos, estabelecendo que é imprescindível a realização de videoconferência notarial, para captação do consentimento das partes sobre os termos do ato jurídico, a concordância com o ato notarial, a utilização da assinatura digital e assinatura do Tabelião de Notas com o uso do certificado digital, segundo a Infraestrutura de Chaves Públicas Brasileira – ICP. Nesse sentido, fica facilitado o acesso a todos os interessados à aludida infraestrutura, pois é desnecessário o cadastro pessoal da parte mediante certificado digital diante da integração ao próprio e-Notariado.

Além de tais facilidades, o Provimento traz importantes normas que visam ao tratamento de dados estatísticos, integração de informações e outros desdobramentos que contribuirão para a segurança jurídica.

---

12. Conselho Nacional de Justiça. Disponível em: https://atos.cnj.jus.br/atos/detalhar/3334.
13. Art. 9º O tabelião de notas não poderá praticar atos de seu ofício fora do Município para o qual recebeu delegação.
14. Assim dispõe o artigo 19: "Ao tabelião de notas da circunscrição do imóvel ou do domicílio do adquirente compete, de forma remota e com exclusividade, lavrar as escrituras eletronicamente, por meio do e-Notariado, com a realização de videoconferência e assinaturas digitais das partes."

Ora, algumas funções estão em fase de implementação. Também o Provimento está sujeito a críticas de toda ordem, começando pela competência do CNJ para editar tais normas suprimindo uma competência legislativa[15] para normas de Direito Civil e esticando perigosamente o conceito de liberdade para abarcar a forma, alterando-a.

No entanto, não há do que reclamar. Não afirmo isso vencido pelo cansaço e convencido de que sem tais normas poderia ser pior. Muito pelo contrário, há muito o que celebrar. Afinal um passo de tamanha importância num caminho sem volta há de ser aplaudido!

E as críticas? Parece-me que elas são reduzidas à insignificância de seus efeitos, não diante do entendimento dos Tribunais a respeito dos temas diretos, mas, mais importante, diante dos conceitos legais aqui tratados, que se mantêm hígidos e que asseguram a validade dos negócios jurídicos se devidamente observados.

A manifestação de vontade livre de qualquer vício e legítima será eficaz mesmo que se exteriorizada pelas novas formas estabelecidas pelo Provimento nº 100 (ou por outras que o seguirem) e será assim mantida pelas próprias partes envolvidas, pelo tempo necessário a ganharem o reforço definitivo e cabal de imutabilidade da prescrição. Senão das partes envolvidas, de uma das partes, da sua posse mansa, pacífica e ininterrupta e da boa-fé, com os efeitos dela decorrentes. Se assim não for, a solução já se encontra prevista em nosso ordenamento jurídico. Mantida a premissa da presunção relativa de legalidade dos registros públicos e, desse modo, mantida a possibilidade de prova em contrário, conforme o devido processo legal.

Ainda que se desconsidere a origem da norma, o vício de consentimento, a má-fé, o estado de perigo ou de necessidade, quaisquer outras circunstâncias que possam afetar o ato jurídico são as anomalias que repercutem para corrigir, anular ou declarar nulo o ato ou os seus efeitos, continuando todos os mecanismos necessários para o tratamento de cada hipótese à disposição.

REFERÊNCIAS

BARROS MONTEIRO, W. *Curso de direito civil*: direito das coisas. 14. ed. São Paulo: Saraiva, s./d.

BENDER, Steven W., HAMMOND, Celeste M., ZINMAN, Robert M. *Modern Real Estate Finance and Land Transfer, a transactional approach*. 6. ed. Chigaco/Illinois/EUA. Wolter Kluwer, 2018.

---

15. Segundo os ensinamentos do ministro Ayres Britto do STF, relator em ADC, a respeito da Resolução 7 do CNJ, são exemplos de atos normativos primários, estruturados a partir da linguagem do texto Constitucional: resoluções do Senado Federal (art. 52, VII, VIII e IX e art. 155, § 2º, V, alíneas a e b, todos da Constituição Federal); medidas provisórias (art. 62 da Constituição Federal); decreto – regulamento autônomo – (art. 84, VI, a da Constituição Federal); resolução do Conselho Nacional de Justiça (art. 103-B, II da Constituição Federal); regimento internos dos tribunais (art. 96, I, alínea a da Constituição Federal). Neste último ponto, o ministro Ayres Britto destacou uma peculiaridade: estes regimentos internos possuem natureza dúbia, porquanto podem ter natureza de atos primários, quando dispõem sobre competência e funcionamento dos órgãos jurisdicionais e administrativos de cada qual deles (tribunais); e de atos secundários, quando dispuserem sobre o dever de observância das normas de processo e das garantias processuais das partes. Assim, os órgãos constitucionais que foram aquinhoados com a possibilidade de editar estes instrumentos jurídicos são detentores da chamada competência para expedir atos normativos primários, atos que podem inovar no ordenamento jurídico independentemente da existência de interposto texto legal, uma vez que o fundamento de validade para edição de tais atos primários advém da própria Constituição Federal. (Disponível em: http://redir.stf.jus.br/paginadorpub/paginador.jsp?docTP=AC&docID=372910. Acesso em: 11 jul. 2020).

CARVALHO, Afrânio. *Registro de imóveis*. 2. ed. Rio de Janeiro: Forense, 2003.

GOMES, Orlando. *Direitos reais*. 10. ed. Rio de Janeiro: Forense, s./d.

MAZEAUD, Henri Y Leon, Jean Mazeaud. *Lecciones de derecho civil*. Trad. Luis Alcala-Zamora y Castillo. Buenos Aires: Europa-América, 1974 in: https://www.lexml.gov.br/urn/urn:lex:br:rede.virtual.

PONTES DE MIRANDA. *Tratado de direito privado, direito das coisas*. 2. ed. Rio de Janeiro: Borsoi, s./d.

SILVA PEREIRA, Caio Mário da. *Instituições de direito civil*. 9. ed. Rio de Janeiro: Forense, v.4, s./d.

A BUSCA DO EQUILÍBRIO ENTRE DIREITOS INDIVUAIS E DIREITOS COLETIVOS NAS RELAÇÕES CONDOMINIAIS

Marcia Cristina Rezeke Bernardi

Doutora e Mestre em Direito Civil pela Faculdade Autônoma de Direito de São Paulo (FADISP). Pós-Graduada *Latu Sensu* em LL.M. em Direito Empresarial pela Faculdade Unyleya – CEU, Law School. Advogada em São Paulo.

Sumário. 1. Introdução. 2. Liberdade individual e solidariedade – a busca do equilíbrio. 3. Relações condominiais. 4. A realidade pandêmica e a vida condominial. 5. Conclusão. 6. Referências.

"Liberdade significa não somente que o indivíduo tenha tanto a oportunidade quanto o fardo da escolha; significa também que ele deve arcar com as consequências de suas ações. Liberdade e responsabilidade são inseparáveis." (Friedrich Hayek)

1. INTRODUÇÃO

O ano de 2020 será lembrado não só como aquele em que a humanidade se viu às voltas com um vírus que isolou e individualizou os cidadãos, como também o que colocou à prova o sentimento de coletividade e solidariedade de seus membros. Tal qual ocorre na narrativa de Albert Camus, em 'A Peste', à medida que a doença começou a se disseminar e normas restritivas brotaram nas mais variadas esferas governamentais e sociais, os membros da sociedade foram adotando diferentes percepções, padrões e posições quanto ao isolamento e o enfrentamento da pandemia.

Conquistas sociais, econômicas e culturais típicas das sociedades ocidentais foram afetadas ou suspensas, causando um certo frenesi em parte de seus membros, especialmente quando instados a se afastarem de certos comportamentos individualistas em prol do coletivismo. A conduta social de cada um passou a ser avaliada de perto pelos integrantes dos mais variados núcleos organizacionais e territoriais, em prol da realização de um comportamento coletivamente aceitável para debelar a pandemia da Covid-19.

Encontros, reuniões e viagens precisaram ser desmarcados, casamentos e festas adiados impondo a sociabilização virtual em detrimento da presencial, o que fez com que muitos, nas mais variadas esferas e camadas sociais, se insurgissem contra a nova realidade, sob os mais diferentes argumentos de pretensa ofensa a direitos constitucionalmente assegurados, especialmente o direito de ir e vir (CF, art. 5º, inc. XV) e o de propriedade (CF, art. 5º., inc. XXII).

Instalou-se uma disputa, subliminar ou ostensiva, de prevalência de direitos fundamentais (o de ir e vir e o de propriedade, de um lado, e o à saúde, de outro) e de liberdade individual, em contraposição ao de solidariedade social. E no condomínio edilício, microcosmo social que simultaneamente alberga propriedade exclusiva e coproprieda-de, interesses, direitos e deveres de seus condôminos e usuários, que nem sempre são convergentes, tal debate não poderia ser diferente.

Os seres humanos, animais políticos que são[1], estabelecem regras de convivência, inclusive de natureza coercitiva, com o objetivo de coligir esforços individuais que, ao se somarem, formam uma base coesa de pertencimento social, lastreada em interesses semelhantes, harmônicos e cooperativos. Entretanto, a despeito desse ideário social, por vezes a base sofre fraturas e causa conflitos entre os membros da sociedade, o que impossibilita, ainda que temporariamente, a consecução do bem comum[2].

Nesse contexto, o presente trabalho busca traçar algumas linhas existentes entre os direitos individuais e os direitos coletivos das pessoas que decidem viver em condomínio e, por decorrência, se sujeitam a um conjunto de regras delineadas a pautar não só a forma de uso, gozo e fruição de sua propriedade, como a parâmetros de uso e convivência com os demais condôminos e usuários.

2. LIBERDADE INDIVIDUAL E SOLIDARIEDADE – A BUSCA DO EQUILÍBRIO

O instinto primitivo do homem, ao mesmo tempo que o leva a se aperceber de sua própria individualidade, o remete à sua realização na vida em sociedade. A solidariedade social nasce de determinados laços que cruzam as fronteiras familiares, se expandem pela identificação da semelhança ou pela divisão de trabalho, até alcançar o estágio de nação[3].

A convivência social é conduzida por uma somatória de normas que impõem às atividades individuais uma disciplina de subordinação entre si, com o propósito de encontrar um equilíbrio útil e orgânico entre o fim social e a liberdade individual, limitada pela coexistência de igual direito de terceiros[4]. Dessa convivência exsurge uma inevitável regulamentação de normas de conduta, inclusive de natureza coercitiva, para a manutenção do conjunto de bens e direitos que encontra repouso nos conceitos de "*ordem, coexistência e liberdade*"[5] que trazem consigo, em contrapartida, o dever de submissão do indivíduo à tais normas, para fins de controle, tutela e garantia estatal.

Cabe à sociedade, na preservação da justiça, contestar e se opor aos interesses individuais egoísticos, segundo leciona Ihering e para quem o "indivíduo existe não simplesmente em função de si mesmo, mas do mundo também", de modo que a liberdade que a ele se amolda precisa estar subordinada à justiça, que se ajusta a todos[6]. A coação pelo Estado de atos autocentrados dos membros da sociedade tem o propósito de encontrar a estabilidade, a segurança e o bem estar social.

---

1. ARISTÓTELES. *Ética a Nicômacos*. 4. ed. Política, Livro I, tradução do grego, introdução e notas por Mário da Gama Kury, Editora Universidade de Brasília, 2001, p. 23.
2. COMPARATO, Fábio Konder. *Ética*: direito, moral e religião no mundo moderno. São Paulo: Companhia das Letras, 2006. p. 506.
3. DUGUIT, Léon. *Fundamentos do direito*. Trad. Márcio Pugliesi. Ícone Editora, p. 21.
4. RUGGIERO, Roberto de. *Instituiciones de derecho civil*. 4. ed. italiana traduzida por Ramón Serrano Suñer y José Santa-Cruz Teijeiro, Tomo Primeiro, Instituto Editorial Reis, Madri. p. 7-8.
5. RUGGIERO, Roberto de, op. cit., p. 9.
6. IHERING, Rudolf Von. *A finalidade no direito*. Trad. José Antônio Faria Correa. Rio de Janeiro: Editora Rio, 1979. v. I, p. 76.

Segundo Vladmir Silveira "… os direitos nascem e se modificam obedecendo a um núcleo formado pelo sentimento axiológico da sociedade ao qual, a partir de um dado momento, se adere um determinado valor, que, por sua vez, passa a ser normatizado…" o que leva a um processo de adaptação, com a incorporação de novos valores sociais e de acomodação natural da sociedade e seus membros[7].

É fato que o Direito subjetivo faculta às pessoas singulares ou coletivas agirem segundo seus preceitos, como também é fato que o exercício desse direito não está sujeito ao livre arbítrio do titular, considerando a máxima de que a liberdade deve ser considerada na medida em que não ofende o direito de outrem[8]. As barreiras e limites impostos pelas normas de conduta têm o condão de mostrar ao indivíduo que a liberdade não é ampla e irrestrita, porquanto há a necessidade de retribuição do indivíduo aos benefícios de proteção, coesão, preservação e convivência que a ele são proporcionados pela sociedade.[9]

Com efeito, o predomínio do interesse social em face do interesse privado traz intrínseca conexão entre dignidade da pessoa humana, liberdade e solidariedade, exigindo dos membros da sociedade um padrão de correição comportamental, equidade, proporcionalidade e ética no trato de suas relações.

Cabe aos membros da sociedade, no exercício das liberdades individuais e da realização de seus valores e da vida em comum, observar os limites e obrigações impostos pelas normas que definem um caminho de convergência equitativa e harmônica nas relações intersubjetivas, evitando a imputação de sanções.

É da solidariedade social que surge o direito social, cujo fundamento é a relação entre o indivíduo, com suas limitações e poderes, e a forma de convivência em uma sociedade organizada e assistida pelo Estado. O exercício útil dos direitos individuais essenciais, como a liberdade e a igualdade, e o desempenho de atos que mitiguem prejuízos a terceiros proporcionam benefícios à sociedade, porque propiciam a integração das relações entre os indivíduos e a ordenação da atividade social voltada a alcançar o bem comum[10].

No contexto da concepção do condomínio edilício o comportamento do titular de propriedade ou uso de uma unidade autônoma ou de uma área comum não tem padrões fixos, cabendo uma análise casuística do fato, com o sopesamento do local e das circunstâncias em que ocorreram para atribuir a ocorrência ou não do exercício regular de um direito.

---

7. SILVEIRA, Vladmir Oliveira. Direitos humanos e desenvolvimento. Palestra proferida nas Faculdades Metropolitanas Unidas (FMU), em 13.08.2008. In: MORAES, Alexandre de e KIM, Richard Pae (Coord.). *Cidadania e Direitos Humanos, Cidadania*. São Paulo: Atlas, 2013, p. 108.

8. KANT, Immanuel. Filosofia do direito de Kant. Primeiros princípios metafísicos da doutrina do direito. Trad. Reinaldo Guarany. In: MORRIS, Clarence (Org.). *Os grandes filósofos do direito*. São Paulo, Martins Fontes, 2002, p. 240.

9. MIIL, John Stuart. On Liberty, Chapter III, On Individuality, As One of the Elements of Wellbeing. *The liberty of the individual must be thus far limited; he must not make himself a nuisance to other people.* Disponível em: http://www.bartleby.com/25/2/.

10. Declaração Universal dos Direitos do Homem, artigo 29: "Todo homem tem deveres para com a comunidade, na qual o livre e pleno desenvolvimento de sua personalidade é possível".

3. RELAÇÕES CONDOMINIAIS

Seja sob o enfoque social como econômico o ser humano é um ente social que busca na comunidade meios para viver e se desenvolver, aceitando e se sujeitando a determinadas regras de conduta para tornar possível a convivência e a perenidade desse estado social.

O binômio que abarca a teoria da propriedade (direito da propriedade e uso da propriedade), segundo Radbruch, mostra que, na mesma medida em que há a exteriorização da face individual da propriedade, seu uso revela a importância que deve ser dada ao interesse da coletividade, impondo-lhe certas limitações e condições, diferentemente do invólucro da sacralidade e inviolabilidade absolutas que um dia revestiu tal direito[11].

No condomínio edilício o tripé propriedade individual, copropriedade e relações sociais entre os condôminos e possuidores permite que cada um desfrute seus direitos de propriedade, posse e convivência com liberdade, desde que esse exercício seja pautado na realização da solidariedade social no âmbito condominial, a qual, para que se realize, passa pela observância de certas limitações. Nesse sentido, a propriedade ganha contornos que extravasam a mera titularidade do bem, porque carrega consigo o dever de seu titular, individualmente, ao utilizá-lo, fazê-lo com consonância com os interesses da sociedade, a fim de realizar a justiça social, numa conexão entre princípio da dignidade humana e da função social da propriedade.

A mesma liberdade que permite o uso, gozo e fruição da unidade privativa e áreas comuns por seu titular traz consigo o limitador da liberdade dos demais membros do conjunto sócio-estrutural com igual direito e de terceiros externos a ele, exortando uma duplicidade de natureza, a endógena (envolvendo as relações entre condôminos) e a exógena (no que toca às relações da coletividade condominial com a sociedade).

Nesse contexto, as leis de interesse social impedem ou limitam a autonomia da vontade dos condôminos, impactada pelas regras morais, de ordem pública ou voltadas aos bons costumes, à segurança e à saúde, as quais devem ser analisadas de acordo com a época, o local, o comportamento e as exigências sociais[12].

As regras que normatizam a propriedade privada, a copropriedade e a convivência condominial, além daquelas estabelecidas na legislação de regência, também estão previstas na convenção condominial e nas regulares deliberações assembleares e têm a finalidade de coligir os direitos, relações e interesses individuais com o bem comum e a ordem pública, harmonizando-os no binômio principiológico da liberdade com o da igualdade[13].

A convenção de condomínio, por ter contornos contratuais, imporá aos condôminos, possuidores e usuários das unidades autônomas e áreas comuns[14] a observância aos

---

11. RADBRUCH, Gustav. *Filosofia do direito*. Trad. e prefácio de L. Cabral de Moncada. São Paulo: Saraiva, 1940, p. 203-204.
12. PEREIRA, Caio Mário da Silva. *Instituições de direito civil*. 3. ed. Editora Forense, v. III, p. 23.
13. TAVALERA, Glauber Moreno. A função social do contrato no novo Código Civil, *Boletim ADCOAS*, doutrina, n. 12, dez/02, p. 399.
14. TJSP Apelação Cível 273.004-4/0, 12.02.08, Rel. Des. Waldemar Nogueira Filho: "Condomínio – Convenção – Caráter institucional alcançando não só os moradores, mas todos os que ingressem no universo do condomínio – Pretendida inconstitucionalidade da restrição, a determinados dias da semana, do ingresso de corretores e

princípios de direito como as cláusulas gerais da boa-fé objetiva e probidade, criando um tecido de sociabilidade para uma convivência harmônica entre todos os que ingressem na esfera condominial.

Dentro do arquétipo social do poder-dever de cada um, o que se espera dos condôminos, possuidores e usuários das unidades autônomas e áreas comuns é que ajam com comportamento ético, confiável e leal no uso, gozo e fruição dos bens em condomínio e, acima de tudo, com padrão de comportamento pautado nas regras emanadas pelo Estado ou pelos órgãos condominiais internos.

Nesse diapasão é que surge o dirigismo normativo com o propósito de controlar o individualismo, evitando o estabelecimento de obrigações abusivas, desproporcionais e atentatórias à moral, à saúde, à segurança e aos bons costumes dos demais membros da comunidade, em detrimento da ordem jurídica[15]. Em outras palavras, os condôminos, possuidores e usuários se verão obrigados a acatar determinadas regras, delas não podendo se furtar sob o argumento da prevalência de sua liberdade e vontade individual[16], porquanto as limitações impostas aos direitos individuais têm o condão de conjugar as diferenças sociais entre eles para alcançar a assistência social organizada.

Diante da necessidade organizacional, e sob o corolário da construção de uma sociedade livre, justa e solidária, as regras aplicadas à vida em condomínio devem trazer em seu bojo os princípios de comutatividade para assegurar aos condôminos e possuidores o respeito ao que lhes é próprio, como a personalidade – em seu mais amplo sentido, seja no respeito à sua integridade física e psíquica, como ao seu trabalho e patrimônio – e a igualdade fundamental entre as pessoas equiparadas, permitindo que seja restabelecido o direito violado ou afetado.

A convivência em um condomínio edilício, dada a miscigenação da propriedade individual e da copropriedade, e a pluralidade de pessoas precisa ser interpretada como um modo de viver e conviver dentro de um sistema social ordenado, fundado na solidariedade, na equidade e no respeito às normas jurídicas impostas, especialmente aquelas que trazem em seu bojo determinados limites voltados à manutenção da estabilidade das relações e a respeito de valores éticos, afastando e coibindo atos ilícitos e antijurídicos, e o surgimento de conflitos em prejuízo da comunidade.

O grupo social que integra o condomínio edilício, em suas mútuas e múltiplas relações, reconhece e se sujeita à certas regras de conduta e limitações aos seus direitos de propriedade e individuais, e o exercício desses direitos deve ser dosado entre interesses próprios e o respeito aos fins ético-sociais da comunidade condominial, respeitando o direito dos demais membros do grupo, engrandecendo o necessário equilíbrio decorrente

---

interessados na aquisição de unidades condominiais – Dispositivo que não afronta o direito de propriedade que encontra limites em idêntico direito garantido aos demais condôminos – Ação julgada improcedente – Verba honorária que não comporta reparos – Sentença mantida – Recurso improvido".

15. SIDOU, José Maria Othon, A revisão judicial dos contratos e outras figuras jurídicas, Editora Forense, 2ª edição, p. 167, para quem a "lei não pode permitir que o indivíduo seja absolutamente livre para contratar, porque se o permitisse ele agiria, por índole, no interesse próprio, não no interesse social, e aquele que assim não procedesse constituiria decerto um caso sintomático à luz da psicanálise. Portanto, o indivíduo agiria, sempre, em detrimento da ordem jurídica".

16. GOMES, Orlando, Contratos, op. cit., p. 36.

da justaposição entre direito pessoal e real, e os interesses individuais e coletivos, em especial em tempos tão excepcionais e desafiadores como os atuais.

4. A REALIDADE PANDÊMICA E A VIDA CONDOMINIAL

O Brasil e o mundo vivem um momento de excepcionalidade, no qual a vida das pessoas acabou tomando um rumo inesperado em razão da pandemia da Covid-19, com orientação para o isolamento social e restrições de convívio e circulação, o que impôs em muitos casos o trabalho em casa, videoaulas para os que estão em idade escolar, convivência familiar e proximidade com os vizinhos por horas a fio, diferentemente das habituais poucas horas diárias, regras de distanciamento e sanitárias até então só vistas no mundo literário e cinematográfico, ou pertencentes a um passado muito distante.

A convivência foi desafiada e com o passar dos dias o Direito, como arte, e esta, como Direito[17] foram mais requisitados para a reorganização da sociedade de acordo com a nova realidade instalada. A cobrança de determinados valores éticos e comportamentais passou a fazer parte do noticiário e do dia a dia da população na busca de uma nova consciência e ordem social.

A pandemia não é ética, moral ou um estado emulativo, mas instigou os membros da sociedade, nas mais variadas classes, a adotar ou, ao menos, a refletir sobre um comportamento ético, moral e socialmente harmônico e compassivo.

Um verdadeiro mar de leis, medidas provisórias, decretos e portarias governamentais, no cotidiano da sociedade com a finalidade de regular e limitar normas de conduta e evitar desvios no meio social, em razão da autonomia para controlar a natureza individualista que as pessoas trazem dentro de si[18]. Nesse contexto, o Direito, como instrumento de normatização das relações humanas, é um produto da vida em sociedade e uma elaboração do espírito humano, criado pelos homens e para servir aos homens e realizar o bem comum[19].

Os tempos são de incertezas sanitárias, sociais, econômicas e de trabalho, e o sentido da vida, que já não era o mesmo para todos, ganhou uma maior elasticidade, intensificou algumas posições e (pre)conceitos e colocou em xeque alguns comportamentos porque a liberdade, de alguma forma, acabou sendo tolhida e a autonomia na tomada de certas decisões empalideceu à vista das limitações impostas para o bem estar e a proteção da comunidade.

Com o desenvolvimento da pandemia e ao redemoinho a que os condôminos se viram tragados, houve a necessidade de renúncia ao seu lado mais individualista na expectativa de uma maior segurança sanitária à comunidade e, quando não o fizeram ou o fizeram

---

17. CARNELUTTI, Francesco, *Arte do Direito*. "A arte, como o direito, serve para ordenar o mundo. O direito, como a arte, tem uma ponte do passado para o futuro".
18. NERY, Rosa Maria de Andrade. *Introdução ao pensamento jurídico e à teoria geral do direito privado*. São Paulo: Ed. RT, 2008, p. 246.
19. DE RUGGIERO, Roberto. *Instituiciones de derecho civil*. 4. ed. italiana traduzida por Ramón Serrano Suñer y José Santa-Cruz Teijeiro, Tomo Primeiro, Instituto Editorial Reis, Madri, p. 6.

em abuso do direito[20], se sujeitaram às medidas sancionatórias. Isso porque os direitos dos condôminos, tanto sob a perspectiva da vida social quanto da propriedade, devem ser exercidos em sintonia e com a necessária temperança para alcançar as finalidades econômicas, sociais e de saúde, especialmente em tempos excepcionais.

A estrutura físico-jurídica do condomínio edilício impõe, aos proprietários e possuidores, relações existenciais e de uso recíprocas e proporcionais a cada um deles, e das quais advirão limitações por imposição de normas públicas ou privadas com força cogente. Mas as limitações advindas das normas privadas, especialmente no seio das deliberações assembleares, devem buscar o equilíbrio para evitar a tirania de uma minoria ou o esmagamento da maioria sobre a minoria, especialmente em tempos onde as paixões, as angústias e supostas verdades podem desbalancear a harmonia na vida condominial.

Campo fértil para o desenvolvimento do abuso do direito e da intolerância são as assembleias condominiais e, certamente, para evitar a propagação de deliberações atentatórias à harmonia e a paz na vida em condomínio e aos direitos individuais dos condôminos, a Lei n. 14.010, de 10.06.2020, em seu art. 12, permitiu que as assembleias sejam realizadas por meios eletrônicos, hipótese em que a manifestação de vontade de cada condômino será equiparada, para os devidos efeitos jurídicos, à sua assinatura presencial[21]. A medida é proveitosa e espera-se que no pós-pandemia essa disposição se incorpore ao sistema em definitivo.

Com certa frequência é possível observar abusos cometidos por aqueles que ocupam alguma função na administração do condomínio, especialmente o síndico. Não por outra razão que o veto ao art. 11 da Lei n. 14.010, de 10.06.2020[22], que alargava os poderes do síndico quanto à imposição de restrições ao uso das áreas comuns, foi comemorado em razão do receio que pairava quanto à possibilidade de cometimento de abuso de poder.

Mas independentemente das normas pontuais e voltadas especificamente ao Regime Jurídico Emergencial e Transitório das relações jurídicas de Direito Privado (RJET), no período da pandemia, as demais existentes também têm a capacidade de coibir o abuso do direito ou o uso nocivo da propriedade nas relações de vizinhança, quando da utilização da propriedade privada e da copropriedade, impondo aos integrantes da massa condômina um comportamento precavido, cuidadoso e diligente para evitar o espraiamento do vírus e a contaminação dos membros da comunidade.

---

20. Código Civil, artigo 187. "Também comete ato ilícito o titular de um direito que, ao exercê-lo, excede manifestamente os limites impostos pelo seu fim econômico ou social, pela boa-fé ou pelos bons costumes".

21. PANTAROTTO, Márcia Cristina Rezeke Bernardi, Condomínio edilício – a arte da convivência, Revista Brasileira de Direito Civil, Constitucional e Relações de Consumo, n. 11, julho-setembro/2011, coordenação Rogério Ferraz Donnini e Celso Antônio Pacheco Fiorillo, Editora Fiuza, São Paulo, 2011, já havíamos externado que nos tempos atuais não deveria e haver óbice em que as assembleias pudessem ser feitas por meios não presenciais, inclusive com o direito de os condôminos poderem manifestar sua opinião por meio de declaração de voto.

22. Art. 11. Em caráter emergencial, até 30 de outubro de 2020, além dos poderes conferidos ao síndico pelo art. 1.348 do Código Civil, compete-lhe: I – restringir a utilização das áreas comuns para evitar a contaminação pelo coronavírus (Covid-19), respeitado o acesso a propriedade exclusiva dos condôminos;

II – restringir ou proibir a realização de reuniões e festividades e o uso dos abrigos de veículos por terceiros, inclusive nas áreas de propriedade exclusiva dos condôminos, como medida provisoriamente necessária para evitar a propagação do coronavírus (Covid-19), vedada qualquer restrição ao uso exclusivo pelos condôminos e pelo possuidor direto de cada unidade. Parágrafo único. Não se aplicam as restrições e proibições contidas neste artigo para casos de atendimento médico, obras de natureza estrutural ou realização de benfeitorias necessárias."

O descuidado no trato e no cumprimento das normas governamentais e condominiais estabelecidas para o condomínio, colocando os demais membros da comunidade condominial, especialmente no que toca à sua saúde e à vida destes, pode caracterizar um comportamento antissocial, passível não só de aplicação das penalidades previstas em lei, mas, segundo nosso entendimento já anterior e amplamente defendido[23], de afastamento do condomínio, com restrição ao uso da unidade privativa, com a finalidade de restabelecer a ordem e o convívio social, eliminado as discrepâncias e desigualdades de formação, caráter e personalidade de cada um, em prol da vida em comum.

A exclusão do proprietário antissocial atingiria apenas o seu direito de uso e no contexto do binômio que abarca a teoria da propriedade, a contrapartida da exteriorização da face individual da propriedade (direito de propriedade) é o seu uso e este revela a importância que deve ser dada ao interesse da coletividade, impondo ao titular certas limitações e condições, diferentemente do invólucro da sacralidade e inviolabilidade que um dia revestiu tal direito[24]. Mas, infelizmente, não é essa a posição que vem sendo tomada pelos tribunais pátrios que insistem em negar a exclusão do condômino ou possuidor antissocial, ainda que em situações de verdadeira insuportabilidade, sob o argumento de fundo de ofensa ao direito de propriedade e à dignidade da pessoa humana, esquecendo-se, por consequência, que esses mesmos direitos têm os demais condôminos.

Apesar de ainda solitária, digna de aplausos é a decisão transitada em julgado da lavra da MM Juíza Fernanda Galliza do Amaral, da 4ª. Vara Cível da Comarca do Rio de Janeiro que, no intuito de proteger os direitos dos demais condôminos e possuidores, determinou o afastamento de um condômino, assentando o seguinte na sentença: "O fato é que o réu não utiliza sua propriedade de forma normal, ultrapassando os limites toleráveis da propriedade, ao permitir o ingresso de pessoas estranhas nas dependências do condomínio, o que coloca em risco os demais condôminos e funcionários. (…). Isto significa que o réu é pessoa que coloca em risco a integridade física dos moradores do edifício, além de seus funcionários, demonstrando ser pessoa violenta e que não consegue conviver em sociedade de forma pacífica."[25].

Questão que ainda remanesce controversa está ligada ao sujeito passivo da ação de exclusão ou de pagamento da multa aplicada por comportamento antissocial, à medida que o posicionamento jurisprudencial é de que o polo correspondente deve ser ocupado pelo proprietário, sob o argumento de que as obrigações condominiais são de natureza *propter rem*, e que o possuidor não tem qualquer vínculo com o condomínio, com o que também discordamos. Isso porque (i) a obrigação de abstenção de atos prejudiciais prevista no caput do art. 1277 do Código Civil é de natureza *propter rem* e não deriva de uma ação do titular do bem; (ii) o locatário, como possuidor, é alcançado pelas normas condominiais relacionadas ao uso da unidade autônoma e das áreas privativas[26]; e, (iii)

---

23. PANTAROTTO, Márcia Cristina Rezeke Bernardi. *Condomínio edilício – a arte da convivência*, op. cit.
24. RADBRUCH, Gustav, op. cit., p. 203-204.
25. Nos termos da sentença extraída do processo 0183751-55.2018.8.19.0001, da 4ª Vara Cível da Comarca do Rio de Janeiro. Em consulta aos autos aos 27.07.2020, consta que o processo está em fase de execução da sentença.
26. Em sede de liminar, o MM Juiz da 3ª. Vara Cível do Guarujá determinou o despejo de locatários que vinham se comportando de forma antissocial, com a recusa de atendimento das determinações condominiais, especialmente durante o período da pandemia (processo 1003154-24.2020.8.26.0223).

o art. 1337 e seu parágrafo único, do Código Civil, estabelecem que a multa deve ser imposta ao condômino ou ao possuidor, o que, segundo nosso entendimento, autoriza que a ação possa ser dirigida contra o possuidor, podendo o condômino-locador compor o polo passivo da ação.

5. CONCLUSÃO

Seja em tempos então considerados normais, seja em períodos excepcionais, a vida em sociedade e no microcosmo condominial não pode dar guarida aos atos individuais que infrinjam valores éticos, sociais, de saúde e interesses coletivos, porquanto haverá afronta aos princípios de solidariedade social e da boa-fé e resultará em lesão a direitos de terceiros.

Verificado se o uso é nocivo da propriedade ou a prática de atos abusivos, o infrator ficará sujeito a responder perante os demais membros da comunidade condominial alcançados pelo influxo reprovável (proprietário, usufrutuário, possuidor, locatário, o usuário ou o condomínio representando os direitos individuais homogêneos dos condôminos), os quais estarão legitimados a propor a ação para impedir ou paralisar o dano causado pelas imissões anormais ou ilicitudes praticadas.

O terremoto sanitário que solapou comportamentos da vida cultural, religiosa e socioeconômica da sociedade, especialmente no âmbito condominial, obrigou os condôminos e possuidores a estarem mais atentos à conciliação de interesses contrapostos subordinados ao dualismo da abstenção-tolerância (abstenção das práticas de atos prejudiciais ao patrimônio material e moral; e tolerância para conviver com as adversidades e exigências da vida em sociedade), com a finalidade de mantença de um ambiente que preserva os interesses individuais, mas o faz com olhos nos direitos coletivos, para que a vida na comunidade se desenvolva de forma justa, solidária, e com respeito à dignidade da pessoa humana.

6. REFERÊNCIAS

ARISTÓTELES. *Ética a Nicômacos*. 4. ed. Política, Livro I. Tradução do grego, introdução e notas por Mário da Gama Kury, Editora Universidade de Brasília, 2001.

BUSHATSKY, Jaques, Condôminos, convivência razoável e responsabilidade. Disponível em: http://www. abdir.com.br/doutrina/ver.asp?art_id=1487&categoria=Civil.

CARNELUTTI, Francesco. *Arte do direito*. Traduzido e anotado por Ricardo Rodrigues Gama. Campinas: Russel Editores, 2006.

CARPENA, Heloisa. O abuso do direito no Código de 2002: relativização de direitos sob a ótica civil constitucional. In: TEPEDINO, Gustavo (Org.). *A parte geral do novo Código Civil*: estudos na perspectiva civil-constitucional. 2. ed. rev. e atual. Rio de Janeiro: Renovar, 2003.

COMPARATO, Fábio Konder. *Ética*: direito, moral e religião no mundo moderno. São Paulo: Companhia das Letras, 2006.

DANTAS, San Tiago. *O conflito de vizinhança e sua composição*. 2. ed. Editora Forense.

DANTAS JÚNIOR, Aldemiro Rezende. *O direito de vizinhança*. Rio de Janeiro: Forense, 1997.

DUGUIT, Léon. *Fundamentos do direito*. Trad. Márcio Pugliesi. Ícone Editora.

GOMES, Orlando. *Direitos reais*. 19. ed. rev., atual e aum. de acordo com o Código Civil de 2002 por Luiz Edson Fachin. Rio de Janeiro: Forense, 2004.

GOMES, Orlando. *Obrigações*. 16. ed. atual. e aum. de acordo com o Código Civil de 2002 por Edvaldo Brito. Rio de Janeiro: Forense, 2004.

GOMES, Orlando. *Contratos*. 18. ed. Rio de Janeiro: Forense, 1998.

IHERING, Rudolf Von. *A finalidade no direito*. Trad. José Antônio Faria Correa. Rio de Janeiro: Editora Rio, 1979. v. I.

KANT, Immanuel. Filosofia do direito de Kant, primeiros princípios metafísicos da doutrina do direito. Trad. Reinaldo Guarany. In: MORRIS, Clarence (Org.). *Os grandes filósofos do direito*. São Paulo, Martins Fontes, 2002.

LUNA, Everardo da Cunha. *Abuso de direito*. Rio de Janeiro: Forense, 1959.

LUNARDI, Castagna Fabrício, A teoria do abuso de direito no direito civil constitucional: novos paradigmas para os contratos. In: NERY JUNIOR, Nelson e NERY, Rosa Maria de Andrade (Coord.). *Revista de Direito Privado*. São Paulo: Ed. RT, ano 9., n. 34, abril-jun/2008.

MIIL, John Stuart. On Liberty, Chapter III, On Individuality, As One of the Elements of Wellbeing. *The liberty of the individual must be thus far limited; he must not make himself a nuisance to other people.* Disponível em: http://www.bartleby.com/25/2/.

NERY, Rosa Maria de Andrade. *Introdução ao pensamento jurídico e à teoria geral do direito privado*. São Paulo: Ed. RT, 2008.

PANTAROTTO, Márcia Cristina Rezeke Bernardi. Condomínio edilício – a arte da convivência. In: DONNINI, Rogério Ferraz e FIORILLO, Celso Antônio Pacheco. *Revista Brasileira de Direito Civil, Constitucional e Relações de Consumo*, n. 11, julho-setembro/2011. São Paulo: Editora Fiuza, 2011.

PEREIRA, Caio Mário da Silva. *Instituições de direito civil*. 3. ed. Editora Forense, v. III.

RADBRUCH, Gustav. *Filosofia do direito*. Trad. e prefácio de L. Cabral de Moncada. São Paulo: Saraiva, 1940.

RUGGIERO, Roberto de. *Instituiciones de derecho civil*. Tomo Primeiro, Instituto Editorial Reis, 4. ed. italiana traduzida por Ramón Serrano Suñer y José Santa-Cruz Teijeiro, Madri.

SICHES, Luiz Recaséns. *Filosofia del derecho*. 2. ed. Editora Porrua, 1961.

SILVEIRA, Vladmir Oliveira, Direitos humanos e desenvolvimento. Palestra proferida nas Faculdades Metropolitanas Unidas (FMU), em 13.08.2008. In: MORAES, Alexandre de e KIM, Richard Pae (Coord.). *Cidadania e Direitos Humanos, Cidadania*. São Paulo: Atlas, 2013.

TAVALERA, Glauber Moreno. A função social do contrato no novo Código Civil, *Boletim ADCOAS*, doutrina, n. 12, dez/02.

REGISTROS DE IMÓVEIS ELETRÔNICOS PÓS-PANDEMIA

Marcio Bueno

Secretário Adjunto da Secretaria da Justiça e Defesa da Cidadania do Estado de São Paulo (05-2005 a 03-2006). Secretário da Habitação do Estado de São Paulo (04 a 12-2006). Sócio Fundador do MDDI. Membro da Comissão de Revisão da Lei do Inquilinato. Consultor Jurídico Imobiliário da Companhia Brasileira de Alumínio (Grupo Votorantim) de 1974 a 2001. Consultor Jurídico da Associação Médica Brasileira (1979 a 1981). Diretor Jurídico do Conselho Regional de Corretores de Imóveis – CRECI-SP (1981 a 2001). Conselheiro Efetivo da Ordem dos Advogados do Brasil – Seção de São Paulo no triênio 1994 a 1997. Diretor tesoureiro por um triênio e Vice-Presidente por dois triênios do Sindicato dos Corretores de Imóveis no Estado de São Paulo. Diretor 1º Vice-Presidente da Federação Nacional dos Corretores de Imóveis no triênio 1987 a 1990. Foi Chefe da Assessoria Jurídica da Companhia Metropolitana de Habitação – COHAB de São Paulo. Advogado sócio da Marcio Bueno Advogados Associados.

Rodrigo Pacheco Fernandes

Mestrando em Função Social do Direito na Faculdade Autônoma de Direito de São Paulo – FADISP. Pós-graduado em (i) Direito Notarial e Registral Imobiliário na Escola Paulista da Magistratura – EPM; (ii) Direito Notarial e Registral na Faculdade Damásio; e (iii) Direito Imobiliário na Escola Paulista de Direito – EPD. Oficial de Registro Civil das Pessoas Naturais do 2º Subdistrito da Sede da Comarca de Botucatu/SP. Membro do Conselho de Assessoria para Boletim Informativo da ARPEN/SP – Associação dos Registradores de Pessoas Naturais do Estado de São Paulo (biênio 2020-2022). Foi Oficial de Registro Civil das Pessoas Naturais e de Interdições e Tutelas da Sede da Comarca de São Bento do Sapucaí/SP. Interventor no Registro Civil das Pessoas Naturais e Tabelionato de Notas do Município de Santo Antonio do Pinhal/SP. Ex-preposto do 15º Oficial de Registro de Imóveis da Cidade de São Paulo/SP.

Sumário: 1. Introdução. 2. Do papel ao registro eletrônico. 3. O que esperar no pós-pandemia? 4. Conclusão. 5. Referências.

1. INTRODUÇÃO

"Quem não registra não é dono". Essa frase bem representa o sistema registral imobiliário brasileiro, em que a transmissão ou constituição de direitos reais entre vivos depende do registro perante o Registro de Imóveis[1].

O registro possui, nessas hipóteses, efeito constitutivo, sendo que sua ausência implicará a existência de negócios jurídicos com eficácia apenas entre as partes, direitos meramente pessoais. É a inscrição que desperta a eficácia real do negócio jurídico

---

1. Código Civil: "Art. 1.245. Transfere-se entre vivos a propriedade mediante o registro do título translativo no Registro de Imóveis. § 1º Enquanto não se registrar o título translativo, o alienante continua a ser havido como dono do imóvel. § 2º Enquanto não se promover, por meio de ação própria, a decretação de invalidade do registro, e o respectivo cancelamento, o adquirente continua a ser havido como dono do imóvel.".

envolvendo imóveis, transmitindo, constituindo, modificando ou extinguindo direitos reais, os quais possuem oponibilidade *erga omnes*.

Consoante lição de Ivan Jacopetti do Lago, o sistema registral brasileiro é de "título e modo", havendo "uma combinação entre um negócio jurídico obrigacional[2], um negócio jurídico real causal[3] e o seu subsequente registro"[4].

O Registro de Imóveis é "um dos pilares garantidores do Estado democrático de Direito e a âncora para a concretização do direito de propriedade e de sua função social", protegendo "o cidadão no seu direito fundamental à propriedade, até mesmo em face do próprio Estado, quando esse direito é ameaçado"[5].

Essa proteção decorre dos princípios da segurança jurídica e da legalidade, de observância obrigatória pelas Serventias.

A fim de atender ao princípio de legalidade, cumpre ao Registrador de Imóveis exercer a qualificação[6] dos títulos a ele apresentados. Exerce o Oficial, na lição de Leonardo Brandelli[7], a função de "*gatekeeper* dos direitos reais, ou obrigacionais com eficácia real, imobiliários", "somente podendo publicizar os que se encontrem de acordo com o ordenamento jurídico". Conforme Afranio de Carvalho[8], há "um filtro que, à entrada do registro" impede "a passagem de títulos que rompam a malha da lei, quer porque o disponente careça da faculdade de dispor, quer porque a disposição esteja carregada de vícios ostensivos".

Esse controle, denominado qualificação, é a base para a segurança jurídica nas mais diversas transações imobiliárias. Desse modo, o Conselho Nacional da Justiça reconheceu a essencialidade dos Registros de Imóveis para "o exercício do direito fundamental à propriedade imóvel", para sua circulação e "para a obtenção de crédito com garantia real" (Provimentos 94[9], de 28.03.2020, e 95[10], de 01.04.2020), estabelecendo a continuidade e obrigatoriedade de funcionamento durante a pandemia de Covid-19.

---

2. Por exemplo, uma compra e venda.
3. Esse negócio real (negócio jurídico de direito das coisas) forma-se simultaneamente ao negócio obrigacional, sendo um acordo, ainda que implícito, de transmissão do direito real, autorizando a prática do ato registral constitutivo, dando cumprimento ao objeto do contrato. Numa compra e venda, por exemplo, as partes pactuam que um imóvel será entregue mediante contraprestação em dinheiro (negócio obrigacional), o que pressupõe uma autorização para a efetiva transferência da coisa imóvel (negócio real).
4. LAGO, Ivan Jacopetti do. Alguns aspectos registrais das vendas imobiliárias transnacionais no âmbito do mercosul. *Revista de Direito Imobiliário*. v. 82, ano 40, São Paulo: Ed. RT, jan.-jun. 2017, p. 438.
5. SANTOS, Flauzilino Araújo dos. Registro de imóveis eletrônico: uma reflexão tardia? *Boletim do IRIB em Revista*, edição 354, São Paulo: Instituto de Registro Imobiliário do Brasil, março/2016, p. 82.
6. Segundo Ricardo Dip, qualificação registral é "o juízo prudencial, positivo ou negativo, da potência de um título em ordem a sua inscrição predial, importando no império de seu registro, ou de sua irregistração" (*Registro de imóveis (vários estudos)*. Porto Alegre: Irib, Fabris, 2005, p. 168).
7. BRANDELLI, Leonardo. *Usucapião administrativa*: De acordo com o novo código de processo civil. São Paulo: Saraiva, 2016, p. 89.
8. CARVALHO, Afranio de. *Registro de imóveis*: comentários ao sistema de registro em face da Lei 6.015/1973, com as alterações da Lei 6.216, de 1975, Lei 8.009, de 1990, e Lei 8.935, de 18.11.1994. Rio de Janeiro: Forense, 1997, p. 226.
9. "Dispõe sobre o funcionamento das unidades de registro de imóveis nas localidades onde foram decretados regime de quarentena pelo sistema de plantão presencial e à distância e regula procedimentos especiais.".
10. "Dispõe sobre o funcionamento dos serviços notariais e de registro durante o período de Emergência em Saúde Pública de Importância Nacional (ESPIN), em decorrência da infecção humana pelo novo Coronavírus (Sars-

2. DO PAPEL AO REGISTRO ELETRÔNICO

Tendo em mente a essencialidade do Registro Imobiliário, cujos atos possuem efeito constitutivo nas transações entre vivos, cumpre indagar: Como são praticados esses atos? E sua publicidade, como se dá?

Essas respostas serão abaixo respondidas.

2. DO PAPEL AO REGISTRO ELETRÔNICO

A escrituração dos atos praticados pelos Registros de Imóveis passou por grandes transformações. Pesados livros em papel eram – e ainda são em alguns casos – escriturados de forma manuscrita. Mesma sorte era a das certidões expedidas pelas Serventias.

Posteriormente, os atos passaram a ser escriturados com o uso de máquinas de escrever, sendo essa substituída pelos computadores[11] e impressoras.

Também os títulos e documentos arquivados sofreram impactos da tecnologia. O arquivo em papel foi paulatinamente substituído pelo microfilme e, agora, pela digitalização.

Segundo Flauzilino Araújo dos Santos,

"[e]m 10 de maio de 2005, foi inaugurado [no Estado de São Paulo] o Sistema de Ofício Eletrônico, com o objetivo de substituir ofícios em papel por solicitações eletrônicas. Seu funcionamento incluiu o desenvolvimento do módulo de pesquisas para localização de bens, denominado "Banco de Dados Light", do Assinador Digital Registral ICP-Brasil, e de um aplicativo para emissão de certidões digitais (Certidão Express)."[12]

No ano de 2009, por meio da Medida Provisória 459/2009, posteriormente convertida na Lei 11.977/2009, o Legislador infraconstitucional previu a obrigação de os registros públicos instituírem, "observados os prazos e condições previstas em regulamento, [...] sistema de registro eletrônico." (art. 37), com a disponibilização de "serviços de recepção de títulos e de fornecimento de informações e certidões" também eletronicamente (art. 38).

Já em 2014 o Conselho Nacional da Justiça – CNJ, por meio da Recomendação 14/2014, buscando a modernização dos serviços registrais, recomendou a adoção de certos parâmetros e requisitos para a adoção de sistema eletrônico uniforme, o que contribuiria "para o aperfeiçoamento da prestação do serviço de registro de imóveis em âmbito nacional, imprimindo maior segurança e celeridade, especialmente em prol da população".

O mesmo CNJ, no ano de 2015, estabeleceu "diretrizes gerais para o sistema de registro eletrônico de imóveis", buscando "facilitar o intercâmbio de informações entre

---

-Cov-2), enquanto serviço público essencial que possui regramento próprio no art. 236 da Constituição Federal e na Lei 8.935, de 18 de novembro de 1994".

11. A Lei 8.935/1994, em seu art. 41, possibilita a adoção de "sistemas de computação, microfilmagem, disco ótico e outros meios de reprodução".

12. SANTOS, Flauzilino Araújo dos. Registro de imóveis eletrônico: uma reflexão tardia? *Boletim do IRIB em Revista*, edição 354, São Paulo: Instituto de Registro Imobiliário do Brasil, março/2016, p. 90.

os ofícios de registro de imóveis, o Poder Judiciário, a administração pública e o público em geral" (Provimento 47/2015).

Referida normativa buscou a formação de um registro imobiliário eletrônico, com o intercâmbio de documentos informações, a recepção e o envio de títulos, a expedição de certidões e a prestação de informações, bem como a formação de repositórios de dados e o armazenamento de documentos, tudo isso de modo eletrônico (art. 2º). Para tanto, estabeleceu a necessária criação de centrais de serviços eletrônicos compartilhados em cada um dos Estados e no Distrito Federal (art. 3º, *caput*).

No ano de 2017, a Lei 13.465/2017 estabeleceu, em seu art. 76, a implementação e operacionalização do Sistema de Registro Eletrônico de Imóveis – SREI pelo Operador Nacional do Sistema de Registro Eletrônico de Imóveis – ONR. Referida lei designou o CNJ agente regulador e previu a vinculação de todas as unidades de Registro de Imóveis ao ONR (§§ 4º e 5º).

Além disso, a referida lei inseriu o art. 235-A na Lei 6.015/1973, instituindo "o Código Nacional de Matrícula (CNM) que corresponde à numeração única de matrículas imobiliárias em âmbito nacional".

Mas afinal, o que é o Registro de Imóveis eletrônico?

A princípio, e para o atendimento da lei, o registro eletrônico não é sinônimo de escrituração exclusivamente digital, mas a existência de um canal de comunicação, envio e recebimento de títulos, documentos e certidões. É nesse sentido a lição de Sérgio Jacomino:

> "O comando da lei só estará atendido se factível a solicitação e a obtenção de serviços e informações por meio completamente eletrônico, mesmo que conviva com sistemas tradicionais de solicitação em balcão. Deste modo, o atendimento da lei não exige, necessariamente, a virtualização dos livros e da escrituração, ou seja, o registro pode continuar a ser escriturado no sistema de fichas de matrícula (em papel), desde que a interação com o solicitante se faça por meios eletrônicos. A escrituração eletrônica (matrícula eletrônica) é uma evolução, não um requisito, do registro eletrônico."[13]

Aliás, a desnecessidade, para o cumprimento da lei, de uma efetiva escrituração digital, levou Sérgio Jacomino[14] a afirmar que "[n]ão há propriamente um *registro eletrônico* em funcionamento no país". Segundo o autor,

> "ainda procedemos ao registro como os nossos antepassados – lavramos atos em cartolinas amareladas que condensam informação redundante, depois veiculada em certidões que reproduzem atos cancelados direta ou indiretamente, vulnerando a privacidade e confundindo os usuários; mantivemos e "aperfeiçoamos" indicadores (pessoal e real) que são a expressão mais óbvia do desacerto e arcaísmo na concepção sistemática, metodológica e conceitual do RE. Recebemos títulos em XML, para logo o materializarmos em papel…"

No derradeiro mês do ano de 2019, o CNJ publicou o Provimento 89/2019, com o objetivo de regulamentar Sistema de Registro Eletrônico de Imóveis – SREI.

---

13. JACOMINO, Sérgio. *Registro de imóveis eletrônico*: perspectivas e desafios. Disponível em: https://cartorios.org/2019/01/17/registro-de-imoveis-eletronico-perspectivas-e-desafios/. Acesso em: 27 jul. 2020.

14. JACOMINO, Sérgio. *Registro eletrônico*: ontem, hoje e a construção do amanhã. Disponível em: https://cartorios.org/2020/06/10/registro-eletronico-ontem-hoje-e-a-construcao-do-amanha/. Acesso em: 27 jul. 2020.

O primeiro ponto que se destaca é que a existência de um código nacional de matrícula – CNM não significa existir um "registrão", um órgão único de registro, em detrimento de todos os Registros de Imóveis espalhados pelo país. Tal padronização serve apenas como "referência única para acesso às matrículas que permanecem sediadas, mantidas e custodiadas em cada uma das unidades de registro de imóveis do país"[15-16].

O mesmo se aplica às centrais de serviços eletrônicos compartilhados, criadas pelos Oficiais de Registro em cada Estado e no Distrito Federal, já que os Registros de Imóveis são os únicos responsáveis pelo processamento e atendimento das solicitações. Referidas centrais têm as seguintes missões, de acordo com o art. 25 do Provimento 89/2019:

"I – o intercâmbio de documentos eletrônicos e de informações entre os ofícios de registro de imóveis, o Poder Judiciário, a administração pública e o público em geral;

II – a recepção e o envio de títulos em formato eletrônico;

III – a expedição de certidões e a prestação de informações em formato eletrônico."

Aliás, o título do presente trabalho, com o uso da expressão "registros", não é por acaso. Os serviços registrais continuarão, de fato, sendo prestados pelos diversos Registros de Imóveis espalhados pelo Brasil.

O SREI, com a participação das centrais estaduais, proporcionará o denominado Serviço de Atendimento Eletrônico Compartilhado – SAEC, destinado a servir como ponto único de contato na internet entre o usuário e o Cartório com atribuição territorial para os registros sobre determinado imóvel.

Ao ONR incumbe a tarefa de implantar e coordenar o SREI (art. 9º do Provimento 89/2019).

3. O QUE ESPERAR NO PÓS-PANDEMIA?

A pandemia de Covid-19 fez a população mundial repensar, de uma hora para outra, seu estilo de vida.

O exercício profissional, antes desempenhado em escritórios, com a aglomeração de pessoas, foi em grande parte deixado de lado e substituído pelo "home office"[17]. O comércio eletrônico cresceu exponencialmente, assim como a solicitação digital de serviços públicos e privados. Objetos de uso compartilhado – conceito em que se encaixam os livros de registro em papel, os títulos e documentos encaminhados aos Cartórios, bem como os computadores e mobiliário da Serventia – passaram a ser tratados com maior cuidado, pois são possíveis fontes de contaminação pelo vírus.

Desse modo, com base nas lições desse período de instabilidade mundial, espera-se (i) um aumento no número de títulos e documentos digitais ou digitalizados encami-

---

15. É o que reza um dos "consideranda" do Provimento 89/2019 do CNJ.
16. Lei 8.935/1994: "Art. 46. Os livros, fichas, documentos, papéis, microfilmes e sistemas de computação deverão permanecer sempre sob a guarda e responsabilidade do titular de serviço notarial ou de registro, que zelará por sua ordem, segurança e conservação. [...].".
17. No âmbito dos Cartórios Extrajudiciais, o teletrabalho é regrado pelo Provimento 69/2018 do CNJ.

nhados aos ou elaborados pelos Registros de Imóveis; (ii) a realização de atendimento virtual pelo Registrador e seus prepostos, com o uso de aplicativos de comunicação em tempo real e a distância[18]; e (iii) a escrituração digital dos atos registrais.

A pandemia acelerou a criação de soluções digitais. Os Tabelionatos de Notas passaram a ter a possibilidade de lavrar escrituras e praticar outros atos notariais eletronicamente, conforme o Provimento 100/2020 do CNJ. Títulos particulares passaram a ser recepcionados via internet, mesmo quando elaborados em papel e digitalizados pelas próprias partes interessadas, com o uso de certificado digital (Provimento 94/2020[19]), o que está de pleno acordo com a Lei da Liberdade Econômica (Lei 13.874/2019)[20] e com o Decreto 10.278/2020.

A escrituração eletrônica dos livros dos Registros de Imóveis é o próximo passo[21], pese o fato de hoje, no ano de 2020, ainda serem escriturados os antigos livros de transcrições, de modo que, passados mais de quarenta anos do início de vigência da Lei 6.015/1973, não foram abertas matrículas para todos os imóveis inseridos no sistema registral imobiliário.

A forma de escrita narrativa, prevista pelo inciso I do art. 231 da Lei 6.015/1973[22], provavelmente será substituída por uma escrituração em tópicos, já adotada em alguns Registro de imóveis, facilitando a visualização e percepção dos dados lançados.

Segundo Flauzilino Araújo dos Santos, o "desafio apresentado aos registradores e reguladores é 'eletronificar' [...] com a devida segurança jurídica e tecnológica"[23]. O papel é um suporte experimentado ao longo dos séculos, sendo conhecida a sua durabilidade e os cuidados necessários. O mundo virtual é relativamente novo, apresentando desafios inéditos.

---

18. Durante a pandemia, o atendimento remoto foi estimulado pelo CNJ, conforme Provimento 91/2020: "Art. 1º [...] § 1º A suspensão do atendimento presencial ao público determinada pelas autoridades de saúde pública ou por ato da Corregedoria local, editado com base na Recomendação 45/2020 da Corregedoria Nacional de Justiça, poderá ser substituída por atendimento remoto através de meio telefônico, por aplicativo multiplataforma de mensagens instantâneas e chamadas de voz ou outro meio eletrônico disponível, sempre observando a regulamentação da Corregedoria local para esta modalidade de atendimento ao público, se houver.".

19. Provimento 94/2020 do CNJ: "Art. 4º Durante a Emergência em Saúde Pública de Importância Nacional (ESPIN), contemplada no *caput*, todos os oficiais dos Registros de Imóveis deverão recepcionar os *títulos* natodigitais e *digitalizados* com padrões técnicos, que forem encaminhados eletronicamente para a unidade a seu cargo, por meio das centrais de serviços eletrônicos compartilhados, e processá-los para os fins do art. 182 e ss. da Lei 6.015, de 31 de dezembro de 1973.[...] § 2º *Consideram-se títulos digitalizados com padrões técnicos aqueles que forem digitalizados de conformidade com os critérios estabelecidos no art. 5º do Decreto 10.278, de 18 de março de 2020.*"(Destaques nossos).

20. Vide inciso X do art. 3º e art. 18, ambos da Lei 13.874/2019.

21. O Provimento 89/2019 do CNJ prevê a criação da denominada "matrícula eletrônica": "Art.10. Para viabilizar a implantação do registro imobiliário eletrônico, os ofícios de registro de imóveis deverão adotar os seguintes parâmetros e rotinas operacionais:[...] III – estabelecimento da "primeira qualificação eletrônica" com o objetivo de permitir a migração de um registro de imóvel existente efetuado no livro em papel, seja transcrição ou matrícula, para o formato de registro eletrônico denominado matrícula eletrônica; IV – anotação, na matrícula eletrônica, da situação jurídica atualizada do imóvel (descrição do imóvel, direitos reais sobre o imóvel e restrições existentes) após cada registro e averbação;[...] VII – a matrícula eletrônica deve conter dados estruturados que podem ser extraídos de forma automatizada, contendo seções relativas aos controles, atos e situação jurídica do imóvel, constituindo-se em um documento natodigital de conteúdo estruturado.[...].".

22. Lei 6.015/1973: "Art. 231. No preenchimento dos livros, observar-se-ão as seguintes normas: I – no alto da face de cada folha será lançada a matrícula do imóvel, com os requisitos constantes do art. 176, e no espaço restante e no verso, serão lançados por ordem cronológica e em *forma narrativa*, os registros e averbações dos atos pertinentes ao imóvel matriculado;[...]."(Destaque nosso).

23. SANTOS, Flauzilino Araújo dos. Registro de imóveis eletrônico: uma reflexão tardia? *Boletim do IRIB em Revista*, edição 354, São Paulo: Instituto de Registro Imobiliário do Brasil, março/2016, p. 86.

O armazenamento dos livros de registro, bem como dos documentos arquivados, deverá contar com requisitos que permitam sua durabilidade e indexação, bem como a segurança de que não serão apagados ou modificados, seja por falhas nos equipamentos e sistemas utilizados, seja por ataques realizados por *hackers*[24].

Além disso, deve-se preservar os dados dos cidadãos, cuja captura fica muito mais fácil no meio digital, ao contrário do uso do papel, que demanda um trabalho manual e demorado para a extração de informações. Os Registros eletrônicos demandarão cuidado e observância à Lei Geral de Proteção de Dados Pessoais – LGPD (Lei 13.709/2018)[25].

A permanência dos dados acerca dos imóveis e seus titulares em Registros de Imóveis espalhados pelo país é uma forma de proteção da sociedade. Nesse sentido, ministra Sérgio Jacomino:

> "O fenômeno da blockchain revela a fragilidade de sistemas de dados centralizados, como os dados da Receita Federal, do INSS, operadoras de telefonia etc., que podem ser atacados e frequentemente o são. *Sites* como 'Tudo Sobre Todos', ou 'Telefone Ninja' ou o mais recente 'Consulta Pública' revelam dados de caráter pessoal ou patrimonial sobre os cidadãos brasileiros sem o seu consentimento formal [...]. Os cartórios de Registro de Imóveis, por não concentrarem os dados acerca das titularidades dos brasileiros numa central nacional, protegeram muito bem, até aqui, os cidadãos da bisbilhotice digital quando assunto é o inventário patrimonial e de direitos imobiliários."[26]

A adoção de um Registro efetivamente eletrônico facilitará, também, a expedição de certidões com dados condensados (em resumo ou em relatório), ao contrário da praxe registral de emitir certidões em inteiro teor, fato que dificulta a apreensão das informações atualizadas sobre o imóvel, os direitos em vigor e seus titulares.

4. CONCLUSÃO

Os serviços Registrais Imobiliários evoluíram ao longo do tempo e, paulatinamente, deixam canetas e papéis para trás, ingressando na Era digital. "A mudança com a imersão nos meios digitais é gigantesca, mas não há novidade na essência da atividade"[27].

Os Registradores continuarão tutelando a propriedade privada e os direitos reais da sociedade. O ingresso de títulos e documentos no fólio real continuará dependente da relevante tarefa de qualificação registral. De igual modo, a inscrição de títulos de transmissão ou de instituição de direitos reais entre vivos ainda terá efeito constitutivo.

O mundo digital não muda a velha – e ainda atual – frase: "Quem não registra não é dono".

---

24. O Provimento 74/2018 do CNJ, que "[d]ispõe sobre padrões mínimos de tecnologia da informação para a segurança, integridade e disponibilidade de dados para a continuidade da atividade pelos serviços notariais e de registro do Brasil", prevê a obrigatoriedade de adoção de software antivírus e antissequestro, cópias de segurança etc.

25. Referida lei ainda não entrou em vigor na data de elaboração deste trabalho, embora já sirva de norte aos serviços eletrônicos.

26. JACOMINO, Sérgio. *Registro de imóveis, blockchain, onr, sínter:* verdades e mentiras. Disponível em: https://cartorios. org/2018/06/20/registro-de-imoveis-blockchain-onr-sinter-verdades-e-mentiras/. Acesso em: 28 jul. 2020.

27. JACOMINO, Sérgio. *Registro de imóveis eletrônico:* perspectivas e desafios. Disponível em: https://cartorios. org/2019/01/17/registro-de-imoveis-eletronico-perspectivas-e-desafios/. Acesso em 27 jul. 2020.

5. REFERÊNCIAS

BRANDELLI, Leonardo. *Usucapião administrativa*: de acordo com o novo código de processo civil. São Paulo: Saraiva, 2016.

CARVALHO, Afranio de. *Registro de imóveis*: comentários ao sistema de registro em face da Lei 6.015/1973, com as alterações da Lei 6.216, de 1975, Lei 8.009, de 1990, e Lei 8.935, de 18.11.1994. Rio de Janeiro: Forense, 1997.

DIP, Ricardo. *Registro de imóveis (vários estudos)*. Porto Alegre: Irib, Fabris, 2005.

JACOMINO, Sérgio. *Registro de imóveis, blockchain, onr, sínter*: verdades e mentiras. Disponível em: https://cartorios.org/2018/06/20/registro-de-imoveis-blockchain-onr-sinter-verdades-e-mentiras/. Acesso em: 28 jul. 2020.

JACOMINO, Sérgio. *Registro de imóveis eletrônico*: perspectivas e desafios. Disponível em: https://cartorios.org/2019/01/17/registro-de-imoveis-eletronico-perspectivas-e-desafios/. Acesso em: 27 jul. 2020.

JACOMINO, Sérgio. *Registro eletrônico*: ontem, hoje e a construção do amanhã. Disponível em: https://cartorios.org/2020/06/10/registro-eletronico-ontem-hoje-e-a-construcao-do-amanha/. Acesso em: 27 jul. 2020.

LAGO, Ivan Jacopetti do. Alguns aspectos registrais das vendas imobiliárias transnacionais no âmbito do mercosul. *Revista de Direito Imobiliário*. v. 82, ano 40. São Paulo: Ed. RT, jan.-jun. 2017.

SANTOS, Flauzilino Araújo dos. Registro de imóveis eletrônico: uma reflexão tardia? *Boletim do IRIB em Revista*. edição 354, São Paulo: Instituto de Registro Imobiliário do Brasil, março/2016.

COVID-19 E O PODER JUDICIÁRIO: LOCAÇÃO, CONDOMÍNIO E INCORPORAÇÃO

Olivar Vitale

Professor e Coordenador da UniSecovi, da ESPM-SP, da Especialização/MBA da POLI-USP. Professor da Escola Paulista de Direito – EPD, da Faculdade Baiana de Direito e de outras entidades de ensino. Membro do Conselho de Gestão da Secretaria da Habitação do Estado de São Paulo. Conselheiro Jurídico do Secovi-SP e do Sinduscon-SP. Diretor da MDDI (Mesa de Debates de Direito Imobiliário). Membro do Conselho Deliberativo do Instituto Brasileiro de Direito da Construção – IBDiC. Advogado, sócio fundador do VBD Advogados, Presidente do IBRADIM. E-mail: olivarvitale@vbdlaw.com.br.

Sumário: 1. Introdução. 2. A insegurança jurídica que permeia as relações contratuais – locatícias e promessas de compra e venda – em tempos de incertezas. 3. Condomínio em tempos de Covid-19. 4. Conclusões.

1. INTRODUÇÃO

A pandemia de Covid-19 é um fato notoriamente imprevisível e extraordinário. Nos últimos cem anos não vivemos qualquer situação que determinasse o isolamento social da população em razão de estado de emergência sanitária decretado pelas autoridades públicas. Diante de tal fato foram editados, por exemplo, (i) a Lei 13.979 de 6 de fevereiro de 2020 ("Lei 13.979/2020")[1], que permite a adoção de medidas preventivas para o enfrentamento da situação de emergência de saúde pública, tais como o isolamento social, e (ii) o Decreto Legislativo 6 de 20 de março de 2020 ("Decreto 6/2020")[2], que reconhece o estado de calamidade pública no Brasil.

Em paralelo, um importante Projeto de Lei ("PL 1179/2020") foi apresentado pelo Senador Anastasia, para dispor sobre o "Regime Jurídico Emergencial e Transitório das relações jurídicas de Direito Privado (RJET) no período da pandemia do coronavírus (Covid-19)" e que, inicialmente, estabeleceu regras condominiais, de relações locatícias e de revisão e resolução de contratos, e após vetos do presidente da república foi convertido na Lei 14.010/2020[3].

O cenário de crise instalado impactou diretamente as relações jurídicas, desembocando no Poder Judiciário muitos dos conflitos delas decorrentes e trazendo grande insegurança jurídica ao setor imobiliário. Observou-se com isso uma avalanche de demandas ajuizadas com os mais variados pleitos correlacionados aos condomínios e aos negócios imobiliários.

---

1. Lei 13.979, de 6 de fevereiro de 2020: http://www.planalto.gov.br/ccivil_03/_ato2019-2022/2020/lei/l13979.htm.
2. Decreto 6, de 20 de março de 2020: http://www.in.gov.br/en/web/dou/-/decreto-legislativo-249090982.
3. Lei 14.010 de 10 de junho de 2020 (RJET): http://www.planalto.gov.br/ccivil_03/_ato2019-2022/2020/lei/L14010.htm.

Neste artigo pretendemos examinar algumas das disputas de maior recorrência nos Tribunais, que envolvem revisão da prestação em contratos imobiliários e alegações de arbitrariedade em medidas emergenciais adotadas pelos condomínios.

2. A INSEGURANÇA JURÍDICA QUE PERMEIA AS RELAÇÕES CONTRATUAIS – LOCATÍCIAS E PROMESSAS DE COMPRA E VENDA – EM TEMPOS DE INCERTEZAS

Como estamos diante de algo extraordinário e sem previsão, muitos são os questionamentos acerca das consequências da relação contratual entabulada, especificamente, sobre direitos e deveres remanescentes às partes contratantes, obrigação do devedor de efetuar o pagamento de contratações pecuniárias e as suas alternativas, isto é, a resolução ou a revisão do contrato.

O primeiro ponto determinante para elucidar quaisquer desses questionamentos é a observância ao equilíbrio das relações contratuais, regido pelos princípios da boa-fé objetiva[4], da função social do contrato[5], da conservação dos contratos[6]. A regra é válida para todas as contratações imobiliárias, independentemente da atividade. As partes devem negociar e acordar condições diversas ao antes ajustado, de modo a preservar o negócio. Isso ocorre não só por determinação legal mas também porque a transferência de uma definição ao Poder Judiciário, ou seja, a terceiro alheio à relação jurídica pactuada, tende a ser pior às partes do que elas próprias decidirem o seu destino no negócio entabulado[7].

Outro ponto a ser identificado para o equilíbrio do contrato é a paridade e simetria entre as partes na relação contratual ajustada[8], ou seja, se as partes contratantes são equivalentes ou se há vulnerabilidade de uma das partes, como no caso da relação de consumo, conforme previsão legal.

---

4. Código Civil, Art. 422. Os contratantes são obrigados a guardar, assim na conclusão do contrato, como em sua execução, os princípios de probidade e boa-fé.
5. Código Civil, Art. 421. A liberdade contratual será exercida nos limites da função social do contrato.
6. Código Civil, Art. 142. O erro de indicação da pessoa ou da coisa, a que se referir a declaração de vontade, não viciará o negócio quando, por seu contexto e pelas circunstâncias, se puder identificar a coisa ou pessoa cogitada, Art. 144. O erro não prejudica a validade do negócio jurídico quando a pessoa, a quem a manifestação de vontade se dirige, se oferecer para executá-la na conformidade da vontade real do manifestante, Art. 157, § 2° Não se decretará a anulação do negócio, se for oferecido suplemento suficiente, ou se a parte favorecida concordar com a redução do proveito e Art. 170. Se, porém, o negócio jurídico nulo contiver os requisitos de outro, subsistirá este quando o fim a que visavam as partes permitir supor que o teriam querido, se houvessem previsto a nulidade.
7. VITALE, Olivar. "Covid-19 – Onerosidade excessiva e revisão contratual". Disponível em: https://www.migalhas. com.br/coluna/migalhas-edilicias/323603/covid-19-onerosidade-excessiva-e-revisao-contratual. Acesso em: 27 jul. 2020.
8. Código Civil, Art. 421-A. Os contratos civis e empresariais presumem-se paritários e simétricos até a presença de elementos concretos que justifiquem o afastamento dessa presunção, ressalvados os regimes jurídicos previstos em leis especiais, garantido também que: I – as partes negociantes poderão estabelecer parâmetros objetivos para a interpretação das cláusulas negociais e de seus pressupostos de revisão ou de resolução; II – a alocação de riscos definida pelas partes deve ser respeitada e observada; e III – a revisão contratual somente ocorrerá de maneira excepcional e limitada.

Ademais, fundamental analisar se o fato imprevisível e superveniente (Covid-19) ocasionou desproporção[9] ou impedimento do cumprimento da prestação devida em virtude de onerosidade excessiva[10] e se provocou extrema vantagem à outra parte.

Por último, é imperioso avaliar a consequência jurídica acomodável ao caso, isto é, se a situação estabelece a resolução do contrato firmado ou se permite a sua revisão[11].

Feito esse registro, fato é que muitas vezes as partes divergem entre si e o caminho escolhido para solução de seus conflitos é a propositura de medida judicial. Nesse caso as partes hão de comprovar o que alegam[12], considerando-se o momento contratado para o atual, ou seja, o tanto que excessiva ou inviável se tornou a obrigação por razão da Covid-19.

Inquestionavelmente, os conflitos advindos das relações locatícias em tempos de pandemia de Covid-19 merecem especial destaque, seja porque são os mais suscitados, em termos de quantidade, ou pela disparidade dos efeitos decorrentes das decisões proferidas pelo Poder Judiciário, ou mesmo porque a busca pela uniformização dos precedentes é fundamental para garantir a segurança jurídica na aplicação do direito.

Um mapeamento elaborado pela Comissão de Locação do IBRADIM, de autoria da advogada Juliana Feltrin, analisou 500 decisões de 1º e 2º grau do TJSP[13], envolvendo relações locatícias residenciais, não residenciais e em *shopping center*, bem como os fundamentos aplicáveis às decisões[14]. É irrefutável que as demandas judiciais de maior incidência têm por objeto a suspensão da prestação ou a redução do valor da prestação do aluguel dos imóveis.

Sob esse aspecto, foram identificados 3 (três) fundamentos especificamente relacionados aos pedidos de revisão, utilizados em conjunto, em que se busca o reequilíbrio econômico financeiro do contrato. O primeiro deles é fundado na alegação de onerosidade excessiva (arts. 317, 478 e 479 do Código Civil), o segundo trata do equilíbrio da prestação entre locador e locatário no que concerne ao potencial de uso do imóvel pelo locatário, objetivando-se a suspensão do pagamento da prestação ou a redução proporcional do aluguel, por aplicação análoga do art. 567 do Código Civil c/c o art. 22, I a III da Lei 8.245/1991, diante das restrições decretadas pelas autoridades públicas (fato do príncipe), e o terceiro fundamento diz respeito ao pedido de revisão do aluguel para ajustá-lo ao preço de mercado, nos termos do rito previsto no art. 19 da Lei 8.245/1991.

---

9. Código Civil, Art. 317. Quando, por motivos imprevisíveis, sobrevier desproporção manifesta entre o valor da prestação devida e o do momento de sua execução, poderá o juiz corrigi-lo, a pedido da parte, de modo que assegure, quanto possível, o valor real da prestação.

10. Código Civil, Art. 478. Nos contratos de execução continuada ou diferida, se a prestação de uma das partes se tornar excessivamente onerosa, com extrema vantagem para a outra, em virtude de acontecimentos extraordinários e imprevisíveis, poderá o devedor pedir a resolução do contrato. Os efeitos da sentença que a decretar retroagirão à data da citação.

11. Código Civil. Art. 479. A resolução poderá ser evitada, oferecendo-se o réu a modificar equitativamente as condições do contrato.

12. Código de Processo Civil, Art. 373. O ônus da prova incumbe: I – ao autor, quanto ao fato constitutivo de seu direito; II – ao réu, quanto à existência de fato impeditivo, modificativo ou extintivo do direito do autor.

13. Números atualizados até 03.07.2020.

14. Disponível em: https://covidimob.com.br/2020/07/16/panorama-decisoes-tjsp-comissao-de-locacao-e-compartilhamento-de-espaco-ibradim-06-07-2020-por-juliana-feltrin/. Acesso em: 25 jul. 2020.

O primeiro deles reside na alegação de desequilíbrio econômico financeiro da relação contratual entabulada e de suas prestações. A esse respeito, vale o registro de que esse argumento é também aplicável para a atividade da incorporação imobiliária.

Na relação locatícia muitas vezes a relação das partes é paritária. Conforme os ditames civis, pois, necessário averiguar se o fato imprevisível, extraordinário e superveniente (Covid-19) tornou a prestação desproporcional e excessivamente onerosa à parte e se por este motivo a contraparte percebeu extrema vantagem.

Soma-se a isso, o segundo argumento identificado, utilizado se uma das partes sofreu restrições em sua atividade comercial/empresarial. Nesse caso, a parte busca a redução proporcional do aluguel por aplicação análoga do art. 567 do Código Civil[15] c/c o art. 22, I a III da Lei 8.245/1991[16] ou a sua suspensão, para fins do equilíbrio da prestação entre locador e locatário, de acordo com o potencial de uso do imóvel pelo locatário, diante das restrições decretadas pelas autoridades públicas (fato do príncipe).

Sob esse aspecto, é imprescindível verificar se e como as medidas impostas pelas autoridades públicas repercutem nas faculdades transferidas ao locatário, sobretudo na de uso, sob a ótica da possibilidade de empregar a coisa em seu benefício. O locatário pode ficar impossibilitado de usar o bem em toda a sua potencialidade para comercializar seus produtos ou prestar os serviços da forma regular para auferir os respectivos proveitos econômicos, ou porque está proibido de exercer a atividade constante do próprio contrato de locação, ou porque o imóvel está impedido de uso por determinações públicas[17].

O exame do ramo de atividade exercida pelo locatário e a comprovação da redução de seu faturamento são de extrema importância. A exemplo disso, se de um lado citamos o restaurante que fornece alimentos na modalidade *self service* e, portanto, impedido/restrito de exercer sua atividade, de outro, há os restaurantes que somente entregam pelo sistema *delivery,* que não somente mantiveram sua atividade em curso mas em muitos casos houve o incremento de receita.

Por fim, o terceiro e último fundamento verificado. Revisão do valor da prestação para ajustá-la ao valor de mercado, com base no rito previsto no art. 19 da Lei 8.245/1991[18]. Nesse caso, apesar do dispositivo permitir a revisão de contratos celebrados após três anos de sua vigência, se faz necessário, a nosso ver, um recorte temporal para o cabimento do pleito.

A pandemia de Covid-19 é um fato notório, seus impactos atingem todos, pessoas físicas, pessoas jurídicas, que exercem ou não algum tipo de atividade empresarial ou comercial.

---

15. Código Civil, Art. 567. Se, durante a locação, se deteriorar a coisa alugada, sem culpa do locatário, a este caberá pedir redução proporcional do aluguel, ou resolver o contrato, caso já não sirva a coisa para o fim a que se destinava.

16. Lei 8.245/1991, Art. 22. O locador é obrigado a: I – entregar ao locatário o imóvel alugado em estado de servir ao uso a que se destina; II – garantir, durante o tempo da locação, o uso pacífico do imóvel locado; III – manter, durante a locação, a forma e o destino do imóvel;

17. TERRA, Aline." Covid-19 e os contratos de locação em shopping center". Disponível em: https://www.migalhas.com.br/depeso/322241/covid-19-e-os-contratos-de-locacao-em-shopping-center. Acesso em: 29 jul. 2020.

18. Lei 8.245/1991. Art. 19. Não havendo acordo, o locador ou locatário, após três anos de vigência do contrato ou do acordo anteriormente realizado, poderão pedir revisão judicial do aluguel, a fim de ajustá-lo ao preço de mercado.

Nas relações no âmbito da incorporação imobiliária, particularmente, que envolvem os compromissos de compra e venda de unidade imobiliárias, o negócio jurídico entabulado está sob a égide da legislação consumerista. Nesse caso não há paridade entre as partes. O artigo 6º, V, da Lei 8.078/1990[19], permite a revisão do contrato em razão de fatos supervenientes que tornem as prestações desproporcionais ou excessivamente onerosas. Depreende-se da análise do dispositivo que em relação de consumo o pedido de modificação ou revisão não exige que o fornecedor tenha extrema vantagem decorrente do fato superveniente tampouco depende de fato extraordinário e/ou imprevisível, bastando a comprovação da onerosidade excessiva da prestação ou a desproporção da prestação[20].

Evidente que a calamidade pública decretada nacionalmente não é suficiente para eximir as partes do cumprimento daquilo a que se convencionou. Todos nós, sem exceção, compartilhamos da mesma situação, além disso, todo contrato deve ser cumprido em respeito ao princípio da função do contrato. A alegação de desproporção ou de impedimento do cumprimento da prestação devida em virtude de onerosidade excessiva deve ser demonstrada, considerando-se o momento contratado para o atual, ou seja, o tanto que excessiva ou inviável se tornou a obrigação por razão da Covid-19.

Sob esse aspecto, é de fundamental importância que a prova da onerosidade verse sobre o desequilíbrio da própria prestação, quebrando a base objetiva do negócio, e não sobre a incapacidade da parte de cumpri-la. A base objetiva, nas palavras de Samir José Caetano Martins[21], "abrange o conjunto das circunstâncias cuja existência ou manutenção, com ou sem consciência das partes, é necessária para a manutenção do sentido contratual e do seu escopo". Busca-se, por esta Teoria, manter o equilíbrio entre prestação e contraprestação assumidas pelas partes, visando eventualmente restabelecer ou, ao menos reaproximar, sempre que possível, a equação econômica original. A Teoria da quebra da base do contrato tem sido aplicada pelo Poder Judiciário, por exemplo, para a revisão de contratos de arrendamento mercantil corrigidos pela variação cambial do dólar, vez que, apesar de fato previsível, a variação substancial da moeda americana pode alterar substancialmente a base objetiva do contrato, rompendo o equilíbrio contratual[22].

Imperioso inferir, pois, que a alegação de desproporção ou de impedimento do cumprimento da prestação devida em virtude de onerosidade excessiva seja acompanhada de comprovação do tanto excessiva ou inviável se tornou a obrigação por razão da Covid-19, considerando-se o momento da celebração do contrato para o atual.

Analisando-se as decisões judiciais, encontramos grande disparidade em relação ao entendimento aplicável para tantas demandas e até o momento não há critérios objetivos para mensurar os valores das prestações objeto de revisão judicial. Nos contratos de locação, a interpretação que prevalece é pela possibilidade da intervenção do Poder

---

19. Lei 8.078/1990, Art. 6º São direitos básicos do consumidor: V – a modificação das cláusulas contratuais que estabeleçam prestações desproporcionais ou sua revisão em razão de fatos supervenientes que as tornem excessivamente onerosas;

20. "O preceito insculpido no inciso V do artigo 6º do CDC dispensa a prova do caráter imprevisível do fato superveniente, bastando a demonstração objetiva da excessiva onerosidade advinda para o consumidor" (STJ, REsp 370598/RS, DJ 01.04.2002, Rel. Min. Nancy Andrighi).

21. Execuções Extrajudiciais de Créditos Imobiliários, p. 263, 2007, Editora JusPodivm.

22. STJ. REsp 268.661/RJ, Terceira Turma, Rel. Ministra Nancy Andrighi, Julgado em 16.08.2001, DJe 24.09.2001.

Judiciário para revisão das prestações contratuais de acordo com o art. 317 c/c arts. 478 e 479 do Código Civil. Mas, aplicando-se esse entendimento, de dificuldade extrema atingir o parâmetro para revisão da quantificação de valores e do período a ser considerado.

Apesar de tortuosa tarefa, contudo, a necessidade de comprovação do prejuízo sofrido deve ser acompanhada de laudos periciais, documentos financeiros e contábeis a fim de demonstrar redução efetiva do faturamento e prova do impedimento do exercício da atividade.

No Poder Judiciário Paulista, por exemplo, a prevalência das decisões relativamente a redução do valor do aluguel durante esse período de Pandemia é verificada na seguinte ordem:

Quantidade de decisões	Redução do valor da prestação
60% das ações	50%
14% das ações	70%
13% das ações	30%
Menos de 5% das ações	80% ou 90%

Por tudo isso, elegemos apresentar um caso específico, curioso por seus desdobramentos, mas que muito bem demonstra o atual cenário de insegurança jurídica corroborado.

Trata-se de ação de tutela cautelar em caráter antecedente ajuizada com fundamento nos art. 317, 393, 478 e 479 do CC e no art. 19 da Lei 8.245/2020, cujo objeto do pedido é a suspensão da exigibilidade dos aluguéis enquanto perdurarem as restrições de fechamento dos restaurantes ao público impostas pelas autoridades em razão da pandemia do Covid-19 ou, subsidiariamente, a redução dos aluguéis com base no percentual do faturamento da locatária, inclusive, nos meses subsequentes à reabertura dos restaurantes. Indeferida a tutela antecipada, a locatária interpôs o agravo de instrumento que teve a seguinte ementa:

> "Locação de imóvel não residencial. Tutela cautelar em caráter antecedente. Hipótese em que a locatária almeja a suspensão da exigibilidade dos aluguéis ou a sua redução. Descabimento. A queda, por certo período, do faturamento da locatária, empresa de grande porte, neste momento, não caracteriza caso fortuito ou força maior hábil a autorizar a intervenção judicial no negócio jurídico firmado pelas partes. Possibilidade de negociação dos locativos, a fim de evitar possível resolução do contrato de execução continuada, por força do que estabelecem os artigos 478 e 479 do CC. Recurso improvido."
>
> (TJSP. AI 2068208-07.2020.8.26.0000. 34ª Câmara de Direito Privado. Des. Rel. Gomes Varjão, DJe 22/04/2020)

A locatária, agravante, opôs embargos declaratórios a fim de sanar omissão correspondente à análise do artigo 317 do CC, os quais restaram acolhidos por maioria, alterando-se o resultado do julgamento para fins de redução do aluguel em 50%, nos termos a seguir:

> "Existência de omissão. Embargos declaratórios acolhidos, para determinar a redução de 50% do valor do aluguel enquanto vigorarem as regras atuais de funcionamento dos estabelecimentos comerciais, previstas nos decretos governamentais."
>
> (TJSP. ED em AI 2068208-07.2020.8.26.0000. 34ª Câmara de Direito Privado. Des. Rel. Gomes Varjão, DJe 29.05.2020).

A locadora, agravada, por seu turno, opôs embargos de declaração alegando erro material consistente na fruição do imóvel para entregas *delivery* e ausência de comprovação de queda do faturamento, entretanto, não obteve êxito e os embargos foram rejeitados.

Pela amostra desse caso em tela, ainda aguardando seu desfecho em primeira instância, demonstrado o momento de incerteza e insegurança jurídica que se vive. A ausência de parâmetros objetivos para a tomada de decisões e as milhares de demandas judiciais com distintos desdobramentos nos traz a sensação de um "efeito loteria".

3. CONDOMÍNIO EM TEMPOS DE COVID-19

Como dito em princípio, o efeito do isolamento social trouxe a necessidade de adequação de uma nova realidade. A população foi forçada a se manter, vinte e quatro horas por dia, em suas residências e a executar as funções diárias nos seus lares. O *home prison*, formosamente denominado *home office*, foi instituído a praticamente todos. Os condomínios adotaram medidas restritivas e emergenciais para o combate ao avanço da doença com o objetivo de restringir a circulação de pessoas e a utilização de áreas comuns, além da realização de obras, reformas e mudanças em unidades privativas e ainda a realização de atos à distância, como a assembleia virtual. Entretanto, muitas dessas medidas emergenciais acarretaram litígios que culminaram na proposição de demandas judiciais, com destaque para a realização de obras e reformas em unidades privativas.

A esse respeito, selecionamos alguns julgados do TJSP, que têm a seguinte ementa:

"Agravo de instrumento. Direito de vizinhança. Ação de obrigação de não fazer, com pedido de tutela de urgência. Liminar concedida para suspender a execução de obra em apartamento, cujo serviço, segundo avaliação do engenheiro consultor do condomínio (agravado), não é emergencial ou essencial. Competência do síndico. Adoção de medidas de prevenção à saúde e segurança dos condôminos pela suspensão de obras e reformas enquanto perdurar o decreto da quarentena 64.881/2020 editado pelo governo do estado de São Paulo. Possibilidade. Decisão agravada mantida. Recurso improvido. No caso em julgamento, os agravantes não residem na unidade condominial objeto da execução da obra, suspensa por decisão judicial concedida em sede liminar. Submetida à apreciação da administração do agravado, em cumprimento à regra prevista na Convenção, as alterações no apartamento, a título de reforma, não foram consideradas emergenciais ou essenciais, segundo o engenheiro consultor indicado. A par disso, considerando a ampla e notória divulgação em todos os meios de comunicação sobre a transmissão do novo coronavírus (Covid-19), mudanças visando a segurança da massa condominial foram tomadas pelo síndico no âmbito de suas atribuições para resguardar primordialmente a saúde dos moradores, fato que obviamente pode, em determinados casos, causar eventual conflito entre condôminos a respeito do uso ou destinação que se deve dar à sua unidade. Entretanto, deve prevalecer os interesses da coletividade pelo menos enquanto perdurar a quarentena, nos termos do Decreto editado pelo Governo do Estado de São Paulo."

(TJSP. AI 2129946-93.2020.8.26.0000. 31ª Câmara de Direito Privado. Des. Rel. Adilson de Araújo, DJe 30.06.2020).

"Condomínio edilício tutela cautelar de urgência em caráter antecedente casal que pretende finalizar obra e se mudar para unidade condominial antes do nascimento do primeiro filho Serviços de construção civil na fase final e que não requerem muitos dias, tampouco diversos prestadores para conclusão.

Deferimento da medida. Requisitos presentes. Emenda da inicial que deverá observar o disposto no art. 303 do CPC. Recurso provido, com observação."

(TJSP. AI 2119528- 96.2020.8.26.0000. 26ª Câmara de Direito Privado. Des. Rel. Antonio Nascimento, DJe 16.06.2020).

"Condomínio. Ação de obrigação de fazer. Tutela de urgência. Decisão que indeferiu a pretendida tutela de urgência para compelir o réu a permitir a execução de obras no apartamento da autora durante a pandemia da Covid-19. Ausentes os pressupostos de admissibilidade da medida. Decisão que resulta da livre convicção e prudente arbítrio do magistrado. Pedido alternativo de suspensão do pagamento das despesas condominiais. Não conhecimento, eis que não apreciado pela decisão agravada, o que importaria em supressão de instância. Recurso conhecido em parte e não provido na parte conhecida."

(TJSP. AI 2075362-76.2020.8.26.0000. 28ª Câmara de Direito Privado. Des. Rel. Cesar Lacerda, DJe 11.05.2020).

Por essa amostra, há a identificação em certos casos de algum exagero da medida e do remédio adotado pela administração do condomínio. Por outro lado, em relação aos poderes do síndico, importante ressaltar que, pela interpretação do art. 1.348, II e V[23] (fazer a guarda da área comum) c/c os arts. 1.336, II e 1.337[24] (poder sancionatório do síndico), todos do Código Civil e, observando-se a Convenção e o Regimento Interno do condomínio, tem-se o entendimento de que é permitida a prática de ato emergencial. E esse ato emergencial pode, e deve sempre que possível, ser ratificado em assembleia condominial virtual. Sobre esse tema, aliás, a ante mencionada Lei 14.010/2020, que cuida do RJET (Regime Jurídico Emergencial e Transitório), permitiu a realização de assembleia virtual (art. 12) durante a pandemia de Covid-19, resguardando-se os direitos e deveres das relações jurídicas estabelecidas entre condomínio e condôminos.

Aliás, importante pontuar, durante esse período de calamidade pública observaram-se inúmeras normas e regulamentações editadas e procedimentos alterados a cada dia. O momento atual é de excepcionalidade e, portanto, de flexibilização dessas regras. Para tanto, também o condomínio possui a prerrogativa de flexibilizá-las em favor da coletividade[25].

4. CONCLUSÕES

O cenário de incerteza causado pela pandemia de Covid-19 resultou na judicialização de uma imensa quantidade de demandas. Essas disputas, em fase inicial, ainda que em prazo longínquo um dia encontrarão um desfecho. Não é possível ainda afirmar quais serão seus caminhos e desdobramentos. Ao longo desses mais de quatro meses houve

---

23. "Art. 1.348. Compete ao síndico: (...) II – representar, ativa e passivamente, o condomínio, praticando, em juízo ou fora dele, os atos necessários à defesa dos interesses comuns; (...) V – diligenciar a conservação e a guarda das partes comuns e zelar pela prestação dos serviços que interessem aos possuidores;"

24. "Art. 1.336. São deveres do condômino: (...) II – não realizar obras que comprometam a segurança da edificação".
"Art. 1337. O condômino, ou possuidor, que não cumpre reiteradamente com os seus deveres perante o condomínio poderá, por deliberação de três quartos dos condôminos restantes, ser constrangido a pagar multa correspondente até ao quíntuplo do valor atribuído à contribuição para as despesas condominiais, conforme a gravidade das faltas e a reiteração, independentemente das perdas e danos que se apurem."

25. Disponível em: https://www.sindiconet.com.br/informese/prefeitura-da-autonomia-a-condominios-de-sp-para--flexibilizar-quarentena-convivencia-especial-covid-19 Acesso em: 30 jul. 2020.

muita mudança de comportamento diante do estado de calamidade pública deflagrado e muito ainda há de mudar.

O ser humano naturalmente tende a supervalorizar o fato e suas consequências, bem como entrar em pânico se envolvido em momento de incerteza, sujeito a algo extraordinário que foge à sua rotina. A tendência, a nosso ver, é que a História demonstre que alguns alicerces das relações em sociedade, e consequentemente do direito civil, foram equivocadamente abalados. Nosso ordenamento jurídico, diferentemente de outros tantos países, é avançado e já prevê institutos como a teoria da imprevisão, o caso fortuito / a força maior, a onerosidade excessiva.

Não é porque o fato em si é inédito a todos nós, seres vivos operadores do Direito, que o seu enquadramento no atual cenário jurídico se faz inviável e requer adaptações legais, açodadas e irresponsáveis.

Por tudo isso, o estabelecimento de critérios para avaliação e solução de conflitos é essencial para garantir o equilíbrio econômico da relação contratual entabulada e a segurança jurídica, não só para o momento atual, mas para a formação de precedentes pelo Poder Judiciário. Todo o cuidado é pouco para que a exceção não se torne regra e a regra não se torne exceção.

Tudo acaba. A Pandemia acabará. E não se pode permitir que o furacão de demandas judiciais profusas ocasione decisões ainda mais variadas, sem parâmetro, sem base legal, ao acaso do específico julgador da lide.

Nesse mar de incerteza, há que se destacar, porém, que é possível imaginar certa tendência a ser seguida pelo Poder Judiciário[26] acerca da condução dos desdobramentos das demandas no sentido da necessidade de demonstração de real desequilíbrio financeiro na conciliação dos interesses econômicos da crise enfrentada, sob pena de não intervenção do poder público nas relações exclusivamente privadas e paritárias. É o que se espera.

---

26. Disponível em: http://www.stj.jus.br/sites/portalp/Paginas/Comunicacao/Noticias/Para-o-presidente-do-STJ---%E2%80%9Cprincipio-da-Covid-19%E2%80%9D-nao-pode-levar-a-interferencia-excessiva-nos-contratos.aspx. Acesso em: 1º ago. 2020.

O ENDEREÇO DA COVID

Domingos Pires de Oliveira Dias Neto

Graduado em Engenharia Civil pela Escola Politécnica da Universidade de São Paulo. Sócio-diretor da P3urb, uma empresa estruturadora de operações imobiliárias. Foi Secretário Adjunto de Desenvolvimento Urbano da Prefeitura Municipal de São Paulo e consultor do Banco Mundial e do BID (Banco Interamericano de Desenvolvimento) para assuntos urbanísticos e de economia urbana.

Ricardo Pereira Leite

Mestre em Arquitetura e Urbanismo pela FAU USP (2006). Graduado em Engenharia Civil (1981) pela POLI USP. Especialista em Finanças pela FGV (1986). Atuou em grandes empresas privadas do setor imobiliário por 30 anos. Foi Secretário da Habitação do Município de São Paulo, Presidente da Cohab e Membro de diversos conselhos e comitês municipais, como o Conselho de Administração da SP Urbanismo, Conselho de Preservação do Patrimônio Histórico, Comitê de Mudanças Climáticas, Conselho Municipal de Política Urbana, entre outros. Também presidiu o Conselho Municipal da Habitação e o Conselho Municipal de Saneamento. É socio-diretor do Grupo P3urb, empresas de estruturação, desenvolvimento e investimento em projetos imobiliários residenciais, desde 2013.

Sumário: 1. A desigualdade social foi para o espaço. 2. Eu devo, tu deves, e o governo (nós) mais ainda. 3. *Home–alone-office*. 4. Vem aí a DesUrbanização? 5. Eu, tu, ele, todos juntos, ou a densidade da periferia. 6. A casa da moeda do urbanista ou Freud explica. 7. Referências.

1.   A DESIGUALDADE SOCIAL FOI PARA O ESPAÇO

O novo coronavírus é uma doença de CEP: além de impactar economicamente a população mais pobre e mais vulnerável com especial rigor, contaminou e matou mais pessoas na periferia. Segundo o estudo SoroEpi MSP, feito na cidade de São Paulo, a soroprevalência medida em áreas com a população mais pobre é 2,5 vezes maior do que em áreas com a população mais rica (SEMEIA, 2020). Uma realidade cruel, que tende a ser agravada pela perda de renda da população – a última Pesquisa Nacional por Amostra de Domicílios Contínua do IBGE indicou uma taxa de 13,1% de desemprego –, obrigada a ocupar a chamada "cidade informal", onde as construções são precárias, em locais desprovidos de infraestrutura urbana mínima, instalando um círculo vicioso, e essa é uma questão que tem de ser endereçada pela sociedade e pelas políticas públicas. Onde e como moram as pessoas são fatores claramente determinantes de seu futuro. A desigualdade social está intimamente ligada à distribuição espacial de uma cidade.

A população mais vulnerável não tem condições de fazer distanciamento social, seja por problemas de coabitação em condições subnormais, seja pela necessidade de sair para trabalhar para manter a sua pequena renda. Nas grandes cidades, a maior parte da população mora na periferia, consumindo boa parte do seu tempo no deslocamento diário para trabalhar. Segundo estudo da Secretaria Municipal de Desenvolvimento Urbano da

Prefeitura de São Paulo, os moradores de Cidade Tiradentes gastam duas horas e quarenta minutos, diariamente, nesse trajeto (SMDU, 2019). A exposição prolongada destas pessoas em aglomerações as tornou presas fáceis do vírus. Mais ainda: como isolar um doente com o famigerado adensamento domiciliar das populações carentes? Como manter as condições de higiene e dizer que o vírus se combate lavando as mãos, se não se tem água e esgoto? Sem condições sanitárias, as pessoas que moram nas favelas são igualmente presas fáceis do vírus.

Temos no Brasil o SUS (Sistema Único de Saúde), um dos melhores do mundo. Mas nenhum sistema de saúde suporta, sem colapsar, uma pandemia dessas proporções, recebendo tantos pacientes ao mesmo tempo. Daí a necessidade do distanciamento social, de forma a poder achatar a curva de contaminação. Nada mais lógico e mais difícil de implantar. O distanciamento em um país continental e tão desigual não funciona a contento: quem não pôde ser atendido, morreu em casa, como foi o caso típico de Manaus. Já nas grandes metrópoles, onde a cidade informal se espraia nas franjas da periferia, o panorama é outro e não menos grave, por conta da quantidade de pessoas que lá residem, na maior parte das vezes em condições subnormais. Quando a população ocupa e constrói em áreas onde não há infraestrutura, o Estado é convocado para provê-la. Isso não só é difícil, como caro. Na periferia, o sistema de saúde é menos preparado, com menos ambulatórios, clínicas, leitos e UTIs. Mais um impacto desigual nos desiguais. A população carente precisa se deslocar para ser atendida, e enfrenta filas e equipamentos públicos subdimensionados. Sem atendimento, pessoas que poderiam ser tratadas e salvas acabam morrendo.

Por outro lado, foram as grandes cidades que conseguiram melhor atender sua população. O impacto do vírus no interior pode ser mais letal do que nas capitais, por conta destas serem dotadas de um sistema de saúde mais robusto. Cidades pequenas não têm UTIs ou respiradores e os doentes, quando conseguem receber atenção no início da doença, têm que ser transferidos para longe, chegando em condição de saúde mais crítica e aumentando, assim, a probabilidade de óbitos.

2.   EU DEVO, TU DEVES, E O GOVERNO (NÓS) MAIS AINDA

Trilhões de dólares nos EUA, centenas de bilhões de euros na Europa, 800 bilhões de reais no Brasil: estes foram os números anunciados no primeiro semestre de 2020 pelos governos destinados à ajuda econômica e ao combate do coronavírus. No caso brasileiro, isso foi fruto de um esforço concentrado do governo federal e do Congresso, e só aconteceu pela comoção que a pandemia causou, redundando em um esforço de guerra para a destinação de verbas a serem utilizadas tanto para a saúde como para sustentar a economia – neste caso, por meio de crédito para empresas e auxílio emergencial para a população. No entanto, o impacto no déficit fiscal deste ano será enorme e deverá afetar o equilíbrio fiscal do país por muitos anos à frente, nos três níveis federais: União, Estado e Municípios. Significa dizer que teremos anos de austeridade forçada, com redução drástica de verbas públicas para investimento.

Ainda que as medidas anunciadas ajudem a mitigar o impacto econômico na renda dos que perderam o emprego ou não puderam trabalhar por terem que ficar isolados, o dano será desigual: as camadas mais pobres da população serão as mais afetadas. E o investimento público, que tem como base o atendimento de necessidades básicas como saúde e educação, também sofrerá, impactando novamente de forma desigual os desiguais.

Qual será a consequência disso para as cidades que necessitam constantemente investir em obras públicas para infraestrutura nas mais diversas áreas e não somente em saúde e educação? Como construir hospitais, escolas e creches, e investir também em transporte público, saneamento e habitação, parques, teatros, bibliotecas e tantos outros equipamentos públicos necessários ao bom funcionamento de uma cidade e atendimento à sua população?

3. *HOME–ALONE-OFFICE*

Ao que tudo indica, o *home office* veio para ficar, mas apenas para os que podem. Se voltarmos a fevereiro de 2020, só excêntricos conduziriam uma reunião via internet usando aplicativos desde suas casas. Hoje, isto virou o padrão. Muitas tecnologias de teletrabalho, sempre anunciadas como revolucionárias, não conseguiram se popularizar. A pandemia acelerou processos que vieram para ficar e o *home office* talvez seja o mais emblemático deles.

Alguns vaticinam novos paradigmas em exercícios de futurologia baseados nas novas tendências e no que se chama agora o "novo normal": "...vão sobrar escritórios, que deveriam ser convertidos em habitações; ...pessoas vão mudar para o campo; ...casas vão se valorizar; ...acabou a febre dos *studios* de 30 m², agora a busca é por imóveis maiores; ...o carro vai voltar com força; ...lojas de rua morrerão...".

Será que tudo vai mudar tanto, depois de contida a pandemia e tendo uma vacina disponível? As pessoas irão se preocupar com uma nova pandemia e mudar seus hábitos de vida, convivência, contato social, lazer, interação? Nunca mais um show, um jogo de futebol no estádio, uma balada, uma festa de casamento? E o Carnaval, acabou?

As cidades sempre foram maiores do que seus desafios e têm provado conseguir superá-los sempre. Não acabaram na gripe espanhola, nem nos surtos da gripe asiática de 57/59 e nem na gripe de Hong Kong de 68/70, que mataram milhões de pessoas no mundo todo. O movimento de urbanização no mundo tem sido crescente e se acelerou nas últimas décadas. No Brasil temos 85% da população habitando áreas urbanas (PNAD, 2016). Isso ocorre por alguma razão.

4. VEM AÍ A DESURBANIZAÇÃO?

As pessoas vêm para as cidades porque nelas a oferta de empregos, bens e serviços é concentrada. Nelas estão os empregos, o estudo, os hospitais a cultura e o lazer. O motivo da urbanização é econômico. Conforme a Prêmio Nobel de Economia, Esther Duflo, "Economia é uma ciência social e ainda que pouco compreendida, ela reúne as ferramentas para analisar a dinâmica dos fenômenos sociais e ambientais" (informação verbal)[1]. É bucólico se imaginar em uma casa no campo, de pau a pique e sapé, mas se

---

1. Fala da economista Esther Duflo na palestra "Economia Útil Para Tempos Difíceis" durante o evento Expert XP 2020, em 16 de Julho de 2020.

você precisar de uma UTI, terá que correr para a cidade. Seu emprego estará lá, as boas escolas para seus filhos, as universidades, os clubes, os teatros, os cinemas, as festas, os bons restaurantes também. Enfim, na cidade estão as oportunidades.

A mídia social e os sites de interação (LinkedIn, Instagram, Facebook, o Twitter e o que de novo vier) não substituem o contato pessoal, pela simples razão de que ser gregário faz parte da natureza humana e que o contato social é mais eficiente do que o contato online. A percepção que dá vigor à interpretação do que está por trás das falas online muitas vezes se perde, pois não é sentida em gestos e expressões. A necessidade de interação pessoal e do calor humano são a tradução da máxima "pessoas atraem pessoas". Se por um lado o *home office* funciona bem para atividades que requerem concentração e não interação, por outro, muitas atividades se desenvolvem nas cidades, em seus espaços públicos e privados.

E isso nos leva de volta à questão econômica. A cidade é mais eficiente na geração de valor, pois as interações econômicas funcionam como a temperatura na física: quanto mais as moléculas colidem com as outras, mais quente fica. Analogamente, quanto mais as pessoas interagem e mais perto estão os negócios, maior a criatividade e a inovação, e mais eficiente é a circulação de bens e serviços. E de pessoas. E quanto mais eficiente for a cidade espacialmente, menos energia se gasta para fazer a temperatura subir. Cidades são uma forma produtiva e sustentável de se conseguir o crescimento econômico. Vamos analisar duas questões econômicas, como exemplo das conclusões a que pretendemos chegar: *clusterização* e distribuição.

Clusterização (em neologismo emprestado) é a concentração geográfica de empresas interconectadas e instituições de suporte, como universidades, dentro de um setor. A economia criativa não pode prescindir da serendipidade: o papel do encontro casual, as ideias que surgem da troca de experiências, os encontros que geram negócio, os negócios que geram encontros. O vetor: pessoas que se deslocam, trabalham, vão a restaurantes, bares, conferências, reuniões. Como consequência, os *clusters* criam um agrupamento do mercado de trabalho, facilitando e fomentando a criação de empregos, a especialização de provedores e a dispersão do conhecimento, como fruto e causa da alta interatividade entre empresas. Difícil imaginar isso prosperando sem as pessoas interagindo localmente.

Empresas em setores de serviço de alto valor agregado como o financeiro, de seguros, advocacia e consultoria, tendem a se concentrar em regiões altamente acessíveis. Não é à toa que o centro financeiro de São Paulo começou no Centro, foi para a Paulista e hoje está no eixo Faria Lima-Berrini. Geradores de propriedade intelectual, como indústria de software ou entretenimento, se mudam para centralidades próprias, como é o caso da indústria de cinema nos galpões da Vila Leopoldina em São Paulo. Fica clara a relação da *clusterização* e da forma urbana no território: proximidade, facilidade e localização.

A segunda questão é a distribuição. A pandemia acelerou brutalmente o comércio eletrônico. Quanto maior a cidade e mais complexas as cadeias de suprimento, maior a necessidade de uma teia de logística flexível e eficiente. No entanto, quanto maior a cidade, maior a escala e maior a capacidade de investimento dos agentes econômicos ligados à logística. O sistema caminha para uma cadeia de *hubs and spokes*: grandes centros de distribuição localizados nas rodovias que chegam à cidade, ligados a pequenos depósitos de onde saem os veículos (ou motoboys) para a entrega da chamada "última milha". A comodidade e eficiência desse segmento ajudou as pessoas a ficarem em casa, em isolamento social, adquirindo tudo o que precisavam, sem que houvesse gargalos significativos de abastecimento. Não se consegue replicar a oferta de produtos (e aí se incluem os restaurantes) em cidades menores. Não nessa escala, nem nessa eficiência, nem nessa variedade, tampouco com esse nível de especialização. Escalabilidade e alavancagem são as molas propulsoras de economias de concentração.

Daí decorre a primeira premissa, que servirá à nossa conclusão mais adiante: políticas urbanísticas que planejem a forma urbana, desenhando inteligentemente a correta ocupação e uso do solo, têm o potencial de catalisar essas características e induzir o investimento dos agentes privados. Também vem junto o primeiro desafio: os gestores públicos e a sociedade civil devem escapar das amarras de suas agendas limitadas e fazer a conexão entre localização e economia. E ainda nem chegamos ao principal, que é a habitação.

Antes de passar ao próximo tema, surge a pergunta: será mesmo que o processo de urbanização vai sofrer uma regressão? Será que a previsão da fuga para o campo realmente vai se concretizar? Haverá um "efeito XP", como consequência do recente anúncio de uma gigante do setor financeiro que anunciou mudança de sua sede para o interior de São Paulo, no mais claro estilo Cupertino da nova sede da Apple na Califórnia?

5. EU, TU, ELE, TODOS JUNTOS, OU A DENSIDADE DA PERIFERIA

Basta sobrevoar a cidade de São Paulo para constatar que a periferia brasileira é simplesmente o oposto do idílico subúrbio americano. A ideia de que as pessoas vão mudar para fora da cidade para trabalhar em *home office* significa ir para bem além da metrópole conturbada. Isso elimina qualquer benefício de qualidade de vida para quem terá que fazer o movimento pendular diário do *commuting*. Ainda que algumas pessoas de mais alta renda consigam ir para o interior, como fará o motoboy, o lixeiro, a faxineira, o garçom e o enfermeiro? E a oficina mecânica? Existe densidade em um loteamento murado na beira da autoestrada para gerar demanda de serviços difusos?

Voltando à periferia, é importante destacar que a densidade da cidade informal é maior do que a da cidade formal. Enquanto na cidade São Paulo a densidade de Santa Cecília é de 190 habitantes por hectare, em Heliópolis é de 600 habitantes por hectare. As pessoas não foram para Heliópolis porque não puderam morar no interior; elas vieram do interior para a cidade em busca de oportunidades e lá se aglomeraram porque foi onde conseguiram moradia, em geral com coabitação excessiva e em condições subnormais. Não são os habitantes dos quase 530 mil domicílios em favelas da cidade de São Paulo (IBGE, 2020) que irão se mudar para o campo. A ilusão dos futurologistas da fuga para o campo não resiste a um passeio por Paraisópolis, uma das maiores favelas de São Paulo. Lá as pessoas têm suas famílias, seus amigos, seus negócios (cabelereiros e bares também geram riqueza e giram a economia) e estão mais próximas das oportunidades de emprego. Lá, por exemplo, há uma Unidade Básica de Saúde gerida pelo Hospital Albert Einstein.

Cabe ao Estado fazer chegar à cidade formal até estas pessoas e, em especial, às favelas que ainda não receberam investimentos expressivos como Paraisópolis. E aqui vem a segunda parte de nossas premissas: a maior alavancagem de dinheiro investido por quantidade de beneficiados está na urbanização de favelas, que leva endereço, titulação, saneamento e infraestrutura para as áreas carentes. Essa deve ser a principal política de redução de desigualdade social.

O déficit fiscal gerado pela ajuda econômica para o combate ao coronavírus vai diminuir a capacidade de investimento das três esferas de governo, como se disse acima. Fazer política pública sem dinheiro vai ser o maior desafio do gestor público no Brasil.

Com o escasso recurso de que dispõe, o governo terá que realizar investimentos catalisadores e implementar uma legislação urbanística que induza o investimento privado na direção do que é importante para a cidade. Não se corrige ou se redireciona uma cidade em uma gestão: são décadas de investimento público e privado que a constroem. A legislação urbanística tem o condão de ser transformadora, impactando o ambiente construído por longo tempo. Porém, se malfeita, as cicatrizes são quase perenes: um prédio ou um viaduto, construídos em lugar errado, ficarão lá por 100 anos. Pensar, discutir e planejar uma cidade são ações fundamentais para esse desenho eficiente.

Não são poucas as frentes a serem conciliadas: criar espaços públicos de qualidade, produzir habitação com densidade em áreas centrais dotadas de infraestrutura urbana, dimensionar, adequar e expandir o transporte público de massas, criar ciclovias, melhorar as calçadas, criar e manter os parques e equipamentos culturais, entre tantas outras. Priorizar os investimentos de forma a concatená-los temporalmente para se obter o melhor encadeamento das ações requer planejamento, negociação com a sociedade civil e capacidade de gestão. Mas existe ainda uma arma na mão do Estado: a caneta.

6. A CASA DA MOEDA DO URBANISTA OU FREUD EXPLICA

O orçamento da cidade de São Paulo para o ano de 2017 foi de aproximadamente R$ 55 bilhões. Segundo o IBGE, o PIB da cidade em 2017 foi da ordem de R$ 700 bilhões (IGBE, 2017). Em outras palavras, quem faz a cidade pulsar e viver e nela investe não é o setor público, e sim o privado. O dinheiro público deve, portanto, ser usado como catalisador, deflagrando os investimentos privados e, em consonância com uma legislação urbanística inteligente, associada a políticas públicas bem estruturadas, deve ter um papel direcionador. A construção dos edifícios privados e sua interação com o espaço público são produto da regulação edilícia e urbanística. Fica evidente que seu papel é determinante no que vai acontecer na cidade. Quanto mais complexas e intrincadas as regras, maior será a cidade informal e menor a capacidade de direcionar os investimentos privados.

Voltando ao desafio da população carente, que se instala na cidade informal, a solução óbvia é oferecer habitação a preços acessíveis e bem localizada. Como o Estado não tem capacidade financeira de produzi-las, cabe ao setor privado fazê-lo. Direcionar corretamente os incentivos urbanísticos e financeiros (como ocorre atualmente com o programa do governo federal Minha Casa Minha Vida) para produzir habitações em áreas centrais, onde existe infraestrutura, é parte da solução. Devemos adensar as áreas centrais: uma frase simples, mas muito difícil de implementar.

De novo, uma questão econômica. Ao que parece, urbanismo e economia se entrelaçam mais do que imaginam ou interagem urbanistas e economistas. Quem sabe mais aulas de economia na faculdade de arquitetura e urbanismo, e aulas de urbanismo nas faculdades de economia não trouxessem mais ideias e soluções?

Como é o setor privado que constrói a cidade, cabe estudar tanto os autoconstrutores, quanto o incorporador imobiliário formal. Ambos respondem aos incentivos ou desincentivos públicos da legislação, sendo que a autoconstrução é ágil em se direcionar para a cidade informal. No entanto, é o mercado imobiliário formal que é capaz de canalizar grandes quantias de capital para construção de habitações, escritórios, hospitais, escolas, teatros, estádios, restaurantes, shoppings. Por que não substituem o Estado na produção destes mesmos itens, em especial habitações? Por que não conseguimos produzir habitações em quantidade suficiente e a custo acessível para a enorme demanda que existe por conta do conhecido déficit habitacional?

O mercado imobiliário é alavancado e consome centenas de bilhões de crédito e capital privado. O plano SP2040 já destacava que o capital disponível para investimento no país, quer seja nacional, quer seja estrangeiro, é sempre limitado. E que as empresas competem entre si por capital, e os investimentos dentro das próprias empresas competem por financiamento. Destaca ainda que, como consequência, a cidade compete com outras cidades pelos investimentos das empresas em seu território. Segue dizendo que, como a decisão de investimento, por sua vez, está sempre associada à relação entre risco e retorno, as políticas públicas devem levar em conta estes fatores, tentando induzir os agentes econômicos a investirem na cidade, de um lado reduzindo a percepção de risco e, de outro, demonstrando a possibilidade de maior retorno.

Vamos agora misturar urbanismo com risco e retorno. O capital privado sabe avaliar os riscos normais de mercado: preço, inflação de custos, demanda, crédito. Estes fatores são os formadores da taxa interna de retorno (TIR), que, na última linha, vai atender ao apetite de risco do investidor. Um investidor demandará uma certa TIR para correr um determinado risco.

Por seu turno, a TIR é diretamente impactada por dois fatores que estão sob o controle do governo – a insegurança jurídica, decorrente do emaranhado e complexidade das leis, que trazem a incerteza da aprovação de um projeto, e o componente do tempo, relacionado aos seus prazos de aprovação. O resultado é que, somente investidores com apetite para um maior risco e, por via de consequência, buscando um maior retorno, investirão em mercados com esse tipo de exposição.

No entanto, há bilhões de reais da poupança privada buscando novas oportunidades de investimento, em especial nessa nova era em que a taxa de juros brasileira caiu significativamente. Por outro lado, quanto menor for o risco, maior a base de capital que se pode acessar (para *equity* ou dívida), podendo assim atrair mais capital de investidores mais conservadores. Existe, no entanto, um copo meio vazio, que permite gerar riqueza e produção quase instantânea. Se o setor público, e aí estamos falando do Executivo, Legislativo e Judiciário, além dos órgãos de controle

(Ministério Público e Tribunal de Contas), simplificar a legislação, agilizar e deixar transparentes os ritos de aprovação e fiscalização, trazendo a um tempo segurança jurídica e celeridade, estará criando riqueza sem nenhum investimento. Ajuda no Brasil o fato de que o mercado imobiliário brasileiro tem como principal agente privado transformador o setor de incorporação, composto por milhares de empresas em todo o país. Um setor que não é um oligopólio reage de forma mais flexível aos direcionamentos de mercado decorrentes da correta indução do Estado. Freud explica: "Penso que um excesso de decretos e de interditos prejudica a autoridade da lei. Podemos observá-lo: onde existem poucas proibições, estas são obedecidas; onde a cada passo se tropeça em coisas proibidas, sente-se rapidamente a tentação de as infringir." (SILVA apud FREUD, 1926).

O urbanista tem também em suas mãos um outro poder: o de regular o uso e ocupação do solo. Quando se permite construir mais em um terreno, aumentando seu coeficiente de aproveitamento (CA), imediatamente se cria valor. Isso é o equivalente a imprimir dinheiro: o urbanista é o concorrente da Casa da Moeda. Esse valor pode ser cobrado na forma de outorga onerosa do direito de construir e ficar com o Estado. Pode ainda ser um mecanismo de administrar o custo da terra e assim induzir a produção imobiliária. Mas não é esse o ponto que queremos discutir aqui, e sim que, ao se aumentar o CA de um terreno, se viabiliza a produção de prédios em terrenos que antes não seriam passíveis de serem transformados. Some-se a isso a indução ao adensamento nas áreas centrais e nos eixos de transporte, e a caneta do urbanista potencializa a geração de valor: habitações em áreas centrais, próximas de empregos, serviços e oportunidades reduzem o número e a duração de viagens. Isso gera economia de investimento em transporte público, libera tempo dos trabalhadores em seus deslocamentos, reduz gastos com transporte, com poluição e, consequentemente, com o tratamento de doenças respiratórias a ela associadas, apenas para citar alguns dos benefícios. E só para não esquecer da logística, menos deslocamentos representam menos trânsito, mais eficiência nas entregas de bens e serviços e, com um desenho urbano inteligente, melhor localização dos *hubs* e *spokes*. Isso tudo libera capital dos agentes econômicos e da população, que podem gastar mais, os primeiros investindo em seu negócio e os outros consumindo e fazendo a economia girar. Daqui poderíamos derivar para políticas públicas concertadas, como concessões e parcerias público privadas, que façam o setor privado investir pelo público, usando como contrapartida incentivos urbanísticos cruzados. Mas isso não é tema para um capítulo e sim para um livro.

Resumindo, com uma legislação urbanística e um desenho urbano inteligentes existe um valor liberado para quem vai investir e quem vai ocupar os prédios. Produção imobiliária maior e mais rápida implica dizer mais produtos, mais competição, preços mais acessíveis, mais cidade formal, com mais gente morando mais perto e, consequentemente, menor desigualdade: a cidade policêntrica funcionando melhor e mais eficientemente, com deslocamentos mais curtos. Quantos deixariam a cidade informal, sem saneamento, sem escola, longe das oportunidades, e viriam para o centro? Quanto de valor seria liberado? Quem sabe um dia, o urbanismo econômico vire uma ciência. Quanta conta ainda há por fazer...

E para terminar, é preciso engajar a sociedade civil. A desigualdade é responsabilidade de todos. Já é hora de se decretar um fim ao NIMBYismo (acrônimo de *Not In My BackYard*, que quer dizer "não em meu quintal"). Cabe à sociedade civil entender que as áreas centrais dotadas de infraestrutura têm um papel social a cumprir. E cabe aos urbanistas e economistas elaborarem os planos, projetos e contas para demonstrar estes benefícios. Para terminar, depois de ter citado um psiquiatra, vale citar o economista Pedro Malan: "O enfrentamento das difíceis escolhas à frente seria mais efetivo se pudéssemos perder menos tempo, talento e energia com falsos dilemas, dicotomias simplórias, diálogos de surdos, pregações dirigidas aos já convertidos e rotulagens destituídas de sentido." (MALAN, 2009).

7. REFERÊNCIAS

ANTP (Brasil). Sistema de Informação da Mobilidade Urbana. *Relatório geral 2017*: janeiro de 2020. São Paulo: Associação Nacional de Transportes Público, 2020.

IBGE. Diretoria de Geociências. *Aglomerados subnormais*: 2019: classificação preliminar e informações de saúde para o enfrentamento à Covid-19. Rio de Janeiro: Coordenação de Geografia e Meio Ambiente, 2020.

IBGE, em parceria com os Órgãos Estaduais de Estatística, Secretarias Estaduais de Governo e Superintendência da Zona Franca de Manaus – SUFRAMA. 2017, os dados da série revisada têm como referência o ano de 2010, seguindo a nova referência das Contas Nacionais.

MALAN, Pedro S. Respostas à crise: melhorar o debate? *O Estado de São Paulo*, São Paulo, 11 jul. 2009. Opinião.

PNAD. *Pesquisa nacional por amostra de domicílios*: síntese de indicadores 2015. Rio de Janeiro: Instituto Brasileiro de Geografia e Estatística, 2016. 105 p.

SEMEIA (org.). *Inquérito domiciliar para monitorar a soroprevalência da infecção pelo vírus SARS-CoV-2 em adultos no município de São Paulo*: resultados parciais da fase 2. São Paulo: Monitoramento Covid-19, 2020. 6 p.

SILVA, Paulo Neves. *Citações e pensamentos de Sigmund Freud*. Portugal, 2012.

SMDU. *SP2040: a cidade que queremos*. São Paulo: Prefeitura da Cidade de São Paulo, 2012.

SMDU. *O que mudou na mobilidade no município de São Paulo entre 2007 e 2017?* São Paulo: Prefeitura da Cidade de São Paulo, 2019.

MEDIDAS DE RESTRIÇÃO EDITADAS PELO PODER PÚBLICO, USO DO IMÓVEL E IPTU

Rodrigo Antonio Dias

Master of Business Administration (MBA) pelo Instituto de Ensino e Pesquisa – INSPER. Pós-Graduado em Direito Tributário pelo Instituto Internacional de Ciências Sociais. Membro do Conselho Jurídico do SindusCon-SP. Professor do SECOVI e Sócio Fundador do escritório VBD Advogados em São Paulo.

Isabella Müller Lins de Albuquerque Jordan

Pós-Graduada em Direito Constitucional Tributário pela Pontifícia Universidade Católica de São Paulo ("PUC-SP"). Graduada pela Pontifícia Universidade Católica do Rio de Janeiro ("PUC-Rio"). Sócia do escritório VBD Advogados em São Paulo.

Sumário: 1. Introdução ao problema. 2. Fato imponível do IPTU. Desenho constitucional e legal. 3. Posicionamento jurisprudencial. 4. Restrições impostas pelo governo em decorrência da pandemia de Covid-19. Fato do Príncipe. Limitações impostas ao exercício dos atributos da propriedade. 5. Conclusão.

1. INTRODUÇÃO AO PROBLEMA

Os governos do Estado e do Município de São Paulo, assim como os de diversos outros Estados e Municípios da Federação, na tentativa de conter o avanço da pandemia de Covid-19, promoveram a paralisação das atividades não essenciais, estimulando que a população se mantivesse confinada em suas residências.

Nesse contexto, por força da determinação da Municipalidade de São Paulo, por meio do Decreto 59.298/2020, que seguiu a determinação do Estado de São Paulo constante do Decreto Estadual 64.881/2020, lojas, restaurantes e shoppings, dentre diversos outros estabelecimentos prestadores de serviços, foram obrigados a fechar suas portas no dia 24 de março de 2020.

Inicialmente previsto para durar até 7 de abril de 2020, o período de *"suspensão presencial ao público em estabelecimentos comerciais e de prestação de serviço"* foi prorrogado pelos Decretos 59.335/2020, 59.363/2020, 59.405/2020 e 59.473/2020, sendo que este último manteve o fechamento até 15 de julho de 2020 e estabeleceu normas para a "retomada gradual das atividades" ainda com severas restrições ao funcionamento do comércio.

Neste breve artigo, serão analisados os impactos de tais normas quanto à configuração do fato gerador do Imposto Predial e Territorial Urbano ("IPTU"), como consequência da restrição aos atributos da propriedade.

2. FATO IMPONÍVEL DO IPTU. DESENHO CONSTITUCIONAL E LEGAL

A Constituição Federal de 1988 ("CF/88") concebeu um sistema rígido de competências tributárias, prescrevendo exaustivamente os fatos que podem ser objeto de tributação, os limites e as condições de seu exercício, deixando pouca liberdade para inovações do legislador federal, estadual e municipal. Concebeu um sistema rígido de competências tributárias.

No que pertine ao objeto deste breve estudo, a CF/88 definiu os contornos do IPTU no artigo 156, I, que assim prescreve:

"Art. 156. Compete aos Municípios instituir impostos sobre: I – propriedade predial e territorial urbana;"

Leandro Paulsen[1] leciona que, no nosso sistema constitucional, a atribuição de competências tributárias obedece a um critério de base econômica, porquanto a Carta Magna não faz referência aos impostos a partir das respectivas denominações, mas pelos objetos econômicos sobre os quais devem incidir.

Nesse contexto, em relação ao IPTU, o critério material é facilmente perceptível no texto constitucional do artigo 156, inciso I: o signo presuntivo de riqueza é a propriedade predial ou territorial urbana, que quando exercida e projetada no fato juridicamente relevante permite exprimir o conteúdo "*ser proprietário*" como hipótese hábil a ensejar a obrigação de pagar o IPTU.

Em que pese a CF/88 deixar claro o aspecto material do IPTU, não traz, contudo, a definição do referido imposto. Assim, cabe à lei definir esse imposto de que trata a Constituição, mas sem perder de vista as disposições do artigo 32 do Código Tributário Nacional ("CTN")[2], que estabelece:

"Art. 32. O imposto, de competência dos Municípios, sobre a propriedade predial e territorial urbana tem como fato gerador a propriedade, o domínio útil ou a posse de bem imóvel por natureza ou por acessão física, como definido na lei civil, localizado na zona urbana do Município."

Como se nota, o próprio CTN remete ao Código Civil como fonte do conceito de propriedade, remissão essa que é reforçada pelos artigos 109 e 100 do referido código, que dispõem:

"Art. 109. Os princípios gerais de direito privado utilizam-se para pesquisa da definição, do conteúdo e do alcance de seus institutos, conceitos e formas, mas não para definição dos respectivos efeitos tributários.

Art. 110. A lei tributária não pode alterar a definição, o conteúdo e o alcance de institutos, conceitos e formas de direito privado, utilizados, expressa ou implicitamente, pela Constituição Federal, pelas Constituições dos Estados, ou pelas Leis Orgânicas do Distrito Federal ou dos Municípios, para definir ou limitar competências tributárias."

---

1. PAULSEN, Leandro. *Direito Tributário*: Constituição e Código Tributário à luz da doutrina e da jurisprudência. Porto Alegre: Livraria do Advogado Editora; ESMAFE, 2011. 13 ed. p. 17.
2. Nos ateremos à propriedade, sem mencionar o domínio útil e a posse como fatos geradores do IPTU, em razão do objeto do presente estudo.

Assim, o conceito de propriedade, que é a materialidade constitucionalmente qualificada para a incidência do IPTU, deve ser buscado no Código Civil ("CC/02"), cujo artigo 1.228 elenca seus atributos, nos seguintes termos:

> "Art. 1.228. O proprietário tem a faculdade de usar, gozar e dispor da coisa, e o direito de reavê-la do poder de quem quer que injustamente a possua ou detenha."

Aires Ferdinando Barreto, abordando o aspecto material da hipótese de incidência do IPTU e o conteúdo jurídico da propriedade para fins de tributação, leciona que "Em sentido jurídico, o vocábulo 'propriedade' é significativo de poderes inerentes ao domínio. Conforme dispõe o art. 1.228 do Código Civil, o proprietário tem a faculdade de usar, gozar e dispor da coisa, e o direito de reavê-la do poder de quem injustamente a possua ou detenha. Assim, *o conceito de propriedade só pode ser extraído em razão dos direitos ou poder que a integram, isto é, os emergentes das faculdades de uso, gozo, disposição das coisas*, até os confins fixados para a coexistência do direito de propriedade dos demais indivíduos e das limitações da lei. Nesse sentido, propriedade reflete, de um lado, os direitos de uso, gozo, fruição e disposição de bens, conferidos ao titular da coisa; de outro, o de retomada de quem injustamente os possua. O imposto predial e territorial urbano grava, pois, a propriedade, ou seja, recai sobre esse uso, gozo, fruição e disposição de bem imóvel."[3] (Grifos acrescidos)

A doutrina acima transcrita está em consonância com os ensinamentos da civilista Maria Helena Diniz, para quem a "*classificação dos direitos reais deve ser elaborada segundo o critério da extensão de seus poderes. De forma que a propriedade seria o núcleo do sistema dos direitos reais devido estar caracterizada pelo direito de posse, uso, gozo e disposição.*"[4].

Depreende-se, pois, que para que o IPTU seja exigível, é necessário que o proprietário possa exercer os direitos inerentes ao imóvel em todas suas acepções, o que inclui não apenas a titularidade, mas também o uso e gozo, sem quaisquer restrições fáticas ou jurídicas além daquelas normalmente existentes no ordenamento jurídico.

Por sua vez, nos termos do artigo 145, §1º, da CF/88, sempre que possível, os impostos terão caráter pessoal e serão graduados segundo a capacidade econômica do contribuinte, facultado à administração tributária, especialmente para conferir efetividade a esses objetivos, identificar, respeitados os direitos individuais e nos termos da lei, o patrimônio, os rendimentos e as atividades econômicas do contribuinte.

Analisando o princípio da capacidade contributiva, também referida como capacidade econômica, Leandro Paulsen assevera que "o Estado deve exigir que as pessoas contribuam para as despesas públicas na medida da sua capacidade para contribuir, de maneira que nada deve ser exigido de quem só tem para sua própria subsistência, a carga tributária deve variar segundo as demonstrações de riqueza e, independentemente disso, a tributação não pode implicar confisco para ninguém. Os extremos dessa formulação

---

3. BARRETO, Aires F. *Curso de Direito Tributário Municipal*. São Paulo: Saraiva, 2009. p. 180. 541 50 ANOS do Código Tributário Nacional.
4. *Curso de direito civil brasileiro*: direito das coisas. 9. ed. São Paulo: Saraiva, 1994. v. 4, p. 16.

(preservação do mínimo vital e vedação do confisco) aplicam-se a todas as espécies tributárias"[5].

E, conforme doutrina de Geraldo Ataliba *"O IPTU, como todos os impostos, deve ser estruturado de modo a satisfazer às exigências do princípio da capacidade contributiva (art. 145, § 1º)"*[6].

Tratando da correlação entre o princípio da capacidade contributiva e o IPTU, Anna Emília Cordelli Alves afirma que *"o imóvel somente poderá ser objeto de tributação se o proprietário puder usar e gozar ou aferir alguma vantagem econômica. Caso contrário ausente estará a capacidade contributiva a justificar a tributação (...) Se o substrato da tributação pelo IPTU é a vantagem econômica traduzida pelo imóvel, então, somente poderá ser colocado no polo passivo da relação tributária aquele que aufira ou tenha condições de auferir referida vantagem."*[7].

Portanto, à luz dos artigos 156, I e 145, §1º, ambos da CF/88, do artigo 32 do CTN e do artigo 1.228 do CC/02 e da doutrina acima mencionada, ao serem retiradas as condições de uso e gozo do bem, revela-se também ausente um dos elementos reveladores da capacidade contributiva que autoriza e serve de pressuposto ao fato gerador do imposto, desaparecendo a possibilidade de exigência do IPTU.

3. POSICIONAMENTO JURISPRUDENCIAL

Inicialmente, cabe observar que foram proferidas algumas decisões que diante das restrições governamentais impostas no combate à Covid-19, concederam liminares para prorrogar o prazo de vencimento do IPTU.

Dentre tais decisões vale transcrever trecho da proferida pelo Juízo da 3ª Vara da Fazenda Pública de Curitiba – PR, nos autos n. 0001391-59.2020.8.16.0004, que concluiu, em análise perfunctória, pela impossibilidade de exigência de IPTU de proprietário de shopping center, uma vez que impedido de usar e gozar do imóvel:

> "O que deve ser levado em conta, em primeiro lugar, é que a impetrante, devido à situação extraordinária existente com a pandemia do Covid-19, está impedida de usar e gozar da propriedade imobiliária em baila, não podendo usá-la para a finalidade à qual a propriedade se destina, a de ser um shopping center. Sendo assim, no âmbito da livre iniciativa, o direito de propriedade tem o seu núcleo essencial integrado pela liberdade de fazer uso do bem, como bem aventado pela impetrante, de modo que a propriedade, economicamente considerada, só terá um mínimo de eficácia se o seu titular puder dela usar livremente, o que não ocorre no presente momento. Temos o fato do príncipe inegavelmente. Pelo documento de ref.1.16, nota-se que quase a totalidade das 250 lojas do shopping está fechada e mesmo as que estão 'abertas' não tem qualquer atendimento presencial (atendem por delivery)."

Decisões semelhantes também foram proferidas em face do Município de São Paulo (Agravos de Instrumento 2081799-36.2020.8.26.0000, 2069703-86.2020.8.26.0000,

---

5. PAULSEN, Leandro. *Direito tributário*: Constituição e Código Tributário à luz da doutrina e da jurisprudência. 15 ed. Porto Alegre: Livraria do Advogado Editora. Esmafe, 2013. p. 50-62.

6. ATALIBA, Geraldo. IPTU – Progressividade. *Revista de Direito Tributário*, n. 56.

7. ALVES, Anna Emilia Cordelli. Do imposto sobre a propriedade predial e territorial urbana/IPTU – imóvel ocupado por terceiros – princípio da capacidade contributiva. *Estudos de Direito Tributário em homenagem ao Professor Roque Antonio Carrazza*, São Paulo: Malheiros, 2014. v. 2.

2083153-96.2020.8.26.0000 e 2092784-64.2020.8.26.0000). No entanto, o Ministro Presidente o Supremo Tribunal Federal ("STF") suspendeu a eficácia das mencionadas decisões, sob o entendimento de que:

> "...não cabe ao Poder Judiciário decidir quem deve ou não pagar impostos, ou mesmo quais políticas públicas devem ser adotadas, substituindo-se aos gestores responsáveis pela condução dos destinos do Estado, neste momento.
>
> Apenas eventuais ilegalidades ou violações à ordem constitucional vigente devem merecer sanção judicial, para a necessária correção de rumos, mas jamais – repita-se – promover-se a mudança das políticas adotadas, por ordem de quem não foi eleito para tanto e não integra o Poder Executivo, responsável pelo planejamento e execução dessas medidas.
>
> Não se mostra admissível que uma decisão judicial, por melhor que seja a intenção de seu prolator ao editá-la, venha a substituir o critério de conveniência e oportunidade que rege a edição dos atos da Administração Pública, notadamente em tempos de calamidade como o presente, porque ao Poder Judiciário não é dado dispor sobre os fundamentos técnicos que levam à tomada de uma decisão administrativa.
>
> Ademais, a subversão, como aqui se deu, da ordem administrativa vigente no município de São Paulo, em matéria tributária, não pode ser feita de forma isolada, sem análise de suas consequências para o orçamento estatal, que está sendo chamado a fazer frente a despesas imprevistas e que certamente têm demandado esforço criativo, para a manutenção das despesas correntes básicas do município." (SS 5374)

Nota-se que a decisão acima transcrita analisou a questão superficialmente, como é próprio das decisões liminares, sem adentrar no mérito da questão, qual seja: a possibilidade de exigir o IPTU quando o proprietário está tolhido das faculdades de uso e gozo do imóvel.

Referida questão já foi analisada pelos tribunais pátrios em diversos julgados envolvendo questões semelhantes àquela que é objeto deste estudo.

O Superior Tribunal de Justiça (STJ) já decidiu, em diversos precedentes, que na hipótese de desapropriação indireta, em que obstados os direitos inerentes à posse (correspondentes aos atributos de uso e gozo inerentes ao direito de propriedade), não é exigível o IPTU, inclusive por configurar violação ao princípio da razoabilidade;

> "Processual civil e tributário. IPTU. Incidência sobre imóvel. Invasão. Ocupação por terceiros. Perda do domínio e dos direitos inerentes à propriedade. Impossibilidade da subsistência da exação tributária. Princípio da proporcionalidade. Aplicabilidade da súmula 83/STJ ao caso dos autos.
>
> 1. É inexigível a cobrança de tributos de proprietário que não detém a posse do imóvel, devendo o município, no caso, lançar o débito tributário em nome dos ocupantes da área invadida.
>
> 2. "Ofende os princípios básicos da razoabilidade e da justiça o fato do Estado violar o direito de garantia de propriedade e, concomitantemente, exercer a sua prerrogativa de constituir ônus tributário sobre imóvel expropriado por particulares (proibição do *venire contra factum proprium*)". (REsp 1.144.982/PR, Rel. Ministro Mauro Campbell Marques, Segunda Turma, julgado em 13.10.2009, DJe 15.10.2009.).
>
> 3. Faz-se necessária a manutenção do acórdão estadual, tendo em vista especial atenção ao desaparecimento da base material do fato gerador do IPTU, combinado com a observância dos princípios da razoabilidade e da boa-fé objetiva.
>
> 4. Dessume-se que o acórdão recorrido está em sintonia com o atual entendimento deste Tribunal Superior, razão pela qual não merece prosperar a irresignação. Incide, *in casu*, o princípio estabelecido na Súmula 83/STJ: "Não se conhece do Recurso Especial pela divergência, quando a orientação do Tribunal se firmou no mesmo sentido da decisão recorrida." 5. Recurso Especial não provido."
>
> (REsp 1766106/PR, Rel. Ministro Herman Benjamin, Segunda Turma, julgado em 04.10.2018, DJe 28.11.2018) (No mesmo sentido, dentre outros: AgInt no REsp 1.551.595 e REsp 1.144.982).

Outro não é o entendimento do Tribunal de Justiça do Estado de São Paulo ("TJ-SP"):

"Agravo de Instrumento – Ação Anulatória – A decisão de primeiro grau deferiu a liminar para suspender a exigibilidade do IPTU – A irresignação do município não comporta acolhida. Os imóveis atrelados à exação foram objeto de invasão muito antes da materialização dos fatos geradores tributários exequendos. Nesse cenário, verifica-se a ausência de juridicidade a respaldar a cobrança em face do agravado. Acerto do *decisum*. Ausência de substrato fático e legal a embasar a pretensão do recorrente. Decisão mantida. Agravo não provido."

(TJSP; Agravo de Instrumento 2270409-22.2019.8.26.0000; Relator (a): Beatriz Braga; Órgão Julgador: 18ª Câmara de Direito Público; Foro de Guarulhos – 2ª Vara da Fazenda Pública; Data do Julgamento: 01/04/2020; Data de Registro: 01/04/2020) (No mesmo sentido, dentre outros: AC 1507928-81.2017.8.26.0114)

No entanto, ao analisar hipóteses de restrição ao direito de propriedade em razão da implantação de áreas de preservação ambiental, o STJ pacificou entendimento no sentido de que o IPTU somente não poderá ser exigido caso configurado o esvaziamento completo dos atributos inerentes à propriedade, como se depreende dos julgados exemplificativamente mencionados abaixo:

"(...)

1. Hipótese em que se questiona a violação do artigo 32, I e II, do CTN, e dos artigos 5º, I, II, XXII, 156, § 1º, II, da Constituição Federal, ao argumento de que não deve incidir IPTU sobre área de preservação permanente interna a empreendimento imobiliário urbano.

(...)

3. A restrição à utilização da propriedade referente a área de preservação permanente em parte de imóvel urbano (loteamento) não afasta a incidência do Imposto Predial e Territorial Urbano, uma vez que o fato gerador da exação permanece íntegro, qual seja, a propriedade localizada na zona urbana do município. Cuida-se de um ônus a ser suportado, o que não gera o cerceamento total da disposição, utilização ou alienação da propriedade, como ocorre, por exemplo, nas desapropriações. Aliás, no caso dos autos, a limitação não tem caráter absoluto, pois poderá haver exploração da área mediante prévia autorização da Secretaria do Meio Ambiente do município.

(...)"

(REsp 1128981/SP, Rel. Ministro BENEDITO GONÇALVES, PRIMEIRA TURMA, julgado em 18/03/2010, DJe 25/03/2010)". (No mesmo sentido, dentre outros: REsp 1.027.051/SC, AgRg no REsp 1.469.057; REsp 1.482.184 e REsp 1.696.909)

"2. Trata-se de embargos à execução fiscal manejados pelo contribuinte que visa desconstituir o IPTU exigido pela Município de Belo Horizonte, sobre imóvel situado em Unidade de Conservação, designada de Estação Ecológica Cercadinho, instituída pela Lei Estadual 15.979/06. 3. A limitação administrativa imposta pela Lei 9.985/2000 acarreta ao particular, o esvaziamento completo dos atributos inerente à propriedade, de reivindicação, disposição, de uso e gozo do bem, retirando-lhe na hipótese o domínio útil do imóvel, de modo que o aspecto subjetivo da hipótese de incidência do IPTU, disposto no artigo 34 do CTN, não se subsume à situação descrita nestes autos, razão pela qual não se prospera a incidência do referido tributo"

(REsp n. 1.695.340/MG, Rel. Min. Mauro Campbell Marques, 2ª Turma, DJe 24/09/2019, grifos acrescidos).

Como se verifica do primeiro julgado acima transcrito, um dos fundamentos utilizados pelo STJ para concluir pela ocorrência do fato gerador foi o fato de que a limitação imposta pelo Município não tinha "*caráter absoluto, pois poderá haver exploração da área mediante prévia autorização da Secretaria do Meio Ambiente*".

O TJ-SP, igualmente, entende que meras restrições parciais ao exercício do direito de propriedade não implicam a não ocorrência do fato gerador do IPTU; contudo, caso tais restrições impliquem a perda da utilidade econômica do bem, o imposto não poderá ser exigido:

"Tributário – Apelação – Ação anulatória – IPTU – Município de São José dos campos. Sentença que julgou procedente a ação. Apelo do Município. IPTU – As restrições ao exercício de propriedade, como no caso em que o imóvel está inserido em Área de Preservação Permanente, não retiram do contribuinte a condição de proprietário, mas apenas podem implicar a redução do valor venal do imóvel – No caso, contudo, laudo pericial atesta que, em razão das restrições, o imóvel perdeu a sua utilidade econômica – Esvaziamento da utilidade econômica do bem – Valor venal que, com isso, pode ser considerado zero – Imposto não devido. (....)." (TJSP; Apelação / Remessa Necessária 1013202-18.2018.8.26.0577; Relator (a): Eurípedes Faim; Órgão Julgador: 15ª Câmara de Direito Público; Foro de São José dos Campos – 2ª Vara da Fazenda Pública; Data do Julgamento: 22/06/2020; Data de Registro: 22.06.2020) (No mesmo sentido, dentre outros: AC 1002685 – 55.2016.8.26.0566; e AC n. 1003150-30.2018.8.26.0587).

Há, ainda, acórdãos do TJ-SP no sentido de que restrições parciais podem implicar a redução do valor venal do imóvel, e, pois, a redução do IPTU:

"Tributário – Apelação – Embargos à execução fiscal – IPTU – Município de Santo André. Sentença que julgou procedentes os embargos. Recurso da municipalidade. IPTU – As restrições ao exercício de propriedade, como no caso em que o imóvel está inserido em Área de Preservação Permanente, não retiram do contribuinte a condição de proprietário, mas apenas podem implicar a redução do valor venal do imóvel – No caso, o embargante alega a nulidade do lançamento do IPTU, tendo em vista que parte da área em que se localiza o imóvel é considerada de preservação permanente pela municipalidade – Circunstância que não afasta a ocorrência do fato gerador do IPTU – Necessidade, contudo, de se aferir precisamente os reflexos dessas restrições no valor venal do imóvel, por meio de prova pericial – Conversão do julgamento em diligência." (TJSP; Apelação / Remessa Necessária 1002468-77.2018.8.26.0554; Relator (a): Eurípedes Faim; Órgão Julgador: 15ª Câmara de Direito Público; Foro de Santo André – 2ª Vara da Fazenda Pública; Data do Julgamento: 19.05.2020; Data de Registro: 19.05.2020).

À luz dos julgados acima citados, é possível concluir (i) a mera limitação ao direito de propriedade não afasta a incidência do IPTU, podendo permitir somente a redução de sua base de cálculo; e (ii) não ocorre o fato gerador do IPTU, sendo inexigível o tributo, quando configurada a supressão integral do direito de propriedade.

4. RESTRIÇÕES IMPOSTAS PELO GOVERNO EM DECORRÊNCIA DA PANDEMIA DE COVID-19. FATO DO PRÍNCIPE. LIMITAÇÕES IMPOSTAS AO EXERCÍCIO DOS ATRIBUTOS DA PROPRIEDADE

Após a Organização Mundial da Saúde ("OMS") ter reconhecido o cenário de pandemia, o Município de São Paulo decretou situação de calamidade por meio do Decreto 59291/2020, o Estado de São Paulo decretou estado de calamidade pública por meio do Decreto 64879/2020 e, por fim, a União também tornou oficial a situação de calamidade pública, por meio da Lei Federal 13979/2020, do Decreto Legislativo 6/2020 e da Portaria MS 188/2020.

Adicionalmente, com o intuito de desacelerar o ciclo de contaminações, foram adotadas diversas medidas com o escopo de limitar o fluxo de pessoas, como o fechamento de diversos estabelecimentos comerciais e prestadores de serviços considerados não essenciais.

O Governo Federal editou a Lei Federal 13.979/2020, regulamentada pelo Decreto 10.282/2020, que autoriza a imposição de isolamento, quarentena, restrições à mobilidade de pessoas e bens, bem como a paralisação de atividades não essenciais.

Por sua vez, o Governador paulista, assim como ocorreu em diversos outros estados da federação, inicialmente editou Decretos suspendendo aulas na educação básica e superior na rede privada de ensino (art. 4º, I, do Decreto 64.862/2020), eventos (art. 1º, I, do Decreto 64.862/2020 e art. 6º do Decreto 64.864/2020), culminando com a decretação de quarentena no Estado de São Paulo, por meio do Decreto 64.881/2020, que suspendeu o atendimento presencial ao público em estabelecimentos comerciais e prestadores de serviços (art. 2º, I) e recomendou que a circulação de pessoas no âmbito do Estado de São Paulo fosse limitada às necessidades imediatas de alimentação, cuidados de saúde e exercícios de atividades essenciais (art. 4º).

Do mesmo modo, o Poder Executivo Municipal editou o Decreto 59.298/2020 que suspendeu *"o atendimento presencial ao público em estabelecimentos comerciais de bens e mercadorias, atacadistas, varejistas e ambulantes, e prestadores de serviço em funcionamento no Município de São Paulo"* a partir de 24.03.2019, estabelecendo que *"os estabelecimentos comerciais e prestadores de serviço deverão manter fechados os acessos do público ao seu interior"*.

Constata-se, portanto, que referidos atos normativos impuseram graves limitações aos direitos de uso e gozo dos proprietários de imóveis em que localizados estabelecimentos comerciais e prestadores de serviços considerados não essenciais, impedindo-os de desempenhar regularmente as suas atividades e obter as receitas decorrentes.

Ou seja, as restrições impostas obstam integralmente dois atributos do direito de propriedade, quais sejam, os direitos de uso e fruição, impedindo que tais imóveis sejam economicamente explorados por seus proprietários, revelando-se, consequentemente, ausentes elementos reveladores da capacidade contributiva.

A corroborar o acima exposto, vale mencionar que diante da pandemia foram proferidas diversas decisões deferindo a revisão de contratos e a redução substancial do valor do aluguel de lojas ou sua suspensão, em virtude da restrição ao funcionamento (dentre outras, cabe mencionar as decisões proferidas nos autos 1003300-22.2020.8.26.0011, pelo Juízo da 1ª Vara Cível – Foro Regional XI – Pinheiros – SP; 1020417-53.2020.8.26.0002, pelo Juízo da 5ª Vara Cível – Foro Regional II – Santo Amaro – SP, 1019103-72.2020.8.26.0002, pelo Juízo da 4ª Vara Cível - Foro Regional II – Santo Amaro – SP e 1018700-06.2020.8.26.0002, pelo Juízo da 6ª Vara Cível – Foro Regional II – Santo Amaro – SP).

Cabe observar que as limitações estabelecidas pelos governos, em especial pelo do município de São Paulo, configuram o denominado fato do príncipe.

O fato do príncipe pode ser conceituado como o poder de alteração unilateral de um contrato administrativo, levado a efeito pela Administração. Agregue-se a isso que também podem ser consideradas, dentro do mesmo conceito, medidas gerais da Administração, não relacionadas, especificamente a um contrato administrativo, mas que nele têm repercussão, pois provocam um desequilíbrio econômico-financeiro em detrimento do contratado. É o que se evidencia da definição de Celso Antonio Bandeira de Melo[8], para quem se trata de "*agravo econômico resultante de medida tomada sob titulação diversa da contratual, isto é, no exercício de outra competência, cujo desempenho vem a ter repercussão direta na econômica contratual estabelecida na avença*".

Como visto, o Governo Municipal ao estabelecer medidas visando à proteção sanitária e de combate à disseminação da Covid-19, incorreu em notória interferência econômica nos estabelecimentos comerciais e prestadores de serviços, inclusive dos proprietários dos imóveis em que situados tais estabelecimentos, acarretando desequilíbrio entre as suas receitas e a necessidade de efetuar o recolhimento de tributos.

Cabe ressaltar que a aplicabilidade da teoria do fato do príncipe na seara tributária foi reconhecida diante das normas editadas no combate à Covid-19 nos autos do Mandado de Segurança 101666071.2020.4.01.3400 da Sessão Judiciária do Distrito Federal:

> "(...)
>
> ... como causa de pedir, a ação proposta oferece três fatos muito peculiares e irrefutáveis, a saber: 1º) a abrupta e inesperada eclosão do estado de calamidade sanitária que vive o Brasil e o mundo por conta do Covid-19; 2º) a origem das limitações financeiras que assolam a parte autora ser as medidas restritivas impostas coletivamente pela própria Administração (que não eram passíveis de previsão até poucos dias, dentro de um juízo de normalidade empresarial); 3º) os notórios efeitos práticos que a quarentena horizontal já tem gerado sobre a atividade econômica do País, das empresas e das pessoas.
>
> (...)
>
> A propósito, não custa deixar registrado que, em termos práticos, as relações tributárias mantidas entre o fisco e os seus contribuintes não deixam de assumir feição de autênticos contratos de adesão (com a única diferença de que os contornos jurídicos das respectivas obrigações vêm delineados diretamente pela lei e não sob a forma de um documento contendo cláusulas encadeadas).
>
> Registre-se, igualmente, que é possível reconhecer a marca da imprevisibilidade à quadra fática aqui examinada. Afinal, até poucos dias, ninguém (no quilate de "homem médio") poderia cogitar que a força econômica do Brasil (e também do mundo) poderia ser paralisada no nível que está hoje.
>
> (...)
>
> Note-se que não se está reconhecendo o direito de a parte autora se furtar ao pagamento das suas obrigações tributárias (que continuarão incólumes, segundo a legislação de regência).
>
> O que se está reconhecendo é a possibilidade (precária e temporária) dela priorizar o uso da sua (atualmente) reduzida capacidade financeira (decorrente de ato da própria Administração – Fato do príncipe) na manutenção dos postos de trabalho de seus colaboradores (pagamento de salários etc.) e do custeio mínimo da sua atividade existencial em detrimento do imediato recolhimento das exações tributárias descritas na exordial, sem que isso lhe acarrete as punições reservadas aos contribuintes que, em situação de normalidade, deixam de cumprir a legislação de regência."

Verifica-se, portanto, que a quarentena imposta pelos Poderes Públicos, obrigando-os a fechar seus estabelecimentos, gera um total e imprevisto desequilíbrio caracterizado pela impossibilidade das empresas de exercerem suas atividades, impactando na geração de receitas, mas com manutenção das despesas relativas ao recolhimento dos tributos que incidem sobre imóvel impossibilitado de ser utilizado, o que, não apenas

---

8. MELLO, Celso Antonio Bandeira de. *Grandes temas de direito administrativo*. São Paulo: Malheiros Editores, 2009.

retira os atributos do gozo o fruição do direito de propriedade, mas também configura fato do príncipe.

Por fim, cabe mencionar que, apesar de mais recentemente terem sido editadas normas que permitiram a gradual reabertura de estabelecimentos comerciais e prestadores de serviços (como ocorreu no Município de São Paulo com a edição do Decreto 59.473/2020), ainda permanecem sérias limitações (números de frequentadores, horários de funcionamento, por exemplo) aos direitos de uso e gozo dos proprietários de mencionados imóveis.

5. CONCLUSÃO

Como visto na seção 2 acima, a doutrina pátria tem entendimento pacífico, à luz do disposto nos artigos 156, I e 145, § 1º, ambos da CF/88, do artigo 32 do CTN e do artigo 1.228 do CC/02, no sentido de que ao serem retiradas as condições de uso e gozo do bem imóvel, revelam-se também ausentes elementos reveladores da capacidade contributiva que autoriza e serve de pressuposto ao fato gerador do IPTU, desaparecendo a possibilidade de sua exigência.

Já o STJ, também com base nos supra mencionados dispositivos, firmou o entendimento de que o IPTU somente é inexigível nas hipóteses em que os atributos da propriedade estejam integralmente suprimidos.

O TJ-SP, por sua vez, apesar de entender que meras restrições parciais ao exercício do direito de propriedade não descaracterizam a ocorrência do fato gerador do IPTU, possui julgados no sentido de que (i) caso as restrições impliquem a perda da utilidade econômica do bem, o imposto não poderá ser exigido; e (ii) limitações parciais podem implicar a redução do valor venal do imóvel, e, pois, a redução do IPTU.

Dessa forma, considerando o acima exposto e as normas editadas no combate à pandemia de Covid-19 que, inicialmente, determinaram o total fechamento de estabelecimentos comerciais e prestadores de serviços e, posterior e gradualmente, suprimiram parcialmente as restrições, permitindo a reabertura ainda com grandes limitações (número de frequentadores, horário reduzido de funcionamento etc.), é possível concluir que:

a) no período em que perdurou o fechamento dos estabelecimentos por ordem do Poder Público houve integral supressão dos atributos de gozo e fruição do direito de propriedade e perda da utilidade econômica do bem imóvel e, pois, o IPTU é inexigível, sob pena de afronta aos princípios da capacidade contributiva e da razoabilidade e violação ao disposto nos artigos 156, I, da CF/88 e 32 do CTN; e

b) no período em que vigoraram restrições parciais ao funcionamento dos estabelecimentos, houve redução do valor venal do bem e, consequentemente, do IPTU.

Observamos, por fim, que as conclusões acima devem ser aplicadas observando as particularidades das atividades desenvolvidas no imóvel, para verificação do grau de restrição imposto e seu impacto no fato gerador do IPTU ou em sua base de cálculo, pois há hipóteses de estabelecimentos que, apesar de estarem impedidos de abrir às portas ao público, puderam manter parcialmente sua atividade econômica.

CONTRATOS DE LOCAÇÃO – A SUPREMACIA DA NEGOCIAÇÃO SOBRE A ALTERNATIVA DA JUDICIALIZAÇÃO

Danilo de Barros Camargo

Pós-graduado em Direito Contratual pela Pontifícia Universidade Católica de São Paulo em 2016. Graduado em Direito pela Universidade Presbiteriana Mackenzie em 2010. Curso em Direito Imobiliário Empresarial pela Universidade SECOVI/SP, em 2018. Professor convidado em curso de Formação de Gerente de Condomínio pela Associação das Administradoras de Bens Imóveis de São Paulo (AABIC), em parceria com Universidade Presbiteriana Mackenzie. Autor de artigos jurídicos sobre Direito Imobiliário. Associado Sênior de Nogueira, Elias, Laskowski e Matias Advogados. Advogado Membro da Coordenadoria de Locação, Shopping Center e Compartilhamento de Espaços, da Comissão Especial de Direito Imobiliário da OAB de São Paulo, desde 2019. Advogado

Rubens Carmo Elias Filho

Doutor e Mestre em Direito Civil pela PUC/SP. Graduado em Direito pela Faculdade de Direito da Universidade Presbiteriana Mackenzie, onde também obteve o título de especialista *lato sensu* em Direito Empresarial. Professor de Graduação e Pós-Graduação em Direito Civil e Direito Notarial e Registral da Faculdade de Direito da Universidade Presbiteriana Mackenzie. Professor e Palestrante em diversas instituições de ensino, entre elas EPM, PUC/SP, EPD, FGV e INSPER. Presidente do Conselho da AABIC – Associação das Administradoras de Bens Imóveis e Condomínios de São Paulo. Presidente da Comissão de Direito Imobiliário da OAB/SP. Membro efetivo do IASP e Ibradim. Autor de dezenas de artigos jurídicos na área de Responsabilidade Civil e Direito Imobiliário. Autor de obras jurídicas, entre elas Condomínio Edilício – Aspectos de Direito Material e Processual, publicada pela Editora Atlas, em 2015. Advogado com mais de 25 anos de experiência na área imobiliária, é sócio responsável pelas áreas de direito imobiliário e contencioso cível imobiliário do escritório Nogueira, Elias, Laskowski e Matias Advogados.

Sumário: 1. Introdução. 2. A livre convenção do aluguel na Lei 8.245/1991. 3. O Código de Processo Civil: estímulo à conciliação, mediação e outros métodos de solução consensual de conflitos. 4. Judicialização na pandemia. 5. Dever legal de renegociação ou apenas de tentativa de conciliação. 6. Cláusula de mediação em contratos em geral. 7. Conclusão. 8. Referências.

1. INTRODUÇÃO

O mês de março de 2020 ficou marcado pelo início da quarentena em algumas cidades do Brasil. A medida de confinamento social estancou praticamente todas as atividades comerciais, com poucas exceções assim entendidas como de serviços essenciais.

O setor imobiliário, assim como tantos outros, foi severamente afetado pela pandemia, principalmente os contratos de locação.

O Poder Legislativo, no final de março, deu início ao Projeto de Lei 1179/2020, de autoria do Senador Antonio Anastasia, que dispõe sobre o Regime Jurídico Emergencial e Transitório das relações jurídicas de Direito Privado (RJET) no período da pandemia do Coronavírus (Covid-19).

Dentre vários temas tratados no Projeto, mereceu destaque dos legisladores o contrato de locação, que cumpre relevante função social, pois se destina tanto à moradia quanto ao comércio, abrangendo todas as classes sociais e ramos de atividade econômica.

No que concerne especificamente à locação, no projeto original constavam dois artigos, 9º e 10, que respectivamente tratavam sobre: i) a concessão de liminares para desocupação de imóvel urbano nas ações de despejo, e; ii) suspensão total ou parcial dos aluguéis vencíveis a partir de 20 de março de 2020 até 30 de outubro de 2020, no caso dos locatários residenciais que sofrerem alteração econômico-financeira, decorrente de demissão, redução de carga horária ou diminuição de remuneração.

Na Câmara dos Deputados, o Projeto sofreu algumas modificações, sendo apresentado o seu substitutivo. Especificamente no caso da Locação, foi suprimido integralmente o artigo 10, e alterado o 9º.

Após sanção do Presidente, o Projeto se converteu na Lei 14.010, de 10 de junho de 2020, entrando em vigor no dia da sua publicação em 12/06/2020.

Importante notar que, com essa Lei, especificamente no artigo 9º que foi excluído, ficou demonstrada a preocupação do Poder Legislativo em manter o contrato de locação, prevendo a suspensão total ou parcial dos aluguéis durante determinado tempo.

A supressão do mencionado artigo 9º na Lei mostra também a dificuldade em impor, indistintamente, uma regra preestabelecida de negociação entre as partes sem intervir no delicado equilíbrio econômico-financeiro dos contratos.

Isso reforça a ideia de que ninguém melhor que as próprias partes para negociarem a melhor solução para ambas, com concessões mútuas e equilibradas, visando manter a relação jurídica por elas espontaneamente criada.

Nesses pequenos comentários, pretende-se, portanto, discorrer sobre os mecanismos de negociação da Lei 8.245/91, mormente os artigos 17 e 18, além de explorar, a partir do Código de Processo Civil, a conciliação, mediação e outros métodos de solução consensual de conflitos. Também, será abordado o "dever" de renegociação como requisito para a propositura da ação de revisão contratual.

Ainda, serão analisadas algumas das inúmeras decisões judiciais prolatadas ao longo dos meses da pandemia que, até o momento em que este artigo é escrito, continua a vitimar milhares de brasileiros, lamentavelmente.

Por fim, vale alertar que o tema em discussão é muito extenso e complexo, sendo que o presente artigo não pretende exaurir todas as inúmeras abordagens possíveis, mas contribuir com a melhor solução dessa situação sem precedentes, pelo menos nos últimos cem anos.

2. A LIVRE CONVENÇÃO DO ALUGUEL NA LEI 8.245/1991

A manifestação de vontade ou o consentimento livre das partes é de suma importância Direito Civil moderno. Trata-se de elemento essencial nos negócios jurídicos.

Nas clássicas lições de Pontes de Miranda: *Os atos humanos interiores ao campo de atividade, a que se chama autorregramento da vontade, "autonomia privada", ou "autonomia da vontade": é o espaço deixado às vontades, sem se repelirem do jurídico tais vontades.*[1]

Nesse sentido, o art. 17 da Lei de Locação estipula que "*é livre a convenção do aluguel*, vedada a sua estipulação em moeda estrangeira e a sua vinculação à variação cambial ou ao salário mínimo".

No artigo subsequente, art. 18, a Lei permite que as partes fixem, *de comum acordo, novo valor para o aluguel, bem como inserir ou modificar cláusula de reajuste.*

Caso locador e locatário não entrem em acordo, é possível o ajuizamento da denominada Ação Revisional de Aluguel para trazer a preço de mercado o valor do aluguel. Nas precisas definições do já saudoso mestre Sylvio de Capanema:

> Esse é o objetivo precípuo da ação revisional, que constitui, como é fácil perceber, um dos mais poderosos instrumentos de que dispõem os contratantes, para que se defendam das oscilações da economia e de seus reflexos no comportamento do mercado.[2]

É o que determina o art. 19 da Lei do inquilinato, ao disciplinar que: *Não havendo acordo, o locador ou locatário, após três anos de vigência do contrato ou do acordo anteriormente realizado, poderão pedir revisão judicial do aluguel, a fim de ajustá-lo ao preço de mercado.*

Mais adiante, em tópico próprio, será abordada as ações judiciais distribuídas pelos locatários, durante a quarentena, pretendendo a suspensão ou redução dos aluguéis. Porém, por oportuno, vale fazer ressalva de que a maioria dessas ações ajuizadas não foi enquadrada no art. 19 da Lei, pois muitas não cumpriam os requisitos legais, como o prazo trienal de vigência do contrato ou do acordo anteriormente realizado. Nesse sentido, observa-se trecho de decisão de primeira instância que concedeu tutela de urgência para redução do aluguel, esclarecendo não se tratar de ação revisional de aluguel:

> Veja-se que não se trata de pedido de revisão do aluguel, apenas de ajustamento excepcional diante de situação de grave crise social e econômica imprevisível às partes, a afastar a limitação temporal do artigo 19, da Lei 8.245/91.[3]

Feita ressalva acima do art. 19, e retornado ao tema do acordo extrajudicial, resta claro que a Lei do Inquilinato concede às partes a livre negociação do aluguel quer seja no momento da celebração do contrato de locação (art. 17), quer seja em momento posterior, no curso do contrato (art. 18).

---

1. MIRANDA, Pontes de, 1892-1979. *Negócios jurídicos, representação, conteúdo, forma, prova*. Atual. Marcos Bernardes de Mello, Marcos Ehrhardt Jr. (coleção tratado de direito privado: parte especial; 3). São Paulo: Ed. RT, 2012.
2. SOUZA, Sylvio Capanema de. *A lei do inquilinato comentada*. 8. ed. Rio de Janeiro: Forense, 2012. p.329-330.
3. Processo 1026645-41.2020.8.26.0100, 22ª Vara Cível do Foro da Comarca da Capital/SP, Juiz Fernando Henrique de Oliveira Biolcati. Decisão de fls. 52, proferida em 02.04.2020.

É de extrema importância a autocomposição das partes, as concessões mútuas, os ajustes de expectativas, e a sabedoria de resolver o problema – seja ele qual for – de maneira madura e eficaz.

Não é exagerado afirmar que, com base no art. 18 e boa dose de boa-fé e bom senso as partes, locadores e locatários não precisariam buscar o Judiciário em meio ao caos da pandemia para uma decisão incerta que possivelmente não agradará a ambos.

A bem da verdade, muitos dos conflitos são resolvidos pelas próprias partes, porém tantos outros se socorrem ao judiciário que, por sua vez, tenta estimular a conciliação, seja por audiências no início do processo e até mesmo antes da sentença, como se verificará a seguir.

3. O CÓDIGO DE PROCESSO CIVIL: ESTÍMULO À CONCILIAÇÃO, MEDIAÇÃO E OUTROS MÉTODOS DE SOLUÇÃO CONSENSUAL DE CONFLITOS

A Resolução 125/2010 do Conselho nacional da Justiça (CNJ), dispõe, dentre outros temas, sobre a Política Judiciária Nacional de tratamento adequado dos conflitos de interesses no âmbito do Poder Judiciário.

No preâmbulo da Resolução, com fulcro art. 5º, XXXV, da Constituição Federal, esclarece que *cabe ao Judiciário estabelecer política pública de tratamento adequado dos problemas jurídicos e dos conflitos de interesses, que ocorrem em larga e crescente escala na sociedade, de forma a organizar, em âmbito nacional, não somente os serviços prestados nos processos judiciais, como também os que possam sê-lo mediante outros mecanismos de solução de conflitos, em especial dos consensuais, como a mediação e a conciliação. Também, destaca a necessidade de se consolidar uma política pública permanente de incentivo e aperfeiçoamento dos mecanismos consensuais de solução de litígios.*[4]

O recente Código de Processo Civil, cuja vigência se iniciou em 2016, traz em seu primeiro capítulo "Das Normas Fundamentais do Processo Civil", o §3º do art. 3º, que prescreve: *A conciliação, a mediação e outros métodos de solução consensual de conflitos deverão ser estimulados por juízes, advogados, defensores públicos e membros do Ministério Público, inclusive no curso do processo judicial.*

Observa-se que a conciliação e mediação, além de outros métodos de solução consensual de conflitos, são tratados com "normas fundamentais do processo civil", posição de destaque que bem demonstra a intenção da sociedade, por meio de seus legisladores, de fomentar a autocomposição.

Por conciliação *entende-se o ato pelo qual duas ou mais pessoas, desavindas a respeito de certo negócio, ponham fim à divergência amigavelmente. Está, assim, na conformidade de seu sentido originário de harmonização a respeito do que se diverge.*[5]

---

4. Disponível em: https://atos.cnj.jus.br/files/compilado160204202007225f1862fcc81a3.pdf. Acesso em: 24 jul. 2020.

5. SILVA, De Plácido e. *Vocabulário jurídico*. Atual. Nagib Slabi Filho e Gláucia Carvalho. Rio de Janeiro, 2004.p. 329.

CONTRATOS DE LOCAÇÃO – A SUPREMACIA DA NEGOCIAÇÃO SOBRE A ALTERNATIVA DA JUDICIALIZAÇÃO **219**

Por sua vez, mediação *é o vocábulo empregado, na terminologia jurídica, para indicar todo ato de intervenção de uma pessoa em negócio ou contrato que se realiza entre outras.*[6]

Mais adiante no diploma Processual Civil, ao tratar dos poderes e deveres do juiz, o art. 139 determina aos magistrados a incumbência de *promover, a qualquer tempo, a autocomposição, preferencialmente com auxílio de conciliadores e mediadores judiciais.*

No art. 165 e seguintes, o CPC dedica uma seção para tratar dos Conciliadores e Mediadores Judiciais, disciplinado a forma de atuação, requisitos e cadastros dos profissionais habilitados, dentre outras regras de organização do instituto.[7]

Importante destacar o art. 166 que elenca os princípios pelos quais são regidos a conciliação e a mediação: *princípios da independência, da imparcialidade, da autonomia da vontade, da confidencialidade, da oralidade, da informalidade e da decisão informada.*

A importância conferida à conciliação e mediação no recente Código Civil também se observa ao tratar do trâmite processual, ao regrar que, ao ser apresentada a petição inicial, preenchidos os requisitos essenciais e não sendo caso de improcedência liminar do pedido, o juiz designará audiência de conciliação ou de mediação[8], antes mesmo de ser ofertada a contestação.

Importante notar que o não comparecimento das partes à audiência é considerado ato atentatório à dignidade da justiça, sujeito a sanção, conforme art. 334, § 8º, CPC.

Após a fase postulatória e durante a fase instrutória, especificamente na denominada audiência de instrução e julgamento, o art. 359 determina que *instalada a audiência, o juiz tentará conciliar as partes, independentemente do emprego anterior de outros métodos de solução consensual de conflitos, como a mediação e a arbitragem.*

E, no caso do Tribunal de Justiça de São Paulo, assim que distribuído o recurso de apelação, as partes são intimadas para manifestar interesse na tentativa de conciliação, sendo que a sessão conciliatória também poderá ser designada por iniciativa do próprio Tribunal.

Para se ter uma dimensão da importância da conciliação, segundo estatística do Tribunal de Justiça de São Paulo, na semana nacional da conciliação, realizada em 2019, foram designadas 25.308 audiências cíveis, realizadas 16.931, homologados 7.374 acordos, cujo valor total negociado foi de R$ 49.732.111,84, quase 50 milhões de reais.[9]

---

6. Op. cit., p. 903.
7. O CPC, no artigo 165, bem definiu os institutos da conciliação e da mediação, inclusive delimitando qual modo de autocomposição seria mais adequado para cada circunstância:

    § 2º O conciliador, que atuará preferencialmente nos casos em que não houver vínculo anterior entre as partes, poderá sugerir soluções para o litígio, sendo vedada a utilização de qualquer tipo de constrangimento ou intimidação para que as partes concilem.

    § 3º O mediador, que atuará preferencialmente nos casos em que houver vínculo anterior entre as partes, auxiliará aos interessados a compreender as questões e os interesses em conflito, de modo que eles possam, pelo restabelecimento da comunicação, identificar, por si próprios, soluções consensuais que gerem benefícios mútuos.
8. Artigo 334 do Código de Processo Civil.
9. Disponível em: http://www.tjsp.jus.br/Download/Conciliacao/SemanaNacionalConciliacao_2019.pdf?d=1595623573683. Acesso em: 24 jul. 2020.

Assim, verifica-se uma preocupação tanto do Legislador quanto do Poder Judiciário em promover a mediação, conciliação e outros métodos de solução consensual de conflitos, havendo uma saudável política pública de Justiça.

4. JUDICIALIZAÇÃO NA PANDEMIA

Na segunda quinzena de março de 2020, algumas ações já passaram a ser distribuídas no Tribunal de Justiça de São Paulo, visando à suspensão, prorrogação, isenção ou abatimento do aluguel, requeridos, em sua maioria, por meio da tutela de urgência, art. 300 do CPC.

Tão variados quanto os pedidos das petições iniciais foram as decisões judiciais, algumas reduzindo o valor do aluguel, em percentuais distintos e variados, outras decisões negaram os pedidos e mantiveram o aluguel contratado.

As partes que não chegaram a um acordo – ou até mesmo nem tentaram – ao conduzir seus pleitos ao Poder Judiciário, deixam os juízes com a difícil decisão de conceder ou não a suspensão ou abatimento do aluguel.

Abaixo, seguem trechos retirados da fundamentação de decisão monocrática em agravo de instrumento que indeferiu tutela recursal que pretendia reformar a decisão de primeira instância, que concedeu redução em 50% do aluguel, pleiteando a redução para 70% do aluguel vigente. Como se verificará, o eminente Desembargador Luiz Guilherme Costa Wagner faz interessante ponderação acerca da consequência em alterar o aluguel:

> Todos estamos interligados. Ao se conceder um benefício para uma ponta desta cadeia produtiva, se a questão não foi muito bem analisada e valorada, pode-se estar causando grande estrago para a outra ponta.
>
> O momento é difícil e não há soluções mágicas.
>
> A sociedade precisará entender que cada relação jurídica privada deverá, por primeiro, ser objeto de análise e discussão individual entre os partícipes do contrato.
>
> [...]
>
> Nunca a negociação e a conciliação se farão tão importantes, e apropriadas, como nesse momento da crise do Covid 19.
>
> [...]
>
> Dito em outras palavras e em resumo final: o cenário ideal será que as partes que firmaram um contrato tenham maturidade, e acima de tudo, bom senso, para definir um critério a lhes guiar durante esse período de excepcionalidade. Sem querer tirar vantagens do momento, entendendo os problemas do outro e, acima de tudo, reconhecendo que será esse auxílio mútuo em período tão difícil que irá fortalecer relações comerciais cujos benefícios serão por todos auferidos no futuro.
>
> Caso infelizmente não seja alcançado esse acordo, o Judiciário, cumprindo sua missão constitucional, estará a postos para o enfrentamento da questão, hipótese em que, repito, o caso concreto deverá ser minuciosamente analisado, sem paixões nem paternalismo, para que, a partir da realidade demonstrada por cada litigante se possa buscar encontrar o ponto de equilíbrio a não desandar a cadeia produtiva da população brasileira.[10]

---

10. TJSP, Agravo de Instrumento 2069928-09.2020.8.26.0000, Des. Rel. L. G. Costa Wagner. Julgado em 15.04.2020.

São várias as decisões judiciais no Tribunal paulista no sentido de reforçar a importância do consenso entre as partes para dirimir seus problemas, encontrando juntas a solução mais adequada ao caso.

Na ementa transcrita abaixo, verifica-se interessante raciocínio acerca da impossibilidade de o Poder Judiciário conceder "moratória", por não estar previsto no ordenamento jurídico, *devendo decorrer de ato negocial entre as partes ou por força de especial disposição legal*:

> Locação de imóvel comercial. Tutela de urgência destinada a suspender a exigibilidade dos aluguéis em face da quarentena decorrente da pandemia por Covid-19. Descabimento. Moratória que pelo regime legal não pode ser imposta ao credor pelo Juiz, devendo decorrer de ato negocial entre as partes ou por força de especial disposição legal. Evocação do caso fortuito e força maior que tampouco autoriza aquela medida. Cabimento, porém, da vedação à extração de protesto de título representativo do crédito por aluguéis. Recurso parcialmente provido.[11]

Na fundamentação da decisão monocrática, cuja ementa foi transcrita acima, o e. julgador faz importante reflexão acerca da revogação do art. 9º da Lei 14.010/2020, que prevê o "Regime Jurídico Emergencial e Transitório das relações jurídicas de Direito Privado (RJET) no período da pandemia do coronavírus (Covid-19)":

> Aliás, moratória quanto a aluguéis até fora proposta no Projeto de Lei 1.179/2020, que dispõe sobre "o Regime Jurídico Emergencial e Transitório das relações jurídicas de Direito Privado (RJET) no período da pandemia do Coronavírus (Covid-19)", mas foi retirada justamente por não ser conveniente, nem compatível com o sistema jurídico.[12]

De fato, não é simplista dizer que cada caso é um caso, pois essa é uma verdade importante no Direito. Generalizar os casos para decidir em suposta equidade pode causar terríveis injustiças.

Há locatários com enorme patrimônio, com caixa suficiente para atravessar a pandemia sem correr o risco de falência ou insolvência, embora prejudicados pela paralização total ou parcial de suas atividades. Na outra ponta, pode haver locadores cujos aluguéis auferidos são parte significativa da renda.

Em abril de 2020, foi realizado um levantamento pela Associação das Administradoras de Bens Imóveis e Condomínios de São Paulo (AABIC), mostrando que *o mercado de locação residencial é formado majoritariamente por proprietários de apenas um imóvel, ou seja, que dependem do aluguel como complemento de renda ou de aposentadoria. Numa amostragem de 10.612 locadores de imóveis residenciais mapeados em São Paulo, 7.906 detêm apenas uma propriedade, o que corresponde ao percentual de 74,5% da base de clientes de empresas associadas à AABIC.*[13]

Os exemplos são inúmeros, por isso a necessidade do magistrado de cobrar das partes a tentativa de acordo e, caso não evolua a conciliação, perquirir sobre real situa-

---

11. TJSP, Agravo de Instrumento 2063701-03.2020.8.26.0000, Des. Rel. Arantes Theodoro, julgado em 06.04.2020.
12. TJSP, Agravo de Instrumento 2063701-03.2020.8.26.0000, Des. Rel. Arantes Theodoro, julgado em 06/04/2020.
13. Disponível em: https://aabic.org.br/tres-em-cada-quatro-locadores-residenciais-sao-proprietarios-de-um-unico--imovel-em-sao-paulo-diz-aabic/. Acesso em: 24 jul. 2020.

ção financeira de ambos os polos para, na medida do possível, tentar achar uma solução "salomônica".

Nesse ponto, uma decisão judicial da Comarca de Santos justificou a redução do aluguel, dentre outros fundamentos, que *a provisória modulação do contrato provavelmente não afetará de forma gravosa a economia da locadora*, inclusive o Juízo fez pesquisas em nome da locadora no intuito de saber o seu lastro patrimonial:

> Ressalto que procedi à consulta no sistema pelo nome da empresa locadora e localizei o processo 1009682-61.2019, da E. 11ª Cível local, lá compulsando o contrato social da referida empresa, que tem por objeto a administração de bens próprios e capital social declarado na ordem de R$ 11.500.000,00 (onze milhões e quinhentos mil reais), composto pelo usufruto de aproximadamente 50 (cinquenta) imóveis situados nas mais diversas áreas da cidade, inclusive de elevador valor como Rua Azevedo Sodré, Avenida Washington Luiz, Avenida Francisco Glicério, entre outros circunstância de bastante relevo por tranquilizar que, neste momento de contingência, a provisória modulação do contrato provavelmente não afetará de forma gravosa a economia da locadora.[14]

O Sindicato da Habitação de São Paulo (SECOVI-SP) realiza periodicamente pesquisa sobre as ações locatícias ajuizadas no Tribunal de Justiça do Estado de São Paulo. Segundo a mencionada pesquisa, em maio de 2020, foram protocoladas no município de São Paulo, 828 ações locatícias, aumento de 26,2% em comparação com o mês de abril que registrou 656 protocolos. Em relação as 1.499 ações do mesmo mês do ano anterior, portanto uma queda de 44,8%. [15]

Ou seja, a queda de 44,8% de ações locatícias ajuizadas em maio de 2020 em comparação com maio de do ano passado demonstra que, embora a pandemia tenha sido um momento propício para judicialização, o que se verificou foi uma redução das ações distribuídas, presumindo-se que houve um esforço dos locadores e locatários na conciliação.

Consoante analisado no Código de Processo Civil, há uma verdadeira Política Pública no fomento da conciliação, mediação e outros métodos de solução consensual de conflitos. As audiências de conciliação antes mesmo do oferecimento da contestação bem demonstram a necessidade prévia das partes buscarem conciliar-se.

Trata-se de um desperdício de tempo e recursos movimentar a pesada e onerosa máquina do Judiciário sem ao menos tentar dialogar antes com a parte contrária, evitando-se, pois, a judicialização.

5. DEVER LEGAL DE RENEGOCIAÇÃO OU APENAS DE TENTATIVA DE CONCILIAÇÃO

Embora não expresso taxativamente no Diploma Processual, a ausência de tentativa prévia de acordo antes do ajuizamento da ação mereceria ser vista pelo magistrado como pressuposto para o interesse processual, a justificar até mesmo o indeferimento da petição inicial, conforme art. 330, CPC.

---

14. Processo 1006230-09.2020.8.26.0562, juiz Claudio Teixeira Villar, decisão de fls. 105/108, prolatada em 03.04.2020.
15. Disponível em: https://www.secovi.com.br/pesquisas-e-indices/analises/analise-locaticias. Acesso em: 24 jul. 2020.

O direito de acesso ao Poder Judiciário, ou princípio da indeclinabilidade da jurisdição, inserto no inciso XXXV do artigo 5º da Constituição Federal no sentido de que "a lei não excluirá da apreciação do Poder Judiciário lesão ou ameaça a direito", não constitui direito absoluto, ilimitado, mas que exige certas conformações ou regulamentação, como a própria legislação processual civil, que estabelece os pressupostos de desenvolvimento válido e regular do processo, tais como a possibilidade jurídica do pedido, a legitimidade das partes e o interesse processual.

Não parece existir violação ao preceito do art. 5º, XXXV, da Constituição Federal, ao se condicionar a propositura da ação à previa tentativa de conciliação, posto que não haveria ainda a necessidade de provocação do Judiciário ante a ausência de lesão ou ameaça a direito, caso não exauridos os meios de autocomposição. Este entendimento não se contrapõe ao princípio constitucional do livre acesso à justiça, por não impedir posterior ajuizamento da ação, caso esgotadas as tentativas de autocomposição, mas, para tanto, é indispensável que as partes tenham contemplado tal condição prévia, como se verifica na inserção de cláusulas compromissórias de mediação e arbitragem.

Situação distinta se verifica no chamado "dever legal de renegociação", tema bastante difundido quando se trata de superendividamento de consumidores, por exemplo.

De fato, o direito material e também o processual contemplam instrumentos para, diante das situações específicas, imprevistas, inevitáveis e extraordinárias, se estabeleça a revisão contratual, como as contempladas nos artigos 317, 478 e 480, do Código Civil, mas ao mesmo tempo, é certo que a legislação confere ao credor o direito de modificar equitativamente a obrigação para a preservação da avença.

Esta situação também se encontra contemplada no âmbito da invalidade dos negócios jurídicos, diante de lesão contratual, quando prevê a possibilidade de afastar a anulação do negócio, "se for oferecido suplemento suficiente, ou se a parte favorecida concordar com a redução do proveito."(art. 157, § 2º, CC)

Extremamente recomendável que, atendendo aos princípios equilíbrio contratual decorrente da vigência do princípio da boa-fé, da equidade e da justiça contratual, as partes contratantes não meçam esforços para renegociarem os pactos, de modo a permitir a manutenção dos contratos, mas, como é cediço, não há como compelir o credor a receber prestação diversa da que lhe é devida (artigo 313, CC), salvo as hipóteses legais, como as estabelecidas, por exemplo, no regime de recuperação judicial (Lei 11.101/05) ou mesmo o parcelamento do débito em execução extrajudicial (artigo 916, CPC.)

Não se pode deixar de consignar que, em reforço ao resgate da força obrigatória dos contratos, a Lei da Liberdade Econômica (Lei 13.784/2019), que entre outros temas, alterou alguns dispositivos do Código Civil, também impactará nos contratos imobiliários. Cabe destacar que a nova legislação confere o direito de qualquer pessoa "gozar de presunção de boa-fé nos atos praticados no exercício da atividade econômica, para os quais as dúvidas de interpretação do direito civil, empresarial, econômico e urbanístico serão resolvidas de forma a preservar a autonomia privada, exceto se houver expressa disposição em contrário;" (artigo 3º, V), e, baseando, sempre, na boa-fé, na ética e função social dos contratos, foi inserido o § 1º, ao artigo 113, do Código Civil, de modo que a interpretação do negócio jurídico deve lhe atribuir o sentido que "V – corresponder a qual seria a razoável negociação das partes sobre a questão discutida, inferida das demais disposições do negócio e da racionalidade econômica das partes, consideradas as informações disponíveis no momento de sua celebração.".

Ainda, reafirmando o princípio de intervenção mínima nos contratos, contemplou: "Nas relações contratuais privadas, prevalecerão o princípio da intervenção mínima e a excepcionalidade da revisão contratual." (parágrafo único do artigo 421, do Código Civil, introduzido pela Lei da Liberdade Econômica). Ou seja, não se afasta o direito de revisão dos contratos, mas a revisão deve ocorrer diante de situações excepcionais, decorrentes de abusividade, onerosidade ou mesmo vícios de consentimento, levando em conta o contexto econômico e social das partes contratantes.

Ao trazer até mesmo obviedades, a Lei da Liberdade Econômica busca desestimular surpresas e assegurar previsibilidade das regras do jogo, a tão almejada segurança jurídica, que conduz ao crescimento econômico, atendendo aos princípios insculpidos no artigo 170, da Constituição Federal, na medida em que o empresário é capaz de verificar e calcular os riscos do negócio para mensurar os custos da transação, sem o que é inviável investir em qualquer atividade.

Neste contexto, em contratos paritários, a criação de sistema de solução de conflitos, diante de divergências no curso da execução dos contratos, pode ser essencial para a sua preservação e cumprimento.

Logo no início do CPC, no capítulo "Das Normas Fundamentais do Processo Civil" os métodos de solução consensual deverão ser estimulados por juízes, advogados, defensores públicos e membros do Ministério Público.

Causa espanto a litigiosidade do brasileiro, conforme dados do anuário do Conselho Nacional de Justiça 2018, tramitam em nossos tribunais 80,1 milhões de ações judiciais[16].

Por isso, a conscientização das partes e, principalmente, dos operadores do direito, precisa ser importante bandeira da Política Pública de autocomposição.

Para concluir, *direito evoluído pressupõe sociedade evoluída*[17], houve progresso com novo Código Processual, porém ainda falta incorporar a cultura da autocomposição na sociedade brasileira.

6. CLÁUSULA DE MEDIAÇÃO EM CONTRATOS EM GERAL

Como se verificou, especialmente, em contratos imobiliários, costumeiramente de execução continuada, é bastante comum que, ao longo da execução do contrato, dada sua longa duração, as partes, em algum momento, tenham a necessidade de estabelecer negociações para a preservação dos contratos, mediante concessões mútuas.

Nas relações locatícias, aliás, a negociação entre locador e locatária se mostra muito utilizada, seja para a revisão do locativo, prorrogação do prazo de vigência do contrato, eventual reparo no imóvel, regularizações, obtenção de alvará de funcionamento, re-

---

16. Justiça em Números 2018: ano-base 2017/Conselho Nacional de Justiça. Brasília: CNJ, 2018. p.74.
17. NADER, Paulo. *Filosofia do direito*. 23. ed. Rio de Janeiro: Forense, 2015. p. 144.

novação de seguro ou de garantias, enfim, constantemente, se verifica o contato entre o locatário, locador ou administradora para adequações contratuais.

Contudo, em que pese a Lei 13.140/2015, que dispõe sobre a mediação entre particulares como meio de solução de controvérsias, já vigorar há quase 05 anos, pouco se tem visto a respeito de cláusulas de mediação nos contratos imobiliários.

Por meio de cláusula de mediação, as partes podem definir prazos para a realização de reunião de mediação, critérios de nomeação do mediador, sanções em caso de não comparecimento às reuniões, entre outras providências, sendo certo que "Se, em previsão contratual de cláusula de mediação, as partes se comprometerem a não iniciar procedimento arbitral ou processo judicial durante certo prazo ou até o implemento de determinada condição, o árbitro ou o juiz suspenderá o curso da arbitragem ou da ação pelo prazo previamente acordado ou até o implemento dessa condição." (art. 23), instrumento eficiente para que as partes busquem a solução extrajudicial, contribuindo para implementação da cultura da autocomposição e menor litigiosidade.

Ainda que seja uma obviedade, não é enfadonho relembrar que o advogado tem o dever de "VI – estimular, a qualquer tempo, a conciliação e a mediação entre os litigantes, prevenindo, sempre que possível, a instauração de litígios." (art. 2º, Parágrafo único, do Código de Ética e Disciplina da OAB), de modo que compete igualmente aos advogados buscarem evitar os litígios contemplando nos contratos regras que proporcionem a oportunidade de autocomposição.

7. CONCLUSÃO

Como visto acima, *o cenário ideal será que as partes que firmaram um contrato tenham maturidade, e acima de tudo, bom senso*[18] para se conciliarem, de preferência antes de buscar o Judiciário.

O contrato de locação cumpre relevante função social, sejam elas destinadas à moradia ou ao comércio, abrangendo todas as classes sociais e ramos de atividade econômica. Por isso, a todos interessa que a locação se mantenha, passando pela lastimável pandemia, pois dias melhores virão.

Em um país onde tramitam quase uma centena de milhão de ações judiciais em seus Tribunais, a autocomposição das partes se mostra muito bem-vinda.

E essa almejada cultura da responsabilidade das partes de resolverem o problema por si mesmas, encontra grande espaço para negociação.

Na realidade, sem qualquer demérito ao Poder Judiciário, a melhor solução nunca será aquela decorrente de uma sentença. O Poder Judiciário somente deve ser provocado quando as partes efetivamente esgotaram todas as possibilidades de solução de seus conflitos. Levar uma questão ao Poder Judiciário implica concluir que as partes fracassaram em seus deveres de solucionar as suas próprias questões, confiando ao um terceiro, ainda que muito qualificado, resolver aquilo que as partes não tiveram capacidade de fazer.

---

18. TJSP, Agravo de Instrumento 2069928-09.2020.8.26.0000, Des. Rel. L. G. Costa Wagner. Julgado em 15.04.2020.

Incumbe ao advogado avaliar com o devido cuidado e critério quais foram os efeitos da pandemia do Corona Vírus nas relações contratuais, sendo sempre recomendável buscar uma solução de equilíbrio, a partir de negociações e autocomposição, proporcionando maior segurança às partes e reduzindo instabilidade social.

8. REFERÊNCIAS

MIRANDA, Pontes de, 1892-1979. *Negócios jurídicos, representação, conteúdo, forma, prova*. Atual. Marcos Bernardes de Mello, Marcos Ehrhardt Jr. (coleção tratado de direito privado: parte especial; 3). São Paulo: Ed. RT, 2012.

NADER, Paulo, *Filosofia do direito*. 23. ed. Rio de Janeiro; Forense, 2015.

SILVA, De Plácido e. *Vocabulário jurídico*. Atual. Nagib Slabi Filho e Gláucia Carvalho. Rio de Janeiro, 2004.

SOUZA, Sylvio Capanema de. *A lei do inquilinato comentada*. 8. ed. Rio de Janeiro: Forense, 2012.